Curso
MAD360

*La diferencia entre aprobar
y sacar plaza*

Administrativo/a

DIPUTACIÓN FORAL DE ÁLAVA

Si aún no dispones de tu **Curso MAD360**, te ofrecemos un acceso GRATIS de 30 días para que disfrutes de los siguientes recursos:

- Técnicas de Memoria 360.
- MADTEST: Test *online* Nivel PRO.
- Temario en formato digital.
- Planificación de estudio.
- Foro entre opositores hasta la fecha del examen.*
- Recursos y novedades exclusivas.
- Consulta sobre la oposición y el proceso selectivo.
- Actualizaciones legislativas (Boletines Oficiales) hasta 60 días antes de la fecha del examen.*

Para acceder a esta prueba del Curso MAD360** será necesaria la compra de todos los libros para esta especialidad de la edición 2025.

Regístrate en **mad.es/iniciar-sesion** y en la pestaña BIBLIOTECA valida los códigos que encuentras en la última página de tus libros.

NOTA IMPORTANTE:

* Examen de esta categoría profesional correspondiente a la convocatoria publicada en el BOE n.º 19, de 22 de enero de 2025, o hasta el 31 de marzo de 2026, lo que se cumpla antes, y previa renovación del servicio.

** El acceso al CURSO MAD360 estará disponible desde marzo de 2025 (algunos recursos podrían estar disponibles en fecha posterior). Tendrá una duración de 30 días RENOVABLES mediante pago, desde la validación de códigos, o hasta el 30 de septiembre de 2026, lo que se cumpla antes.

MAD se reserva el derecho a ampliar dichas fechas.

Administrativo/a de la Diputación Foral de Álava

Marzo, 2025

Administrativo/a de la Diputación Foral de Álava

Test del Temario

Autores

ÁLVAR MUÑOZ LABIANO
Licenciado en Derecho

LIDIA PONCE MARTÍNEZ
Licenciada en Psicología

PATRICIA PÉREZ SÁNCHEZ-ROMATE
Licenciada en Derecho

© 7 Editores Recursos para la Cualificación Profesional y el Empleo, S.L. (7 Editores)
© Los autores
Primera edición, marzo 2025 (426 páginas)
Derechos de edición reservados a favor de 7 Editores
IMPRESO EN ESPAÑA
Diseño Portada: 7 Editores
Edita: 7 Editores
Avda. San Francisco Javier, 9 · Edificio Sevilla 2 · Planta 11 · Módulos 25-27 · 41018 Sevilla
Teléfono: 954 784 411 · WEB: www.mad.es · e-mail: administracion@7editores.com
ISBN: 978-84-142-9318-8
© "Editorial Mad" y "Eduforma" son nombres comerciales registrados de
7 Editores Recursos para la Cualificación Profesional y el Empleo, S.L.

Índice

TEST COMÚN

Test n.º 1. La Constitución Española. Derechos y deberes fundamentales (artículos 10 a 55) *(32 preguntas)* 15

Test n.º 2. El Estatuto de Autonomía del País Vasco. Título preliminar (artículos 1 a 9). Título I: Competencias del País Vasco (artículos 10 a 12). Título II: De los poderes del País Vasco (artículos 24 a 39) *(43 preguntas)* 23

Test n.º 3. Norma Foral de 7 de marzo de 1983 de Organización Institucional del Territorio Histórico de Álava (artículos 1 a 33) *(15 preguntas)*.... 35

Test n.º 4. Norma Foral 10/2023, de 15 de marzo, de gobierno, organización y régimen jurídico de la Diputación Foral de Álava (artículos 3 a 26) *(16 preguntas)* 39

Test n.º 5. Norma Foral 10/2018, de 11 de julio, reguladora del ejercicio del cargo público foral (artículos 2 a 19 y 33 a 36) *(15 preguntas)* 45

Test n.º 6. Ley Orgánica 3/2018, de 5 de diciembre, de Protección de Datos Personales y garantía de los derechos digitales. Principios de la protección de datos (artículos 4 a 10). Derechos de las personas (artículos 11 a 18). Garantía de los derechos digitales (artículos 79 a 97) *(25 preguntas)*... 51

Test n.º 7. Norma Foral 1/2017, de 8 de febrero, de transparencia, participación ciudadana y buen gobierno del sector público del Territorio Histórico de Álava. Disposiciones generales (artículos 1 a 4). Transparencia del Sector Público del Territorio Histórico de Álava (artículos 17 a 36) *(15 preguntas)*..... 61

Test n.º 8. Ley Orgánica 3/2007, de 22 de marzo, para la igualdad efectiva de mujeres y hombres: (artículos 1 a 22). Texto refundido de la Ley para la Igualdad de Mujeres y Hombres y Vidas Libres de Violencia Machista contra las Mujeres, aprobado por Decreto Legislativo 1/2023, de 16 de marzo (artículos 1 al 28) *(60 preguntas)*.. 67

TEST ESPECÍFICO

Test n.º 9. Procedimiento Administrativo (I). Ley 39/2015, de 1 de octubre, del Procedimiento Administrativo común de las Administraciones Públicas. Interesados en el procedimiento (artículos 3 a 12). Actividad de las Administraciones Públicas (artículos 13 a 33) *(80 preguntas)* 87

Test n.º 10. Procedimiento Administrativo (II). Ley 39/2015, de 1 de octubre, del Procedimiento Administrativo común de las Administraciones Públicas. Los actos administrativos (artículos 34 a 52) *(75 preguntas)* 113

Test n.º 11. Procedimiento Administrativo (III). Ley 39/2015, de 1 de octubre, del Procedimiento Administrativo común de las Administraciones Públicas. Garantías del procedimiento (artículo 53). Iniciación del procedimiento (artículos 54 a 69). Ordenación del procedimiento (artículos 70 a 74) *(75 preguntas)* 137

Test n.º 12. Procedimiento Administrativo (IV). Ley 39/2015, de 1 de octubre, del Procedimiento Administrativo común de las Administraciones Públicas. Instrucción del procedimiento (artículos 75 a 83). Finalización del procedimiento (artículos 84 a 95) *(50 preguntas)* 157

Test n.º 13. Procedimiento Administrativo (V). Ejecución (artículos 97 a 105). La revisión de los actos en vía administrativa (artículos 106 a 126) *(60 preguntas)* 173

Test n.º 14. Ley 40/2015, de 1 de octubre, de Régimen Jurídico del Sector Público (I). Disposiciones generales (artículos 1 a 4). Órganos de las Administraciones Públicas (artículos 5 a 24). Principios de la potestad sancionadora (artículos 25 a 31) *(50 preguntas)* 191

Test n.º 15. Ley 40/2015, de 1 de octubre, de Régimen Jurídico del Sector Público (II). La responsabilidad patrimonial de las Administraciones Públicas (artículos 32 a 37). Funcionamiento electrónico del sector público (artículos 38 a 46) *(28 preguntas)* 207

Test n.º 16. Ley 9/2017, de 8 de noviembre, de Contratos del Sector Público, por la que se transponen al ordenamiento jurídico español las Directivas del Parlamento Europeo y del Consejo 2014/23/UE y 2014/24/UE, de 26 de febrero de 2014 (I). Contratos del sector público: Delimitación de los tipos contractuales (artículos 12 a 18). Contratos sujetos a regulación armonizada (artículos 19 a 23). Contratos administrativos y contratos privados (artículos 24 a 27) *(25 preguntas)* 217

Test n.º 17. Ley 9/2017, de 8 de noviembre, de Contratos del Sector Público, por la que se transponen al ordenamiento jurídico español las Directivas del Parlamento Europeo y del Consejo 2014/23/UE y 2014/24/UE, de 26 de febrero de 2014 (II). Partes en el Contrato (artículos 61 a 71). Objeto, presupuesto base de licitación, valor estimado, precio del contrato y su revisión (artículos 99 a 105) *(30 preguntas)* 225

Test n.º 18. Ley 9/2017, de 8 de noviembre, de Contratos del Sector Público, por la que se transponen al ordenamiento jurídico español las Directivas del Parlamento Europeo y del Consejo 2014/23/UE y 2014/24/UE, de 26 de febrero de 2014 (III). Preparación de los contratos de las Administraciones Públicas (artículos 115 a 124) *(25 preguntas)* 235

Test n.º 19. Ley 9/2017, de 8 de noviembre, de Contratos del Sector Público, por la que se transponen al ordenamiento jurídico español las Directivas del Parlamento Europeo y del Consejo 2014/23/UE y 2014/24/UE, de 26 de febrero de 2014 (IV). Adjudicación de los contratos de las Administraciones Públicas (artículos 131 a 155) *(25 preguntas)* 245

Test n.º 20. Ley 9/2017, de 8 de noviembre, de Contratos del Sector Público, por la que se transponen al ordenamiento jurídico español las Directivas del Parlamento Europeo y del Consejo 2014/23/UE y 2014/24/UE, de 26 de febrero de 2014 (V). Efectos, cumplimiento y extinción de los contratos administrativos (artículos 188 a 202) *(20 preguntas)* 255

Test n.º 21. Ley 9/2017, de 8 de noviembre, de Contratos del Sector Público, por la que se transponen al ordenamiento jurídico español las Directivas del Parlamento Europeo y del Consejo 2014/23/UE y 2014/24/UE, de 26 de febrero de 2014 (VI). Ejecución, modificación, cumplimiento y resolución del contrato de obras (artículos 237 a 246). Contrato de suministro (artículos 300 a 302 y 304 a 307). Contrato de servicios (artículos 308 a 315) *(27 preguntas)*.. 263

Test n.º 22. Real Decreto Legislativo 5/2015, de 30 de octubre, por el que se aprueba el texto refundido de la Ley del Estatuto Básico del Empleado Público: Acceso al empleo público y adquisición de la relación de servicios (artículos 55 a 62). Pérdida de la relación de servicio (artículos 63 a 68). Ley 11/2022, de 1 de diciembre, de Empleo Público Vasco. Adquisición y pérdida de la relación de servicio (artículos 63 a 67) *(33 preguntas)* 271

Test n.º 23. Real Decreto Legislativo 5/2015, de 30 de octubre, por el que se aprueba el texto refundido de la Ley del Estatuto Básico del Empleado Público (artículos 47 a 54). Ley 11/2022, de 1 de diciembre, de Empleo Público Vasco. Derechos del personal empleado público vasco. Permisos, vacaciones y régimen de jornada laboral (artículos 161 a 165). Código ético y de conducta del personal empleado público vasco (artículos 166). Responsabilidad y régimen de incompatibilidades (artículo 167 a 171) *(47 preguntas)* 281

Test n.º 24. Real Decreto Legislativo 5/2015, de 30 de octubre, por el que se aprueba el texto refundido de la Ley del Estatuto Básico del Empleado Público (artículos 93 a 98). Ley 11/2022, de 1 de diciembre, de Empleo Público Vasco. Disposiciones generales y principios del régimen disciplinario (artículo 172 a 176). Infracciones disciplinarias (artículos 177 a 181). Sanciones disciplinarias (artículos 182 a 184) *(31 preguntas)* 295

Test n.º 25. Real Decreto Legislativo 5/2015, de 30 de octubre, por el que se aprueba el texto refundido de la Ley del Estatuto Básico del Empleado Público (artículos 69 a 84). Ley 11/2022, de 1 de diciembre, de Empleo Público Vasco. Relaciones de puestos de trabajo (artículos 45 y 46). Plantillas presupuestarias, oferta de empleo público, registro de personal y gestión integrada de recursos humanos (artículos 51 a 53). Procesos y sistemas de selección de personal empleado en el sector público vasco (76 a 79) *(27 preguntas)*...... 305

Test n.º 26. Real Decreto Legislativo 5/2015, de 30 de octubre, por el que se aprueba el texto refundido de la Ley del Estatuto Básico del Empleado Público (artículos 85 a 92). Ley 11/2022, de 1 de diciembre, de Empleo Público Vasco. Situaciones administrativas (artículo 136 a 160) *(37 preguntas)* 313

Test n.º 27. Incompatibilidades. Ley 53/1984, de 26 de diciembre. Régimen de Incompatibilidades del personal al servicio de las Administraciones Públicas (artículos 1 a 20) *(21 preguntas)* 325

Test n.º 28. Norma Foral 6/2005, de 28 de febrero, General Tributaria de Álava (I). Los Tributos. Capítulo I, Disposiciones generales (artículos 16 a 34). Capítulo II, Obligados tributarios (artículos 35 a 56) *(25 preguntas)*.... 333

Test n.º 29. Norma Foral 6/2005, de 28 de febrero, General Tributaria de Álava (II). La aplicación de los tributos. Capítulo I, Principios generales (artículos 80 a 88). Capítulo II, Normas comunes sobre actuaciones y procedimientos tributarios (artículos 93 a 112) *(20 preguntas)* 341

Test n.º 30. Norma Foral 33/2013, de 27 de noviembre, del Impuesto sobre la Renta de las Personas Físicas (I). Título I, Naturaleza y ámbito de aplicación del Impuesto (artículos 1 a 5). Título II, Hecho imponible (artículos 6 a 9). Título III, Contribuyentes (artículos 10 a 12). Título IV, Base imponible (artículos 13 a 39) *(20 preguntas)* 351

Test n.º 31. Norma Foral 33/2013, de 27 de noviembre, del Impuesto sobre la Renta de las Personas Físicas (II). Título V, Base liquidable (artículos 67 a 73). Título VI, Cuota íntegra (artículo 74 a 77). Título VII, Cuota líquida y deducciones (artículo 78 a 87) *(20 preguntas)* 359

Test n.º 32. Norma Foral 37/2013, de 13 de diciembre del Impuesto sobre Sociedades. Título I, Naturaleza y ámbito de aplicación del Impuesto (artículos 1 a 7). Título II, El hecho imponible (artículos 8 a 10). Título III, El contribuyente (artículos 11 a 14). Título IV, La base imponible (artículo 15) *(18 preguntas)* 367

Test n.º 33. Norma del Impuesto sobre el Valor Añadido. Decreto Foral Normativo 12/1993, de 19 de enero. Título Preliminar, Naturaleza y ámbito de aplicación (artículos 1 a 3). Título I, Delimitación del hecho imponible (artículos 4 a 19). Título II, Exenciones (artículos 20 a 25) *(20 preguntas)* 375

Test n.º 34. Norma Foral 11/2003, de 31 de marzo, del Impuesto sobre Transmisiones Patrimoniales y Actos Jurídicos Documentados. Título Preliminar (artículos 1 a 6). Título I, Transmisiones Patrimoniales (artículos 7 a 27). Título III, Actos jurídicos documentados (artículos 52, 53, 54, 55, 57 y 58) *(15 preguntas)* 383

Test n.º 35. Norma Foral 3/2023, de 25 de enero, general presupuestaria (artículos 36 a 52). Principios y reglas de programación presupuestaria. Contenido, elaboración y aprobación. Estructuras presupuestarias. Elaboración y aprobación de los presupuestos *(20 preguntas)*.................................. 389

Test n.º 36. Norma Foral 3/2023, de 25 de enero, general presupuestaria. Gestión y ejecución de los presupuestos de las entidades del sector público foral administrativo (artículo 69 a 78). Liquidación de los presupuestos (artículo 79 a 80). Prórroga de los presupuestos (artículos 81 a 82). Contabilidad (artículo 110 a 118) *(20 preguntas)* 397

Test n.º 37. Decreto Foral 18/2013, del Consejo de Diputados de 28 de mayo, que aprueba el Reglamento por el que se regulan las obligaciones de facturación. Requisitos de las facturas (artículos 6 a 16 del Anexo). Decreto Foral 67/2014, del Consejo de Diputados de 30 de diciembre, que crea el registro contable de facturas de la Administración Foral y aprueba el procedimiento para su tramitación (íntegro) *(10 preguntas)*.................... 405

Test n.º 38. Norma Foral 11/2016, de 19 de octubre, de Subvenciones del Territorio Histórico de Álava. Ámbito de aplicación (artículos 1 a 5). Disposiciones comunes a las subvenciones públicas (artículos 6 a 19) *(15 preguntas)*.... 409

Test n.º 39. Norma Foral 11/2016, de 19 de octubre, de Subvenciones del Territorio Histórico de Álava. Procedimiento de concesión (artículos 20 a 25). Reintegro de subvenciones (artículos 34 a 42) *(10 preguntas)* 415

Test n.º 40. Normalización lingüística. Ley 11/2022, de 1 de diciembre, de Empleo Público Vasco (artículos 187 a 190). Ley 10/1982, de 24 de noviembre, básica de normalización del uso del Euskera (artículos 1 a 14). Norma Foral 10/1998, de 31 de marzo, sobre normalización del uso del euskera en la Administración Foral de Álava y en el Territorio Histórico de Álava *(22 preguntas)* 419

TEST COMÚN

TEST N.º 1

La Constitución Española.
Derechos y deberes fundamentales (artículos 10 a 55)

1. ¿Qué quedará excluido de extradición?

a) Los delitos criminales.
b) Los delitos políticos.
c) Los actos de terrorismo.
d) Ninguno.

2. ¿Qué debe ser democrático, a tenor de lo dispuesto en la Constitución Española, en los sindicatos de trabajadores y las asociaciones empresariales?

a) Su funcionamiento.
b) Su estructura interna.
c) Su funcionamiento y estructura interna.
d) Sus órganos asamblearios.

3. ¿De cuántos Capítulos consta el Título I de la CE de 1978?

a) De tres.
b) De cinco.
c) De dos.
d) De cuatro.

4. El derecho a la propiedad en nuestra Constitución es un Derecho:

a) Inherente a la condición humana.
b) Absoluto.
c) Que está limitado por la función social de la misma.
d) Ninguna de las respuestas anteriores es correcta.

5. Dispone la Carta Magna que todos contribuirán al sostenimiento de los gastos públicos de acuerdo con su capacidad económica mediante un sistema tributario justo inspirado en los principios de:

a) Legalidad y equidad.
b) Igualdad y progresividad.
c) Publicidad y legalidad.
d) Eficacia y sostenibilidad.

6. En virtud del principio de progresividad tributaria:

a) Se implantarán paulatinamente cada vez mayores tributos.
b) Los tipos impositivos serán regresivos.
c) Prima el principio de igualdad en el pago de los tributos.
d) Nada de lo expuesto es cierto.

7. Según la Constitución, el Estado es:

a) Apolítico.
b) Aconfesional.
c) De bienestar social.
d) Federal.

8. El derecho a la vida se consagra en el siguiente artículo de la Constitución:

a) 10.
b) 16.
c) 15.
d) 24.

9. La pena de muerte en España:

a) Ha quedado abolida.
b) Puede aplicarse en cualquier momento.
c) Solo se aplicará, en tiempo de guerra, a los militares.
d) Rige solo en el ámbito civil.

10. La inmediata puesta a disposición judicial derivada del habeas corpus, se produce por:

a) Detención ilegal.
b) Prisión ilegal.
c) Prisión preventiva.
d) Detención preventiva.

11. El proceso en el que se enjuicie a un presunto delincuente debe:

a) Ser sumario.
b) No dilatarse.
c) Entorpecer los instrumentos probatorios.
d) Nada de lo anterior es cierto.

12. La entrada en un domicilio en caso de flagrante delito, sin autorización de su titular:

a) Puede dar lugar a la aplicación del habeas corpus.
b) Requiere autorización previa de la autoridad judicial.
c) Puede efectuarse en todo momento.
d) No puede realizarse en momento alguno.

13. Cuando, al conocerse la comisión de un delito por una persona, se acude a su domicilio para detenerla:

a) Está obligada a franquear la entrada.
b) Se necesitará autorización judicial para entrar, si no da su consentimiento para ello.
c) Pese a que no dé su consentimiento, se puede entrar.
d) Nada de lo anterior es correcto.

14. La autorización previa para celebrar una manifestación pública:

a) La da el Subdelegado del Gobierno en la Provincia.
b) Es ineludible.
c) Sería inconstitucional.
d) Se da cuando no se prevean alteraciones al orden público, con peligro para personas o bienes.

15. El tipo de sufragio que consagra la Constitución es el:

a) Proporcional.
b) Universal.
c) Censitario.
d) Las respuestas a) y b) son correctas.

16. Además de la no autoinculpación, la Constitución prevé que no se está obligado a declarar sobre un hecho presuntamente delictivo en caso de:

a) Parentesco y afinidad.
b) Cláusula de conciencia.

c) Secreto profesional.
d) Las respuestas a) y b) son correctas.

17. Los Tribunales de Honor están prohibidos respecto de los/la/las:

a) Sindicatos y Organizaciones Profesionales.
b) Administración Civil y Militar.
c) Organizaciones Profesionales y la Administración Civil.
d) Todas las respuestas anteriores son correctas.

18. El secreto profesional, constitucionalmente, sirve para:

a) Ejercer con libertad una profesión titulada.
b) La libertad de creación científica y técnica.
c) No declarar sobre hechos presuntamente delictivos.
d) Todo lo anterior.

19. La fundación de una Internacional Sindical por un sindicato español:

a) Es libre.
b) Está prohibida.
c) Debe plasmarse en un Tratado Internacional.
d) Nada de lo anterior es cierto.

20. El ejercicio del derecho de petición a través de una manifestación ciudadana:

a) No se admite.
b) Se admite en algún caso.
c) Se admite, salvo para los militares.
d) Ni se admite ni se prohíbe.

21. Nuestro sistema tributario ha de ser:

a) Regresivo e igualitario.
b) Progresivo y generalizado.
c) Confiscatorio.
d) Justo y regresivo.

22. Las Fundaciones son:

a) Entidades constituidas para fines de interés general.
b) Administración Corporativa.
c) Entidades privadas con fines de carácter también privado.
d) Asociaciones de personas para conseguir fines de interés general.

23. La asistencia de todo orden a los hijos habidos extraconyugalmente:

a) No está prevista en la Constitución.
b) Es un deber de los padres.
c) Se dispensará por Instituciones de Beneficencia.
d) Se dispensa solo a los que de ellos tengan discapacidad.

24. La especulación urbanística, según la Constitución:

a) Debe evitarse.
b) Está permitida.
c) Genera plusvalías para la colectividad.
d) Pueden hacerla los poderes públicos.

25. No es susceptible de recurso de amparo el derecho a la/de:

a) Sindicación.
b) Investigación científica.
c) Secreto de las comunicaciones.
d) Lo son todos ellos.

26. No es susceptible de recurso de amparo el derecho de:

a) Libertad de cátedra.
b) Negociación colectiva.
c) Manifestación.
d) Huelga.

27. Es susceptible de recurso de amparo el derecho a la/de:

a) Libre sindicación.
b) Petición.
c) Cláusula de conciencia.
d) Lo están todos ellos.

28. Una vez declarado el estado de excepción no se puede suspender el derecho/ libertad de:

a) Huelga.
b) Enseñanza.
c) Adopción de medidas de conflicto colectivo.
d) Libertad de circulación.

29. Durante el estado de excepción, un detenido conserva el derecho de/a:

a) Setenta y dos horas para ser puesto a disposición judicial.
b) Secreto de comunicaciones.
c) Asistencia de Letrado.
d) Ninguno de ellos.

30. Se puede suspender, con motivo de investigaciones relativas a bandas armadas, el derecho de:

a) Huelga.
b) Inviolabilidad del domicilio.
c) Libertad de circulación.
d) Las respuestas b) y c) son correctas.

31. Nuestra Constitución trata de los derechos y deberes fundamentales de los españoles en su Título I, denominado:

a) De los derechos y deberes fundamentales.
b) De los deberes de los españoles.
c) De los derechos de los españoles.
d) De los derechos y deberes principales de los españoles.

32. ¿En qué artículos de nuestra CE se recogen los derechos fundamentales y de las libertades públicas?

a) En los artículos 10 a 43.
b) En los artículos 25 a 38.
c) En los artículos 31 a 45.
d) En los artículos 15 a 29.

Solución al test n.º 1

1. b) Los delitos políticos.

2. c) Su funcionamiento y estructura interna.

3. b) De cinco.

4. c) Que está limitado por la función social de la misma.

5. b) Igualdad y progresividad.

6. d) Nada de lo expuesto es cierto.

7. b) Aconfesional.

8. c) 15.

9. a) Ha quedado abolida.

10. a) Detención ilegal.

11. b) No dilatarse.

12. c) Puede efectuarse en todo momento.

13. b) Se necesitará autorización judicial para entrar, si no da su consentimiento para ello.

14. c) Sería inconstitucional.

15. b) Universal.

16. c) Secreto profesional.

17. c) Organizaciones Profesionales y la Administración Civil.

18. c) No declarar sobre hechos presuntamente delictivos.

19. a) Es libre.

20. a) No se admite.

21. b) Progresivo y generalizado.

22. a) Entidades constituidas para fines de interés general.

23. b) Es un deber de los padres.

24. a) Debe evitarse.

25. b) Investigación científica.

26. b) Negociación colectiva.

27. d) Lo están todos ellos.

28. b) Enseñanza.

29. c) Asistencia de Letrado.

30. b) Inviolabilidad del domicilio.

31. a) De los derechos y deberes fundamentales.

32. d) En los artículos 15 a 29.

TEST N.º 2

**El Estatuto de Autonomía del País Vasco.
Título Preliminar (artículos 1 a 9).
Título I: Competencias del País Vasco (artículos 10 a 12).
Título II: De los poderes del País Vasco (artículos 24 a 39)**

1. El conocido como "Estatuto de Gernika" fue aprobado por:

a) Ley del Parlamento Vasco 3/1979, de 6 de diciembre.
b) Ley ordinaria 9/1979, de 6 de diciembre.
c) Ley Orgánica 3/1979, de 18 de diciembre.
d) Ley Orgánica 18/1979, de 3 de diciembre.

2. La Comunidad Autónoma del País Vasco, para la organización de sus instituciones de autogobierno, y dentro de las normas del Estatuto de Autonomía, tiene competencia:

a) Meramente de ejecución.
b) Exclusiva.
c) Únicamente de desarrollo legislativo y de ejecución.
d) Ninguna de las respuestas anteriores es cierta.

3. La norma institucional básica del País Vasco es:

a) La Ley de elecciones al Parlamento vasco.
b) La Ley del Gobierno Vasco.
c) El Estatuto de Autonomía.
d) La Ley por la que se aprueba el Concierto Económico de la Comunidad Autónoma del País Vasco.

4. El Estatuto de los funcionarios del País Vasco es competencia:

a) Exclusiva del Estado.
b) Exclusiva de la Comunidad Autónoma del País Vasco.

23

c) Exclusiva de la Comunidad Autónoma del País Vasco, sin perjuicio de la competencia exclusiva del Estado sobre las bases del régimen estatutario de los funcionarios de las Administraciones Públicas.

d) Exclusiva de cada uno de los Territorios Históricos respecto de sus funcionarios.

5. El Estatuto de Autonomía recoge competencias exclusivas de la Comunidad Autónoma del País Vasco en:

a) El artículo 9.
b) El artículo 10.
c) El artículo 11.
d) El artículo 12.

6. La Comunidad Autónoma del País Vasco tiene, para la conservación, modificación y desarrollo del Derecho Civil Foral propio de sus Territorios Históricos, competencia:

a) Solo de ejecución.
b) Solo de desarrollo y ejecución.
c) Exclusiva.
d) Exclusiva, aunque no para la fijación del ámbito territorial de su vigencia.

7. "De las competencias del País Vasco" es, dentro del Estatuto de Autonomía para el País Vasco:

a) El Título Preliminar.
b) El Título I.
c) El Título II.
d) El Título III.

8. La sede actual de las instituciones comunes de la Comunidad Autónoma del País Vasco es:

a) Bilbao.
b) Vitoria.
c) Gernika.
d) Se reparte entre Vitoria y Bilbao.

9. Los residentes en el extranjero, si así lo solicitan, gozarán de idénticos derechos políticos que los residentes en el País Vasco, si:

a) Han tenido su última vecindad administrativa en Euskadi, aunque no conserven la nacionalidad española.

b) Han tenido su última vecindad administrativa en Euskadi, siempre que conserven la nacionalidad española.

c) Han tenido vecindad administrativa en Euskadi, aunque no conserven la nacionalidad española.

d) Han tenido vecindad administrativa en Euskadi, siempre que conserven la nacionalidad española.

10. Para la agregación a la Comunidad Autónoma del País Vasco de otros territorios o municipios, se requiere:

a) Que lo solicite uno de los Ayuntamientos interesados, en el caso de que sean varios.

b) Que los territorios o municipios estén enclavados en su totalidad dentro del territorio de la Comunidad Autónoma.

c) Que se acuerde por los habitantes de la Comunidad o provincia a la que pertenezcan los Territorios o Municipios a agregar.

d) Que se apruebe por el Parlamento del País Vasco y por las Cortes Generales del Estado, mediante ley ordinaria.

11. Según el Estatuto de Autonomía, tiene carácter de lengua oficial en Euskadi:

a) El euskera únicamente.

b) El euskera al igual que el castellano.

c) El euskera junto con el castellano y demás lenguas oficiales de la Unión Europea.

d) Ninguna respuesta de las anteriores es cierta.

12. El Estatuto de Gernika dispone que el Pueblo Vasco o Euskal-Herria, como expresión de su nacionalidad, y para acceder a su autogobierno, se constituye en:

a) Territorio Histórico dentro del Estado español.

b) Comunidad Foral dentro del Estado español.

c) Comunidad Autónoma dentro del Estado español.

d) Provincia dentro del Estado español.

13. A los efectos del Estatuto de Autonomía para el País Vasco, quienes tienen la vecindad administrativa en cualquiera de los municipios integrados en el territorio de la Comunidad Autónoma, ostentan:

a) La condición civil foral vasca.

b) La condición política de vascos.

c) La condición civil foral vasca y la condición política de vascos.

d) La condición político-civil vasca.

14. Conforme al artículo 2 del Estatuto de Gernika, el territorio de la Comunidad Autónoma del País Vasco está integrado actualmente por:

a) 3 Territorios Históricos.

b) 4 Territorios Históricos.

c) 3 Territorios Históricos y una Comunidad Foral.

d) 3 Comunidades Forales y un Territorio Histórico.

15. La designación de la sede de las instituciones comunes de la Comunidad Autónoma del País Vasco se hizo mediante:

a) Decreto del Gobierno Vasco.
b) Ley del Parlamento Vasco.
c) Ley de las Cortes Generales.
d) Ley Orgánica de las Cortes Generales.

16. Los derechos y deberes fundamentales de los ciudadanos del País Vasco son los establecidos en:

a) El Título I del Estatuto de Autonomía para el País Vasco.
b) El Título I de la Constitución.
c) El Título II del Estatuto de Autonomía para el País Vasco.
d) El Título II de la Constitución.

17. El artículo 9 del Estatuto de Autonomía para el País Vasco es el relativo a:

a) La sede de las Instituciones comunes de la Comunidad Autónoma.
b) El euskera.
c) El territorio de la Comunidad Autónoma.
d) Los derechos y deberes fundamentales de los ciudadanos del País Vasco.

18. El Título Preliminar del Estatuto de Autonomía para el País Vasco consta de:

a) 7 artículos.
b) 8 artículos.
c) 9 artículos.
d) 10 artículos.

19. De acuerdo con el artículo 1 del Estatuto de Gernika, la Comunidad Autónoma vasca se denomina:

a) Pueblo Vasco.
b) Euskal-Herria.
c) Euskadi.
d) Las tres respuestas anteriores son ciertas.

20. Entre los requisitos para la agregación a la Comunidad Autónoma del País Vasco de otros territorios y municipios que estuvieran enclavados en su totalidad dentro de su territorio está:

a) La aprobación por el Gobierno del País Vasco.
b) La aprobación por la Comunidad o provincia a la que pertenezcan los Territorios o Municipios a agregar.

c) La aprobación por el Parlamento del País Vasco.
d) La aprobación por el Gobierno del Estado.

21. Los poderes del País Vasco se ejercen a través de:

a) El Parlamento, del Gobierno y del Presidente del Parlamento.
b) El Parlamento, del Gobierno y del Lehendakari.
c) El Gobierno, de su Presidente y de los Altos Cargos.
d) El Lehendakari únicamente.

22. El Estatuto de Autonomía para el País Vasco dispone en su artículo 26 que la circunscripción electoral es:

a) El Territorio Histórico.
b) La Comunidad Autónoma.
c) El municipio.
d) La Comarca.

23. ¿En cuál de los siguientes artículos de la Ley Orgánica 3/1979, de 18 de diciembre, se habla del euskera?

a) Artículo 1.
b) Artículo 3.
c) Artículo 6.
d) Artículo 9.

24. Euskaltzaindia es, en lo referente al euskera:

a) Institución consultiva oficial.
b) Institución normativa y consultiva oficial.
c) Institución normativa oficial.
d) Institución normativa privada.

25. El artículo 6 del Estatuto de Autonomía para el País Vasco considera el euskera como lengua propia de:

a) El Pueblo Vasco.
b) Euskadi.
c) Los Territorios Históricos.
d) Ninguna de las respuestas anteriores es cierta.

26. ¿Qué Institución puede celebrar tratados o convenios para el establecimiento de relaciones culturales entre la Comunidad Autónoma del País Vasco y los Estados donde se integran o residen territorios o comunidades que tienen como patrimonio el euskera?

a) El Gobierno vasco.
b) El Gobierno español.

27

c) Las Cortes Generales.
d) Las tres respuestas anteriores son ciertas.

27. El euskera es:

a) La lengua propia del País Vasco junto con el castellano.
b) La única lengua oficial del País Vasco.
c) La única lengua propia y oficial del País Vasco.
d) Las tres respuestas anteriores son falsas.

28. Los miembros del Parlamento vasco, por los actos delictivos cometidos durante su mandato en el ámbito territorial de la Comunidad Autónoma:

a) Pueden ser detenidos y retenidos en todo caso.
b) Pueden ser retenidos, pero no detenidos.
c) No pueden ser detenidos ni retenidos en ningún caso.
d) No pueden ser detenidos ni retenidos sino en caso de flagrante delito.

29. El Gobierno vasco es el órgano colegiado que ostenta las siguientes funciones del País Vasco:

a) Legislativas y ejecutivas.
b) Ejecutivas y administrativas.
c) Ejecutivas y judiciales.
d) Ninguna respuesta de las anteriores es cierta.

30. El Presidente del Gobierno vasco es:

a) Designado por los ciudadanos en las elecciones autonómicas.
b) Designado y nombrado por el Parlamento Vasco.
c) Designado de entre sus miembros por el Parlamento Vasco.
d) Designado por los Consejeros que conformarán el nuevo Gobierno.

31. Ostenta la más alta representación del País Vasco:

a) El Presidente del Parlamento Vasco.
b) El Presidente del Gobierno Vasco.
c) El Ararteko.
d) El Presidente del Tribunal Superior de Justicia del País Vasco.

32. La designación autonómica de los Senadores que han de representar al País Vasco corresponde a:

a) El Gobierno vasco.
b) El Parlamento vasco.

c) El Congreso de los Diputados.
d) El Tribunal Superior de Justicia del País Vasco.

33. El Título II del Estatuto de Autonomía para el País Vasco se denomina:

a) De los poderes del País Vasco.
b) Parlamento Vasco.
c) Del Gobierno Vasco y del Presidente o Lendakari.
d) De las competencias del País Vasco.

34. Los Consejeros del Gobierno Vasco son designados por:

a) El Parlamento vasco.
b) El pueblo en las elecciones vascas.
c) El Presidente del Gobierno vasco.
d) El Presidente del Parlamento vasco.

35. El Presidente del Gobierno vasco es nombrado por:

a) El Parlamento vasco.
b) El pueblo en las elecciones vascas.
c) El Rey.
d) El Presidente del Parlamento vasco.

36. Las instituciones comunes de la Comunidad Autónoma del País Vasco son:

a) El Parlamento y Gobierno vascos.
b) El Parlamento Vasco y las Diputaciones Forales.
c) Las Juntas Generales y el Gobierno Vasco.
d) Las Juntas Generales y las Diputaciones Forales.

37. El Parlamento Vasco es elegido por un periodo:

a) De 4 años.
b) De 5 años.
c) Indefinido.
d) Variable.

38. El Parlamento Vasco estará integrado por un número de representantes:

a) Igual de cada Territorio Histórico.
b) Proporcional a la población de cada Territorio Histórico.
c) Variable en función del Territorio Histórico de que se trate.
d) Ninguna de las respuestas anteriores es cierta.

39. El Presidente del Tribunal de Justicia del País Vasco es nombrado por:

a) El Lehendakari.
b) El Presidente del Parlamento Vasco.
c) El Consejo General del Poder Judicial.
d) El Rey.

40. La Policía Autónoma Vasca, en cuanto actúe como Policía Judicial:

a) Será independiente de la Administración de Justicia.
b) Estará al servicio pero no dependerá de la Administración de Justicia.
c) Estará al servicio y bajo la dependencia de la Administración de Justicia en los términos que dispongan las leyes procesales.
d) La Policía Autónoma Vasca nunca actúa como Policía Judicial.

41. Los órganos forales de los Territorios Históricos de la Comunidad Autónoma del País Vasco se rigen por:

a) El régimen jurídico común a las provincias del Estado.
b) El régimen jurídico común a todos los Territorios Históricos.
c) El régimen jurídico privativo de cada uno de los Territorios Históricos.
d) Ninguna de las anteriores respuestas es cierta.

42. Para la elección de los órganos representativos de los Territorios Históricos de Euskadi se atiende a criterios de:

a) Sufragio indirecto.
b) Sufragio universal, libre, directo y secreto.
c) Representación proporcional.
d) Las respuestas b) y c) son ciertas.

43. ¿Tienen los Territorios Históricos del País Vasco competencia exclusiva dentro de sus respectivos territorios para el régimen y funcionamiento de sus propias instituciones?

a) No.
b) Sí, en todo caso.
c) Sí, pero no para la aprobación de sus presupuestos.
d) Sí, pero no para la elaboración ni la aprobación de sus presupuestos.

Solución al test n.º 2

1. c) Ley Orgánica 3/1979, de 18 de diciembre.

2. b) Exclusiva.

3. c) El Estatuto de Autonomía.

4. c) Exclusiva de la Comunidad Autónoma del País Vasco, sin perjuicio de la competencia exclusiva del Estado sobre las bases del régimen estatutario de los funcionarios de las Administraciones Públicas.

5. b) El artículo 10.

6. c) Exclusiva.

7. b) La protección de las personas y bienes dentro del territorio autónomo.

8. b) Vitoria.

9. b) Han tenido su última vecindad administrativa en Euskadi, siempre que conserven la nacionalidad española.

10. b) Que los territorios o municipios estén enclavados en su totalidad dentro del territorio de la Comunidad Autónoma.

11. b) El euskera al igual que el castellano.

12. c) Comunidad Autónoma dentro del Estado español.

13. b) La condición política de vascos.

14. a) 3 Territorios Históricos.

15. b) Ley del Parlamento Vasco.

16. b) El Título I de la Constitución.

17. d) Los derechos y deberes fundamentales de los ciudadanos del País Vasco.

18. c) 9 artículos.

19. c) Euskadi.

20. c) La aprobación por el Parlamento del País Vasco.

21. b) El Parlamento, del Gobierno y del Lehendakari.

22. a) El Territorio Histórico.

23. c) Artículo 6.

24. a) Institución consultiva oficial.

25. a) El Pueblo Vasco.

26. b) El Gobierno español.

27. d) Las tres respuestas anteriores son falsas.

28. d) No pueden ser detenidos ni retenidos sino en caso de flagrante delito.

29. b) Ejecutivas y administrativas.

30. c) Designado de entre sus miembros por el Parlamento Vasco.

31. b) El Presidente del Gobierno vasco.

32. b) El Parlamento vasco.

33. a) De los poderes del País Vasco.

34. c) El Presidente del Gobierno vasco.

35. c) El Rey.

36. a) El Parlamento y Gobierno vascos.

37. a) De 4 años.

38. a) Igual de cada Territorio Histórico.

39. d) El Rey.

40. c) Estará al servicio y bajo la dependencia de la Administración de Justicia en los términos que dispongan las leyes procesales.

41. c) El régimen jurídico privativo de cada uno de los Territorios Históricos.

42. d) Las respuestas b) y c) son ciertas.

43. b) Sí, en todo caso.

TEST N.º 3

Norma Foral de 7 de marzo de 1983 de Organización Institucional del Territorio Histórico de Álava (artículos 1 a 33)

1. De acuerdo con su tradición histórica, son Órganos Forales del Territorio Histórico de Álava:

a) Las Cuadrillas y Hermandades.
b) Las Juntas Generales y la Diputación Foral.
c) El Parlamento Foral y la Diputación Foral.
d) Las Juntas Generales y las Hermandades.

2. Constituye/n el órgano máximo de representación y participación popular del Territorio Histórico de Álava:

a) Las Juntas Generales.
b) El Diputado General.
c) La Diputación Foral.
d) El Consejo de Gobierno Foral.

3. Las disposiciones de carácter general emanadas de las Juntas Generales de Álava se denominarán:

a) Leyes Forales.
b) Leyes.
c) Normas Forales.
d) Decretos Forales.

4. Es falso decir que las Juntas Generales de Álava:

a) Nombran a los Diputados Forales.
b) Ejercen la potestad normativa y de desarrollo normativo en los términos establecidos por la Norma Foral de 7 de marzo de 1983.
c) Constituyen el órgano máximo de representación y participación popular del Territorio Histórico
d) Emanan disposiciones de carácter general.

5. Las Normas Forales fiscales serán recurribles:

a) Exclusivamente ante el Tribunal Constitucional.
b) Ante la Jurisdicción Contencioso Administrativa.
c) Ante la Jurisdicción Civil.
d) Ante la Jurisdicción Contencioso Administrativa y ante el Tribunal Constitucional.

6. La Diputación Foral de Álava se compone:

a) Del Diputado General y del Consejo de Gobierno Foral.
b) De Diputados Forales y Diputados sin cartera.
c) Del Diputado General y un número de Diputados Forales que no podrá exceder de diez.
d) Del Diputado General y un número de Diputados Forales que no podrá exceder de doce.

7. En el Territorio Histórico de Álava, las Normas Forales son:

a) Iguales en rango a las disposiciones reglamentarias de la Diputación Foral.
b) Superiores en rango a las resoluciones de la Diputación Foral.
c) Inferiores en rango a las disposiciones reglamentarias de la Diputación Foral.
d) Iguales en rango a las disposiciones reglamentarias de la Diputación Foral.

8. Es falso, en relación al régimen de incompatibilidad de los miembros de la Diputación Foral de Álava, que:

a) Una norma de las Juntas Generales lo regulará.
b) El cargo de Diputado General es incompatible con el de Alcalde de cualquier Municipio.
c) El cargo de Diputado General es incompatible con el de Concejal de cualquier Municipio.
d) El cargo de Diputado General es compatible con el de Presidente de las Juntas Generales.

9. No es un Título de la Norma Foral sobre Organización Institucional del Territorio Histórico de Álava:

a) "De las Juntas Generales".
b) "De la Diputación Foral".
c) "De las relaciones entre las Juntas Generales y la Diputación Foral".
d) "Los Diputados Forales".

10. ¿Qué Órgano Foral aprueba los presupuestos del Territorio Histórico de Álava?

a) Las Juntas Generales, a propuesta de la Diputación Foral.
b) La Diputación Foral, a propuesta de las Juntas Generales.
c) Las Juntas Generales, por propia iniciativa.
d) La Diputación Foral, por propia iniciativa.

11. Se controla la potestad reglamentaria y la legalidad de la actuación administrativa de la Diputación Foral de Álava, así como su sometimiento a los fines que la justifican, por:

a) Los Tribunales.
b) Las Juntas Generales.
c) El Tribunal Constitucional, exclusivamente.
d) El Tribunal de Cuentas.

12. Conforme a la Norma Foral de 7 de marzo de 1983, se realizará una declaración de política general:

a) Por las Juntas Generales.
b) Anualmente.
c) Que será seguida de debate y votación.
d) A través de una diputada o un diputado foral.

13. La Norma Foral de 7 de marzo de 1983 afirma, en relación a la adopción de una moción de censura para exigir la responsabilidad política de la Diputación Foral, que:

a) Deberá ser respaldada por la mayoría simple de los miembros de las Juntas Generales.
b) Deberá ser respaldada por la mayoría simple de los votos en las Juntas Generales.
c) Deberá ser propuesta, al menos, por diez Procuradores.
d) Habrá de incluir un candidato a Diputado General.

14. Conforme a la Norma Foral de 7 de marzo de 1983, la moción de censura para exigir la responsabilidad política de la Diputación Foral no podrá ser votada hasta que transcurran:

a) 15 días desde su presentación.
b) 10 días desde su presentación.
c) Cinco días desde su presentación.
d) Dos días desde su presentación.

15. Es falso que la Diputación Foral cese:

a) Con la finalización del mandato de las Juntas Generales.
b) Por pérdida de la confianza.
c) Por fallecimiento del Diputado General.
d) Por incapacidad temporal del Diputado General.

Solución al test n.º 3

1. b) Las Juntas Generales y la Diputación Foral.

2. a) Las Juntas Generales.

3. c) Normas Forales.

4. a) Nombran a los Diputados Forales.

5. a) Exclusivamente ante el Tribunal Constitucional.

6. c) Del Diputado General y un número de Diputados Forales que no podrá exceder de diez.

7. b) Superiores en rango a las resoluciones de la Diputación Foral.

8. d) El cargo de Diputado General es compatible con el de Presidente de las Juntas Generales.

9. d) "Los Diputados Forales".

10. a) Las Juntas Generales, a propuesta de la Diputación Foral.

11. a) Los Tribunales.

12. b) Anualmente.

13. d) Habrá de incluir un candidato a Diputado General.

14. c) Cinco días desde su presentación.

15. d) Por incapacidad temporal del Diputado General.

TEST N.º 4

Norma Foral 10/2023, de 15 de marzo, de gobierno, organización y régimen jurídico de la Diputación Foral de Álava (artículos 3 a 26)

1. El título I de la Norma Foral 10/2023, de 15 de marzo, se denomina:

a) El Consejo de Gobierno Foral.
b) El Gobierno Foral.
c) De las relaciones entre las Juntas Generales y la Diputación Foral.
d) Naturaleza de la Diputación Foral de Álava.

2. Asume el gobierno y administración del Territorio Histórico de Álava:

a) La Diputación Foral.
b) Las Juntas Generales.
c) Las Juntas Generales, bajo el impulso y control de la Diputación Foral.
d) La Diputación Foral, bajo el impulso y control de las Juntas Generales.

3. La representación legal del Territorio Histórico de Álava:

a) La ostenta la Diputación Foral.
b) La ostentan las Juntas Generales.
c) La ostentan las Juntas Generales y la Diputación Foral.
d) Ninguna de las respuestas anteriores es cierta.

4. El Consejo de Gobierno Foral de Álava dirige la Administración Foral:

a) Bajo la dirección de las Juntas Generales.
b) Bajo la dirección de la diputada o diputado general.
c) Bajo la dirección de las diputadas y los diputados forales.
d) Sin estar sometido a dirección alguna.

5. El Consejo de Gobierno Foral de Álava estará integrado por:

a) La diputada o diputado general, en su caso, por la tenienta o teniente o tenientas o tenientes de diputada o diputado general, y por las diputadas y diputados forales.
b) Un número de diputadas o diputados forales que no podrá exceder de diez.
c) Un número de diputadas o diputados forales que no podrá exceder de doce.
d) Un número de diputadas o diputados forales que no podrá exceder de quince.

6. La diputada o diputado general de Álava:

a) Será designado por las Juntas Generales, de entre sus miembros.
b) Será designado por el Consejo de Gobierno Foral.
c) Tomará posesión ante las Juntas Generales mediante la promesa o juramento del cargo.
d) Las respuestas a) y c) son ciertas.

7. Es falso decir que las diputadas o diputados forales de Álava:

a) Integran el Consejo de Gobierno Foral.
b) Ejercen la jefatura de los departamentos en que la administración foral se organiza.
c) Serán nombrados por la diputada o diputado general.
d) Serán designados por las Juntas Generales.

8. La Norma Foral de gobierno, organización y régimen jurídico de la Diputación Foral de Álava es la:

a) Norma Foral 52/1992, de 18 de diciembre.
b) Norma Foral 10/2023, de 15 de marzo.
c) Norma Foral de 7 de marzo de 1983.
d) Norma Foral 17/2013, de 22 de abril.

9. Es falso decir que al Consejo de Gobierno Foral de Álava, en el ejercicio de la función ejecutiva, le corresponde:

a) Dirigir la administración foral.
b) Aprobar, previa delegación normativa de las Juntas Generales, decretos forales normativos.
c) Deliberar la cuestión de confianza con carácter previo a que la diputada o diputado general la plantee ante las Juntas Generales.
d) Aprobar, mediante decretos forales, reglamentos de ejecución y desarrollo de las normas forales.

10. Es falso decir que le corresponde al Consejo de Gobierno Foral de Álava, en el ejercicio de la potestad normativa y de desarrollo normativo:

a) Aprobar, previa delegación normativa de las Juntas Generales, decretos forales normativos.
b) Aprobar, en materias relacionadas con el Concierto Económico, decretos normativos de urgencia fiscal según el régimen previsto.

c) Aprobar, mediante decretos forales, reglamentos de ejecución y desarrollo de las normas forales.

d) Aprobar decretos forales de desarrollo de la legislación estatal y autonómica, en ejercicio de la potestad de desarrollo normativo cuando se le haya habilitado expresamente.

11. Es falso decir, en relación al diputado general de Álava, que:

a) Será designado por las Juntas Generales, de entre sus miembros.

b) Dirige la acción del Consejo de Gobierno Foral.

c) Tomará posesión ante el Rey mediante la promesa o juramento del cargo, de acuerdo con lo establecido en su Reglamento de Funcionamiento.

d) El acuerdo de elección de su nombramiento se publicará en el BOTHA.

12. Corresponde aprobar, en materias relacionadas con el Concierto Económico, decretos normativos de urgencia fiscal según el régimen previsto en la Norma Foral 10/2023, en la Norma Foral General Tributaria y en el Reglamento de Funcionamiento de Juntas Generales.

a) Al Consejo de Gobierno Foral.

b) Al diputado o diputada general.

c) Al Consejo de Diputados y a las diputadas y diputados forales.

d) Las respuestas a) y b) son ciertas.

13. Es falso decir que las diputadas o diputados forales de Álava cesarán:

a) Por inhabilitación impuesta como pena principal o accesoria en sentencia judicial firme.

b) Por incompatibilidad sobrevenida.

c) Por aprobación de las Juntas Generales de una moción de censura en su contra.

d) Como consecuencia de pérdida de la confianza ante las Juntas Generales.

14. Es falso decir que los acuerdos y decretos del Consejo de Gobierno Foral de Álava:

a) Constarán en acta, que será aprobada por el Consejo de Gobierno Foral.

b) Constarán en acta, pudiendo reflejarse en ella, a solicitud de cualquier diputada o diputado foral, su voto particular y el razonamiento del mismo.

c) Se adoptarán por mayoría de tres quintos.

d) Una vez adoptados, constituyen la expresión unitaria de su voluntad.

15. No corresponde a las diputadas y diputados forales de Álava:

a) Asistir a las sesiones del Consejo de Gobierno Foral, participar en las deliberaciones y ejercer su derecho de voz y voto.

b) Plantear a las Juntas Generales, previa deliberación del Consejo de Gobierno Foral, la cuestión de confianza.

c) Proponer al Consejo de Gobierno Foral la aprobación de proyectos de norma foral sobre materias de su departamento.

d) Ejercer la dirección, gestión, coordinación e inspección superior de las dependencias, servicios y entidades adscritos a su departamento.

16. Ejecutar y hacer cumplir los acuerdos y normas forales de las Juntas Generales de Álava corresponde a:

a) La diputada o diputado general.
b) Las diputadas y diputados forales.
c) El Consejo de Gobierno Foral.
d) La Comisión Arbitral.

Solución al test n.º 4

1. b) El Gobierno Foral.

2. d) La Diputación Foral, bajo el impulso y control de las Juntas Generales.

3. a) La ostenta la Diputación Foral.

4. b) Bajo la dirección de la diputada o diputado general.

5. a) La diputada o diputado general, en su caso, por la tenienta o teniente o tenientas o tenientes de diputada o diputado general, y por las diputadas y diputados forales.

6. b) Por las Juntas Generales.

7. d) Serán designados por las Juntas Generales.

8. b) Norma Foral 10/2023, de 15 de marzo.

9. a) Dirigir la administración foral.

10. c) Aprobar, mediante decretos forales, reglamentos de ejecución y desarrollo de las normas forales.

11. c) Tomará posesión ante el Rey mediante la promesa o juramento del cargo, de acuerdo con lo establecido en su Reglamento de Funcionamiento.

12. a) Al Consejo de Gobierno Foral.

13. d) Como consecuencia de pérdida de la confianza ante las Juntas Generales.

14. c) Se adoptarán por mayoría cualificada de tres quintos.

15. b) Plantear a las Juntas Generales, previa deliberación del Consejo de Gobierno Foral, la cuestión de confianza.

16. a) La diputada o diputado general de Álava.

TEST N.º 5

Norma Foral 10/2018, de 11 de julio, reguladora del ejercicio del cargo público foral (artículos 2 a 19 y 33 a 36)

1. Es falso afirmar que, a los efectos previstos en la Norma Foral 10/2018, se consideran cargos públicos forales:

a) Al diputado o diputada general y a los demás miembros del Consejo de Gobierno Foral.

b) Al alcalde o alcaldesa de Vitoria-Gasteiz y a los demás miembros de la corporación municipal.

c) A los altos cargos de la Diputación Foral de Álava, de sus organismos autónomos y de las sociedades públicas forales.

d) Al personal directivo de los entes públicos forales de derecho privado, de las fundaciones del sector público foral y de los consorcios del sector público foral.

2. Es falso afirmar que el catálogo de cargos públicos incluidos en el ámbito de aplicación de la Norma Foral 10/2018:

a) Será aprobado con indicación de su identidad, cargos públicos que ocupe y fecha de designación o nombramiento.

b) Tendrá naturaleza constitutiva, de tal forma que será preciso que el cargo público figure en el catálogo para que la Norma Foral 10/2018 le resulte aplicable.

c) Se mantendrá permanentemente actualizado y su llevanza y gestión administrativa corresponde al Servicio de la Secretaría General de la Diputación.

d) Será accesible a toda la ciudadanía a través de la página web de la Diputación Foral de Álava.

3. Es alto cargo foral el nombrado por el Consejo de Gobierno Foral o por los consejos de administración de las sociedades públicas forales para desempeñar funciones directivas y de alta gestión en:

a) La Diputación Foral o en los organismos autónomos forales.

b) Consorcios del sector público foral.

c) Sociedades públicas forales.

d) Las tres respuestas anteriores son ciertas.

4. ¿Es cierto que los principios generales que rigen el código de conducta de los cargos públicos forales, establecidos en el capítulo III de la Norma Foral 10/2018, se aplicarán también a determinadas personas que no tengan condición de cargo público foral?

a) No.

b) Sí, siempre que sean designadas para ocupar cargo de dirección o administración en entidades de naturaleza y capital mayoritariamente privado.

c) Sí, siempre que sean designadas para ocupar cargo de dirección o administración en cualquier entidad en que su control corresponda a varias administraciones públicas o a sus respectivos sectores públicos.

d) Las respuestas b) y c) son ciertas.

5. Al personal directivo de la Diputación Foral de Álava le serán de aplicación las previsiones sobre atribuciones y funciones recogidas para ellos en:

a) La Norma Foral 10/2023, de 15 de marzo.

b) La Norma Foral de 7 de marzo de 1983.

c) La Norma Foral 17/2013, de 22 de abril.

d) La Norma Foral 1/2017, de 8 de febrero.

6. De acuerdo con la Norma Foral 10/2018, el cargo público foral:

a) Desempeñará sus funciones con transparencia.

b) Abogará por la implantación efectiva de la transparencia en las respectivas entidades o departamentos.

c) Abogará por el gobierno abierto, la reutilización de datos y la administración electrónica.

d) Las tres opciones anteriores son ciertas.

7. Para el acceso al Registro de Actividades de los Cargos Públicos Forales, rige la Norma Foral 10/2018, de 11 de junio, y las correspondientes disposiciones de desarrollo, sin perjuicio de lo dispuesto, entre otras normas, en:

a) La Ley Orgánica 3/2018, de 5 de diciembre, de Protección de Datos Personales y garantía de los derechos digitales.

b) La Ley 16/2023, de 21 de diciembre, de la Autoridad Vasca de Protección de Datos.

c) La Ley 40/2015, de 1 de octubre, de Régimen Jurídico del Sector Público.

d) Las opciones a) y b) son ciertas.

8. De acuerdo con la Norma Foral reguladora del ejercicio del cargo público foral, ¿transcurrido cuánto tiempo desde la fecha del cese en el desempeño del cargo o función que determine la obligación de declarar actividades y bienes e intereses, se procederá a cancelar los asientos correspondientes, a bloquear el acceso a dichos datos en BOTHA y web institucional?

a) Cuatro meses, de oficio.

b) Cuatro años, de oficio.

c) Cuatro meses, a instancia del interesado.

d) Cuatro años, a instancia del interesado.

9. La Diputación Foral de Álava informará a las Juntas Generales de Álava sobre el grado de cumplimiento por los cargos públicos forales de las obligaciones establecidas en la Norma Foral 10/2018:

a) Trimestralmente.

b) Cuatrimestralmente.

c) Semestralmente.

d) Anualmente.

10. ¿Cuál será el órgano responsable de la gestión administrativa del régimen de incompatibilidades y de las obligaciones impuestas a los cargos públicos en la Norma Foral 10/2018?

a) El Servicio de la Secretaría General de la Diputación.

b) La Comisión de Ética Pública.

c) El Consejo de Gobierno Foral.

d) La Autoridad Vasca de Protección de Datos.

11. Entre los llamados principios de conducta conforme a los cuales el cargo público foral, según la Norma Foral 10/2018, desempeñará sus funciones, está:

a) El pleno respeto al ordenamiento jurídico.

b) La imparcialidad en sus actuaciones.

c) Ejercer sus funciones de buena fe, con implicación sobresaliente, plena dedicación al servicio público y para la finalidad exclusiva para la que les fueron encomendadas cumpliendo fielmente el régimen de incompatibilidades que les es aplicable.

d) La no contribución a la agilización o resolución de trámites o procedimientos administrativos que pudiera beneficiarles a sí mismos o a su entorno familiar y social inmediato.

12. Entre los "principios éticos" conforme a los cuales el cargo público foral, según la Norma Foral 10/2018, desempeñará sus funciones, está:

a) La imparcialidad en sus actuaciones, sin que puedan condicionarlas ningún tipo de interés personal, familiar, corporativo, clientelar o cualquier otro que pueda colisionar con este principio.

b) Facilitar el acceso de la ciudadanía a la información requerida, con las limitaciones previstas en el ordenamiento jurídico.

c) Ser accesibles a la ciudadanía, respondiendo a sus peticiones, escritos y reclamaciones que formulen.

d) Poner en conocimiento y colaborarán con las autoridades e instituciones competentes sobre cualquier actuación irregular de la cual tuvieran conocimiento.

13. La Comisión de Ética Pública de los miembros del gobierno y altos cargos del sector público foral del Territorio Histórico de Álava estará compuesta:

a) Por cuatro altos cargos forales.

b) Por dos altos cargos forales y por dos personas de experiencia, competencia y prestigio profesional contrastado en materias relacionadas con la ética, el derecho o la gobernanza, designadas por la Diputación Foral.

c) Por cinco personas, incluida una persona funcionaria de la Diputación Foral que ejercerá las funciones de secretaria, todas con voz y voto.

d) Por cuatro personas de experiencia, competencia y prestigio profesional contrastado en materias relacionadas con la ética, el derecho o la gobernanza, designadas por la Diputación Foral.

14. Es falso que la Norma Foral 10/2018 haga referencia a:

a) El Registro de Actividades de los Cargos Públicos Forales.

b) El Registro de Bienes e Intereses de los Cargos Públicos Forales.

c) El Registro de Actividades, de Bienes y de Intereses de la Diputación Foral de Álava.

d) Un código de ética y de buen gobierno.

15. El catálogo de cargos públicos incluidos en el ámbito de aplicación de la Norma Foral 10/2018 será aprobado por:

a) El Servicio de la Secretaría General de la Diputación Foral de Álava.

b) Las Juntas Generales de Álava.

c) El Gobierno Foral de Álava.

d) La Comisión de Ética Pública.

Solución al test n.º 5

1. b) Al alcalde o alcaldesa de Vitoria-Gasteiz.

2. b) Tendrá naturaleza constitutiva, de tal forma que será preciso que el cargo público figure en el catálogo para que la Norma Foral 10/2018 le resulte aplicable.

3. d) Las tres respuestas anteriores son ciertas.

4. d) Las respuestas b) y c) son ciertas.

5. a) La Norma Foral 10/2023, de 15 de marzo.

6. d) Las tres opciones anteriores son ciertas.

7. d) Las opciones a) y b) son ciertas.

8. b) Cuatro años, de oficio.

9. c) Semestralmente.

10. a) El Servicio de la Secretaría General de la Diputación.

11. c) Ejercer sus funciones de buena fe, con implicación sobresaliente, plena dedicación al servicio público y para la finalidad exclusiva para la que les fueron encomendadas cumpliendo fielmente el régimen de incompatibilidades que les es aplicable.

12. a) La imparcialidad en sus actuaciones, sin que puedan condicionarlas ningún tipo de interés personal, familiar, corporativo, clientelar o cualquier otro que pueda colisionar con este principio.

13. b) Por dos altos cargos forales y por dos personas de experiencia, competencia y prestigio profesional contrastado en materias relacionadas con la ética, el derecho o la gobernanza, designadas por la Diputación Foral.

14. c) El Registro de Actividades, de Bienes y de Intereses de la Diputación Foral de Álava.

15. c) El Gobierno Foral de Álava.

TEST N.º 6

Ley Orgánica 3/2018, de 5 de diciembre, de Protección de Datos Personales y garantía de los derechos digitales. Principios de la protección de datos (artículos 4 a 10). Derechos de las personas (artículos 11 a 18). Garantía de los derechos digitales (artículos 79 a 97)

1. El artículo 4 de la LO 3/2018 señala que, conforme al artículo 5.1.d) del Reglamento (UE) 2016/679, los datos serán exactos y, si fuere necesario:

a) Actualizados.
b) Aproximados.
c) Normalizados.
d) Digitalizados.

2. Señala la opción incorrecta. No será imputable al responsable del tratamiento, siempre que este haya adoptado todas las medidas razonables para que se supriman o rectifiquen sin dilación, la inexactitud de los datos personales, con respecto a los fines para los que se tratan, cuando los datos inexactos:

a) Hubiesen sido obtenidos por el responsable directamente del encargado.
b) Hubiesen sido obtenidos por el responsable de un mediador o intermediario en caso de que las normas aplicables al sector de actividad al que pertenezca el responsable del tratamiento establecieran la posibilidad de intervención de un intermediario o mediador que recoja en nombre propio los datos de los afectados para su transmisión al responsable.
c) Fuesen sometidos a tratamiento por el responsable por haberlos recibido de otro responsable en virtud del ejercicio por el afectado del derecho a la portabilidad.
d) Fuesen obtenidos de un registro público por el responsable.

3. Conforme al artículo 5.1 de la LO 3/2018, estarán sujetas al deber de confidencialidad:

a) Únicamente los responsables del tratamiento.
b) Los responsables y encargados del tratamiento.

51

c) Los responsables y encargados del tratamiento de datos así como todas las personas que intervengan en cualquier fase de este.

d) Los responsables y encargados del tratamiento de datos así como todas las personas que intervengan en todas las fases de este.

4. Conforme el artículo 5 de la Ley Orgánica 3/2018, de 5 de diciembre, de Protección de Datos Personales y garantía de los derechos digitales, los responsables y encargados del tratamiento de datos, así como todas las personas que intervengan en cualquier fase de éste, estarán sujetas al deber de confidencialidad al que se refiere el artículo 5.1.f) del Reglamento (UE) 2016/679, que se mantendrá:

a) Aun cuando hubiese finalizado la relación del obligado con el responsable o encargado del tratamiento.

b) Durante los cuatro años siguientes a la intervención en el tratamiento de datos que corresponda.

c) Durante los cinco años siguientes a la intervención en el tratamiento de datos que corresponda.

d) Sólo si coexiste con el deber de secreto profesional de conformidad.

5. Conforme a los artículos 4.11 del RGPD y 6.1 de la LO 3/2018, se entiende por consentimiento del afectado la aceptación, ya sea mediante una declaración o una clara acción afirmativa, del tratamiento de datos personales que le conciernen manifestada por voluntad libre, de forma específica, informada e/y:

a) Detallada.
b) Unitaria.
c) Inequívoca.
d) Por escrito.

6. Según el artículo 6.2 de la Ley Orgánica 3/2018 de Protección de Datos Personales y garantía de los derechos digitales, cuando se pretenda fundar el tratamiento de los datos en el consentimiento del afectado para una pluralidad de finalidades, será preciso que conste de manera específica e inequívoca que dicho consentimiento se otorga:

a) Por un periodo de tiempo.
b) Irrevocablemente.
c) Para todas ellas.
d) Por interés público.

7. Según el artículo 8.1 de la LO 3/2018, el tratamiento de datos personales solo podrá considerarse fundado en el cumplimiento de una obligación legal exigible al responsable:

a) Cuando así lo prevea una norma de Derecho de la Unión Europea o una norma con rango de ley.

b) Cuando el tratamiento se considere una misión realizada en interés público.

c) Cuando se trate del ejercicio de poderes públicos conferidos al responsable.

d) Cuando el responsable sea un órgano u organismo público.

8. Conforme al artículo 9 de la LO 3/2018, de 5 de diciembre, de Protección de Datos Personales y garantía de los derechos digitales, cuál de los siguientes tratamientos de categorías especiales de datos fundados en el Derecho español deberá estar amparado en una norma con rango de ley:

a) El interesado dio su consentimiento explícito para el tratamiento de dichos datos personales con uno o más de los fines especificados.

b) El tratamiento es necesario para el cumplimiento de obligaciones y el ejercicio de derechos específicos del responsable del tratamiento o del interesado en el ámbito del Derecho laboral y de la seguridad y protección social.

c) El tratamiento es necesario para proteger intereses vitales del interesado o de otra persona física, en el supuesto de que el interesado no esté capacitado, física o jurídicamente, para dar su consentimiento.

d) El tratamiento es necesario por razones de interés público en el ámbito de la salud pública, como la protección frente a amenazas transfronterizas graves para la salud, o para garantizar elevados niveles de calidad y de seguridad de la asistencia sanitaria y de los medicamentos o productos sanitarios.

9. Señala la opción incorrecta. Conforme al artículo 11.3 de la LO 3/2018, la información básica que el responsable del tratamiento ha de facilitar al afectado, cuando los datos personales se hayan obtenido de éste, debe contener obligatoriamente:

a) La finalidad del tratamiento.

b) La identidad del responsable del tratamiento y de su representante, en su caso.

c) La posibilidad de ejercer los derechos establecidos en los artículos 15 a 22 del RGPD.

d) Las categorías de datos objeto de tratamiento.

10. Según el artículo 7.1 de la LO 3/2018, el tratamiento de los datos personales de un menor de edad únicamente podrá fundarse en su consentimiento cuando sea mayor de:

a) 12 años.

b) 13 años.

c) 14 años.

d) 16 años.

11. Conforme al artículo 12 de la LO 3/2018, los derechos reconocidos en los artículos 15 a 22 del RGPD:

a) Sólo podrán ser ejercidos directamente por el afectado.

b) Deberán ejercerse bien directamente por el afectado o por representante legal.

c) Deberán ejercerse bien directamente por el afectado o por representante voluntario.

d) Podrán ejercerse directamente o por medio de representante legal o voluntario.

12. Según el artículo 12.4 de la LO 3/2018, la prueba del cumplimiento del deber de responder a la solicitud de ejercicio de sus derechos formulado por el afectado recaerá:

a) Sobre el responsable del tratamiento.
b) Sobre el encargado del tratamiento.
c) Bien sobre el responsable o bien sobre el encargado.
d) Sobre el representante legal del afectado.

13. En materia de protección de datos, los titulares de la patria potestad podrán ejercitar los siguientes derechos en nombre y representación de los menores:

a) Si son menores de 14 años, acceso y rectificación, pero no cancelación.
b) Si son menores de 14 años, acceso, rectificación, cancelación y los demás previstos en la normativa de protección de datos.
c) En todo caso, los derechos previstos en la normativa de protección de datos respecto de los menores de 18 años, salvo la cancelación.
d) Ninguno; los derechos en materia de protección de datos sólo pueden ser ejercitados por su titular.

14. En virtud del artículo 12 de la LO 3/2018 es cierto, en relación a los medios para que el afectado pueda ejercer sus derechos, que:

a) El encargado del tratamiento estará obligado a informar al afectado sobre los medios a su disposición para ejercer los derechos que le corresponden.
b) Los medios deberán ser consensuados con los afectados antes de poner en marcha el tratamiento.
c) Los medios deberán ser fácilmente accesibles para el afectado.
d) El ejercicio del derecho podrá ser denegado cuando el afectado opte por otro medio.

15. Cuando las solicitudes de ejercicio de los derechos de un interesado en un tratamiento de datos de carácter personal sean manifiestamente infundadas o excesivas, especialmente debido a su carácter repetitivo, el responsable del tratamiento podrá cobrar un canon razonable en función de los costes administrativos afrontados para facilitar la información o la comunicación o realizar la actuación solicitada. A menos que exista causa legítima para ello, se podrá considerar repetitivo el ejercicio del derecho de acceso en más de una ocasión durante el plazo de (a partir de):

a) 3 meses.
b) 6 meses.
c) 10 meses.
d) 1 año.

16. En relación al derecho de acceso, el responsable del tratamiento debe facilitar una copia de los datos personales objeto de tratamiento. Cuando el afectado elija un medio distinto al que se le ofrece que suponga un coste desproporcionado:

a) La solicitud será considerada excesiva y, por lo tanto, no tenida en consideración.
b) El afectado asumirá parte del exceso de costes que su elección comporte.
c) En este caso, solo será exigible al responsable del tratamiento la satisfacción del derecho de acceso sin dilaciones indebidas.
d) Será cumplimentada gratuitamente y sin dilaciones indebidas.

17. En relación al derecho de acceso, el artículo 13 de la LO 3/2018 dispone que:

a) Cuando el responsable trate una gran cantidad de datos relativos al afectado y este ejercite su derecho de acceso sin especificar si se refiere a todos o a una parte de los datos, el responsable deberá facilitar la totalidad de los datos.
b) El derecho de acceso se entenderá otorgado si el responsable del tratamiento facilitara al afectado un sistema de acceso remoto, directo y seguro a los datos personales que garantice, temporalmente, el acceso a su totalidad.
c) Se podrá considerar repetitivo el ejercicio del derecho de acceso en más de una ocasión durante el plazo de seis meses, a menos que exista causa legítima para ello.
d) Cuando el afectado elija un medio distinto al que se le ofrece deberá asumir los costes que su elección comporte.

18. De acuerdo con el artículo 13.2 de la Ley Orgánica 3/2018, de 5 de diciembre, de Protección de Datos Personales y garantía de los derechos digitales, el derecho de acceso se entenderá otorgado si el responsable del tratamiento facilitara al afectado un sistema de acceso remoto, directo y seguro a los datos personales que garantice el acceso a su totalidad:

a) Previa solicitud del afectado, que deberá ser resuelta en el plazo improrrogable de un mes.
b) Siempre que el afectado asuma los costes asociados al ejercicio del derecho de acceso.
c) Siempre que el afectado sea mayor de 18 años.
d) De modo permanente.

19. Cuando los datos personales no sean obtenidos del afectado, en la información básica que se le facilite deberá constar:

a) La autorización judicial para el tratamiento de los datos.
b) Una declaración jurada del responsable del tratamiento.
c) Las fuentes de las que proceden los datos.
d) La identidad del encargado del tratamiento, si es un ente sin personalidad jurídica.

20. El tratamiento de datos personales relativos a condenas e infracciones penales, solo podrá llevarse a cabo cuando se encuentre amparado, de entre las siguientes, en:

a) Una norma de Derecho de la Unión Europea.
b) Un Decreto.

c) Una norma con rango reglamentario.
d) El Código Penal.

21. La Ley Orgánica 3/2018, de 5 de diciembre, de Protección de Datos Personales y Garantía de los Derechos Digitales dedica su artículo 17 al derecho a la portabilidad. Dicho derecho viene redactado de la siguiente manera:

a) El derecho a la portabilidad se ejercerá de acuerdo con lo establecido en el artículo 19 del Reglamento (UE) 2016/679.
b) El derecho a la portabilidad se ejercerá de acuerdo con lo establecido en el artículo 20 del Reglamento (UE) 2016/679.
c) El derecho a la portabilidad se ejercerá de acuerdo con lo establecido en el artículo 21 del Reglamento (UE) 2016/679.
d) Ninguna de las anteriores.

22. Conforme al artículo 81 de la LO 3/2018, se garantizará para toda la población un acceso universal a internet, asequible, de calidad y:

a) Gratuito.
b) Seguro.
c) Estable.
d) No discriminatorio.

23. Las Administraciones Públicas incorporarán a los temarios de las pruebas de acceso a los cuerpos superiores y a aquéllos en que habitualmente se desempeñen funciones que impliquen el acceso a datos personales materias relacionadas con la garantía de los derechos digitales y en particular:

a) El de protección de datos.
b) El de libertad de expresión.
c) El de protección de los menores.
d) El de seguridad de las comunicaciones.

24. Conforme al artículo 85 de la LO 3/2018, los responsables de redes sociales y servicios equivalentes deben adoptar protocolos adecuados para posibilitar, ante los usuarios que difundan contenidos que atenten contra el derecho al honor, la intimidad personal y familiar en Internet, el ejercicio del derecho de:

a) Olvido.
b) Portabilidad.
c) Rectificación.
d) Información.

25. Conforme al artículo 94 de la LO 3/2018, toda persona tiene derecho a que sean suprimidos los datos personales que le conciernan y que hubiesen sido facilitados por terceros para su publicación por los servicios de redes sociales y servicios de la sociedad de la información equivalentes cuando fuesen inadecuados, inexactos, no pertinentes, no actualizados o:

a) Excesivos.
b) Molestos.
c) Improbables.
d) Perniciosos.

Solución al test n.º 6

1. a) Actualizados.

2. a) Hubiesen sido obtenidos por el responsable directamente del encargado.

3. c) Los responsables y encargados del tratamiento de datos así como todas las personas que intervengan en cualquier fase de este.

4. a) Aun cuando hubiese finalizado la relación del obligado con el responsable o encargado del tratamiento.

5. c) Inequívoca.

6. c) Para todas ellas.

7. a) Cuando así lo prevea una norma de Derecho de la Unión Europea o una norma con rango de ley.

8. d) El tratamiento es necesario por razones de interés público en el ámbito de la salud pública, como la protección frente a amenazas transfronterizas graves para la salud, o para garantizar elevados niveles de calidad y de seguridad de la asistencia sanitaria y de los medicamentos o productos sanitarios.

9. d) Las categorías de datos objeto de tratamiento.

10. c) 14 años.

11. d) Podrán ejercerse directamente o por medio de representante legal o voluntario.

12. a) Sobre el responsable del tratamiento.

13. b) Si son menores de 14 años, acceso, rectificación, cancelación y los demás previstos en la normativa de protección de datos.

14. c) Los medios deberán ser fácilmente accesibles para el afectado.

15. b) 6 meses.

16. c) En este caso, solo será exigible al responsable del tratamiento la satisfacción del derecho de acceso sin dilaciones indebidas.

17. c) Se podrá considerar repetitivo el ejercicio del derecho de acceso en más de una ocasión durante el plazo de seis meses, a menos que exista causa legítima para ello.

18. d) De modo permanente.

19. c) Las fuentes de las que proceden los datos.

20. a) Una norma de Derecho de la Unión Europea.

21. b) El derecho a la portabilidad se ejercerá de acuerdo con lo establecido en el artículo 20 del Reglamento (UE) 2016/679.

22. d) No discriminatorio.

23. a) El de protección de datos.

24. c) Rectificación.

25. a) Excesivos.

TEST N.º 7

Norma Foral 1/2017, de 8 de febrero, de transparencia, participación ciudadana y buen gobierno del sector público del Territorio Histórico de Álava. Disposiciones generales (artículos 1 a 4). Transparencia del Sector Público del Territorio Histórico de Álava (artículos 17 a 36)

1. Es falso decir que la Norma Foral 1/2017 se aplicará a:

a) La Administración General, que se identifica con la Diputación Foral y sus diferentes órganos.

b) Los organismos autónomos forales.

c) Los partidos políticos que desarrollen su actividad en el ámbito del Territorio Histórico de Álava.

d) Las entidades públicas forales de derecho privado.

2. Entre los fines que persigue la Norma Foral 1/2017, está:

a) Ser un instrumento de supervisión y control por parte de la ciudadanía de la gestión del gobierno y las políticas públicas, materializándose con hechos concretos.

b) Informar a la ciudadanía sobre la planificación del gobierno y sus compromisos estratégicos consolidando el principio de publicidad activa.

c) Promover el acceso de la ciudadanía a la información pública que obre en poder de la Administración foral y de los organismos y entidades vinculadas o dependientes.

d) Las tres opciones anteriores son ciertas.

3. Es falso afirmar, en relación al Portal del Gobierno Abierto regulado por la Norma Foral 1/2017, que contará con las características y mecanismos adecuados para garantizar la:

a) La interoperabilidad,

b) Accesibilidad universal.

c) Neutralidad tecnológica.

d) La calidad y reutilización de la información publicada, así como su anonimización y deslocalización.

4. Es falso afirmar, en relación al Portal del Gobierno Abierto regulado por la Norma Foral 1/2017, que:

a) Se utilizará un lenguaje no discriminatorio, que visibilice a mujeres y hombres.

b) En los contenidos de la información y en las imágenes que, en su caso, acompañen a dichos contenidos, se deberá garantizar un tratamiento equilibrado, igualitario, singular y estereotipado.

c) Se adoptarán las medidas necesarias para garantizar que la información pública se haga disponible paulatinamente en bases de datos electrónicas de fácil acceso y comprensión.

c) Todos los datos referidos a personas, de los que sean responsables las entidades incluidas en el ámbito subjetivo de aplicación de esta Norma, se reflejarán desagregados por sexo.

5. Es cierto, en relación a la información pública que se solicite, conforme a la Norma Foral 1/2017, que:

a) Se facilitará, preferentemente, por vía electrónica.

b) Su acceso será gratuito, en todo caso.

c) Si se materializa su suministro mediante la expedición de copias o la transposición a un formato diferente al original, se exigirá una cantidad.

d) Con de carácter general, se suministrará en la forma y formato, elegidos por la persona solicitante y, en su defecto, se facilitará, preferentemente, por vía electrónica, siempre que sea posible.

6. La resolución de una solicitud de acceso a información pública, conforme a la Norma Foral 1/2017, deberá notificarse:

a) En el plazo máximo de un mes desde su recepción, que podrá ampliarse por un periodo no superior a diez días en el caso de que el volumen o la complejidad de la información solicitada lo requieran.

b) En el plazo máximo de un mes desde su recepción, que podrá ampliarse por igual periodo en el caso de que el volumen o la complejidad de la información solicitada lo requieran.

c) En el plazo máximo de diez días hábiles desde su recepción.

d) En el plazo máximo de un mes desde su recepción, improrrogable.

7. Frente a la resolución presunta o expresa de una solicitud de acceso a información pública que regula la Norma Foral 1/2017, y de conformidad con lo establecido en la legislación básica:

a) Se podrá formular una reclamación con carácter potestativo y previo a su impugnación en vía contencioso-administrativa.

b) Sólo cabrá su impugnación en vía contencioso-administrativa.

c) Se podrá formular únicamente una reclamación con carácter potestativo.

d) Ninguna de las opciones anteriores es cierta.

8. La Diputación Foral de Álava deberá hacer pública información de su ejecución presupuestaria con frecuencia:

a) Mensual.
b) Trimestral.
c) Semestral.
d) Anual.

9. Es falso decir que se elaborará un informe sobre la actividad desarrollada durante el año natural inmediatamente anterior, en cumplimiento del capítulo relativo a la transparencia del sector público del Territorio Histórico de Álava, de la Norma Foral 1/2017:

a) Dentro de los dos primeros meses del año natural.
b) Por el departamento de la Diputación Foral de Álava que tenga atribuida la coordinación en materia de transparencia.
c) Que se presentará al Consejo de Gobierno Foral y éste lo remitirá a las Juntas Generales de Álava.
d) Que será publicado en la Plataforma de Gobierno Abierto prevista en la Norma Foral.

10. Es falso decir que la Norma Foral 1/2017 se aplicará a:

a) Las sociedades públicas forales.
b) Las organizaciones sindicales y organizaciones empresariales que desarrollen su actividad en el ámbito del Territorio Histórico de Álava.
c) Las fundaciones del sector público foral.
d) Los consorcios del sector público foral.

11. Resultarán de aplicación las normas de publicidad activa del capítulo III de la Norma Foral 1/2017 a las entidades privadas:

a) Que durante un ejercicio presupuestario perciban de las entidades del sector público foral ayudas o subvenciones públicas en una cuantía total superior a 100.000 euros.
b) Que durante un ejercicio presupuestario perciban de las entidades del sector público foral ayudas o subvenciones públicas en una cuantía total superior a 10.000 euros.
c) Cuando al menos el 40 por ciento del total de sus ingresos anuales tengan carácter de ayuda o subvención pública foral, siempre que alcancen como mínimo 100.000 euros.
d) Cuando al menos el 40 por ciento del total de sus ingresos anuales tengan carácter de ayuda o subvención pública foral, siempre que alcancen como mínimo 10.000 euros.

12. Es falso afirmar, en relación al Portal del Gobierno Abierto regulado por la Norma Foral 1/2017, que:

a) No tendrá la consideración jurídica ni técnica de sede electrónica.
b) Su titularidad, gestión y administración corresponde a la Diputación Foral de Álava.

c) Que su página de acceso aparecerá por defecto en castellano, presentando la opción de elegir el idioma euskera u otros si los hubiese.

d) Será accesible a través del portal institucional de la Diputación Foral de Álava.

13. Conforme a la Norma Foral 1/2017, la información pública:

a) Ha de ser veraz, objetiva y actualizada, y adecuada al cumplimiento de los fines de la transparencia.

b) Se facilitará de la forma que resulte más comprensible en formatos de fácil lectura y comprensión, inteligibles, sencillos y con mensajes entendibles por el conjunto de la ciudadanía.

c) Que sea divulgada o suministrada con base en la presente Norma Foral tendrá los únicos efectos jurídicos de cumplir con las obligaciones de publicidad activa y de hacer efectivo el ejercicio del derecho de acceso.

d) Las tres respuestas anteriores son ciertas.

14. Si una solicitud de acceso a información pública, conforme a la Norma Foral 1/2017, fuera defectuosa o estuviera formulada de manera imprecisa:

a) Se advertirá al solicitante de tal circunstancia con expresión de las causas por las cuales se considera ambigua o dudosa, concediéndole un plazo máximo de quince días hábiles para su subsanación.

b) Se advertirá al solicitante de tal circunstancia con expresión de las causas por las cuales se considera ambigua o dudosa, concediéndole un plazo máximo de diez días hábiles para su subsanación ofreciéndole asistencia para la concreción de la solicitud.

c) Se procederá a su archivo.

d) Se notificará una resolución desestimatoria.

15. Es falso decir que el Portal de Transparencia, sede electrónica o página Web de las entidades sujetas a la Norma Foral 1/2017:

a) Facilitarán la evaluación de la calidad de los servicios públicos forales por la ciudadanía.

b) Establecerán espacios dirigidos a garantizar la escucha activa, identificar las necesidades de la población y facilitar herramientas para hacer efectiva la participación de la ciudadanía en los asuntos públicos.

c) Promoverán a través de los medios electrónicos canales de participación de la ciudadanía en la aprobación de las políticas públicas forales.

d) Las tres opciones anteriores son falsas.

Solución al test n.º 7

1. c) Los partidos políticos que desarrollen su actividad en el ámbito del Territorio Histórico de Álava.

2. d) Las tres opciones anteriores son ciertas.

3. d) La calidad y reutilización de la información publicada, así como su anonimización.

4. b) En los contenidos de la información y en las imágenes que, en su caso, acompañen a dichos contenidos, se deberá garantizar un tratamiento equilibrado, igualitario, singular y estereotipado.

5. d) Con de carácter general, se suministrará en la forma y formato, elegidos por la persona solicitante y, en su defecto, se facilitará, preferentemente, por vía electrónica, siempre que sea posible.

6. b) En el plazo máximo de un mes desde su recepción, que podrá ampliarse por un periodo de 10 días en el caso de que el volumen o la complejidad de la información solicitada lo requieran.

7. a) Se podrá formular una reclamación con carácter potestativo y previo a su impugnación en vía contencioso-administrativa.

8. a) Mensual.

9. a) En el primer mes del año natural.

10. b) Las organizaciones sindicales y organizaciones empresariales que desarrollen su actividad en el ámbito del Territorio Histórico de Álava.

11. a) Que durante un ejercicio presupuestario perciban de las entidades del sector público foral ayudas o subvenciones públicas en una cuantía total superior a 100.000 euros.

12. c) Que su página de acceso aparecerá por defecto en castellano, presentando la opción de elegir el idioma euskera u otros si los hubiese.

13. d) Las tres respuestas anteriores son ciertas.

14. b) Se advertirá al solicitante de tal circunstancia con expresión de las causas por las cuales se considera ambigua o dudosa, concediéndole un plazo máximo de diez días hábiles para su subsanación ofreciéndole asistencia para la concreción de la solicitud.

15. b) Promoverán a través de los medios electrónicos canales de participación de la ciudadanía en la aprobación de las políticas públicas forales.

TEST N.º 8

Ley Orgánica 3/2007, de 22 de marzo, para la igualdad efectiva de mujeres y hombres: (artículos 1 a 22). Texto refundido de la Ley para la Igualdad de Mujeres y Hombres y Vidas Libres de Violencia Machista contra las Mujeres, aprobado por Decreto Legislativo 1/2023, de 16 de marzo (artículos 1 al 28)

1. ¿Qué artículo de la Constitución proclama que los españoles son iguales ante la ley, sin que pueda prevalecer discriminación alguna por razón de nacimiento, raza, sexo, religión, opinión o cualquier otra condición o circunstancia personal o social?

a) Artículo 9.
b) Artículo 11.
c) Artículo 14.
d) Artículo 18.

2. Según el artículo 9.2: de la Constitución, "corresponde a los poderes públicos .... las condiciones para que la libertad y la igualdad del individuo y de los grupos en que se integra sean reales y efectivas; .... los obstáculos que impidan o dificulten su plenitud y .... la participación de todos los ciudadanos en la vida política, económica, cultural y social.". ¿Qué 3 verbos faltan en la anterior frase?

a) Promover, remover y facilitar.
b) Impulsar, superar y posibilitar.
c) Crear, eliminar y alentar.
d) Facilitar, disminuir y promover.

3. La ley que regula a nivel estatal la igualdad efectiva de mujeres y hombres, es:

a) La Ley 3/2007, de 12 de marzo.
b) La Ley orgánica 22/2007, de 3 de abril.

67

c) La Ley orgánica 3/2007, de 22 de marzo.
d) El Decreto Legislativo 7/2003, de 23 de mayo.

4. Según su artículo 1, la LO 3/2007 tiene por objeto hacer efectivo el derecho de:

a) Conciliación de la vida laboral y familiar de mujeres y hombres.
b) Igualdad de trato y de oportunidades entre mujeres y hombres.
c) Participación en los asuntos públicos en igualdad de condiciones.
d) No discriminación por razón de sexo.

5. Las obligaciones establecidas en la LO 3/2007 son de aplicación a:

a) A toda persona, física o jurídica, que se encuentre o actúe en territorio español, cualquiera que fuese su nacionalidad, domicilio o residencia.
b) A todos los ciudadanos españoles, ya sea en territorio español o territorio de cualquier país extranjero.
c) A toda persona, física o jurídica, que se encuentre o actúe en territorio español, con nacionalidad española.
d) A toda persona, física o jurídica, que resida en territorio español, cualquiera que fuese su nacionalidad.

6. Señala la opción incorrecta. Según el artículo 3 de la LO 3/2007, el principio de igualdad de trato entre mujeres y hombres supone la ausencia de toda discriminación, directa o indirecta, por razón de sexo, y especialmente, las derivadas de:

a) La maternidad.
b) La tendencia sexual.
c) La asunción de obligaciones familiares.
d) El estado civil.

7. Según el artículo 4 de la LO 3/2007, la igualdad de trato y de oportunidades entre mujeres y hombres:

a) Es un deber de las Administraciones Públicas.
b) Es una fuente formal del Derecho.
c) Es un principio informador del ordenamiento jurídico.
d) Es un objetivo fundamental del procedimiento administrativo.

8. El principio de igualdad de trato y de oportunidades entre mujeres y hombres:

a) Sólo se aplica en el ámbito del empleo público.
b) Se garantizará incluso en el acceso al trabajo por cuenta propia.
c) No se aplica en la afiliación y participación en organizaciones sindicales o empresariales.
d) Se garantizará en los términos que prevean los convenios colectivos.

9. La situación en que se encuentra una persona que sea, haya sido o pudiera ser tratada, en atención a su sexo, de manera menos favorable que otra en situación comparable, se considera:

a) Discriminación directa.
b) Acoso sexual.
c) Discriminación indirecta.
d) Violencia de género.

10. Una diferencia de trato basada en una característica relacionada con el sexo ¿constituye discriminación en el acceso al empleo?

a) Sí, en todo caso.
b) No, siempre que la formación necesaria se base en dicha característica.
c) No, siempre que dicha característica constituya un requisito profesional esencial y determinante.
d) No, si debido a la naturaleza de las actividades profesionales concretas o al contexto en el que se lleven a cabo, dicha característica constituya un requisito profesional esencial y determinante, siempre y cuando el objetivo sea legítimo y el requisito proporcionado.

11. En virtud del artículo 6.2 de la LO 3/2007, la situación en que una disposición, criterio o práctica aparentemente neutros pone a personas de un sexo en desventaja particular con respecto a personas del otro:

a) En cualquier caso constituirá discriminación directa.
b) En cualquier caso constituirá discriminación indirecta.
c) No se considera discriminación indirecta si dicha disposición, criterio o práctica pueden justificarse objetivamente en atención a una finalidad legítima y los medios para alcanzar dicha finalidad son necesarios y adecuados.
d) En ningún caso podrá considerarse discriminación.

12. Conforme al artículo 6.3 de la LO 3/2007, toda orden de discriminar por razón de sexo:

a) Sólo se considera discriminatoria si se ordena discriminar directamente.
b) En ningún caso se puede considerar discriminatoria.
c) Sólo se considera discriminatoria si ordena una discriminación indirecta.
d) En cualquier caso se considera discriminatoria, sea directa o indirecta.

13. En relación al acoso sexual y al acoso por razón de sexo:

a) La LO 3/2007 equipara ambos conceptos.
b) La diferencia entre ambos radica en que, mientras el primero se circunscribe al ámbito de lo sexual, el segundo supone un tipo de situaciones laborales discriminatorias mucho más amplias, sin tener porqué existir intencionalidad sexual por parte de la persona agresora.

c) Se diferencian en que el primero supone que hay rechazo por parte de la víctima.

d) La diferencia entre ambos conceptos radica en que en el primer caso se produce discriminación directa y en el segundo discriminación indirecta.

14. A los efectos de la LO 3/2007, definimos como acoso sexual:

a) Cualquier comportamiento realizado en función del sexo de una persona, con el propósito o el efecto de atentar contra su dignidad y de crear un entorno intimidatorio, degradante u ofensivo.

b) La situación en que una disposición, criterio o práctica aparentemente neutros pone a personas de un sexo en desventaja particular con respecto a personas del otro, salvo que dicha disposición, criterio o práctica puedan justificarse objetivamente en atención a una finalidad legítima y que los medios para alcanzar dicha finalidad sean necesarios y adecuados.

c) Todo trato desfavorable a las mujeres relacionado con el embarazo o la maternidad.

d) Cualquier comportamiento, verbal o físico, de naturaleza sexual que tenga el propósito o produzca el efecto de atentar contra la dignidad de una persona, en particular cuando se crea un entorno intimidatorio, degradante u ofensivo.

15. Según el artículo 8 de la LO 3/2007, todo trato desfavorable a las mujeres relacionado con el embarazo o la maternidad constituye:

a) Acoso sexual.

b) Acoso por razón de sexo.

c) Discriminación directa por razón de sexo.

d) Discriminación indirecta por razón de sexo.

16. Cualquier comportamiento realizado en función del sexo de una persona, con el propósito o el efecto de atentar contra su dignidad y de crear un entorno intimidatorio, degradante u ofensivo, constituye:

a) Discriminación directa.

b) Acoso sexual.

c) Acoso por razón de sexo.

d) Discriminación indirecta.

17. Conforme al artículo 7.4 de la LO 3/2007, el condicionamiento de un derecho o de una expectativa de derecho a la aceptación de una situación constitutiva de acoso sexual o de acoso por razón de sexo se considerará:

a) Acto de discriminación por razón de sexo.

b) Creación de un entorno intimidatorio, degradante u ofensivo.

c) Anulable y sin efecto.

d) Indemnizable.

18. En virtud del artículo 9 de la LO 3/2007, cualquier trato adverso o efecto negativo que se produzca en una persona como consecuencia de la presentación por su parte de queja, reclamación, denuncia, demanda o recurso, de cualquier tipo, destinados a impedir su discriminación y a exigir el cumplimiento efectivo del principio de igualdad de trato entre mujeres y hombres, se considerará:

a) Discriminación directa.
b) Discriminación por razón de sexo.
c) Injustificado.
d) Acoso sexual.

19. Según el artículo 10 de la LO 3/2007, los actos y las cláusulas de los negocios que constituyan o causen discriminación por razón de sexo darán lugar a responsabilidades a través de un sistema de reparaciones o indemnizaciones que sean (señala la opción incorrecta):

a) Reales.
b) Disuasivas.
c) Proporcionadas al perjuicio sufrido.
d) Efectivas.

20. Para prevenir la realización de conductas discriminatorias en los actos y las cláusulas de los negocios jurídicos, el artículo 10 de la LO 3/2007 prevé la existencia de un sistema de sanciones eficaz y:

a) Proporcionado.
b) Comprensible.
c) Cuantificable.
d) Disuasorio.

21. Según el artículo 10 de la LO 3/2007, los actos y las cláusulas de los negocios jurídicos que constituyan o causen discriminación por razón de sexo se considerarán:

a) Válidos, pero anulables.
b) Nulos y sin efecto.
c) Ilegales.
d) Nulos, pero con efectos.

22. Con el fin de hacer efectivo el derecho constitucional de la igualdad, los Poderes Públicos adoptarán medidas específicas en favor de las mujeres para corregir situaciones patentes de desigualdad de hecho respecto de los hombres. Tales medidas, que serán aplicables en tanto subsistan dichas situaciones, habrán de ser en relación con el objetivo perseguido en cada caso razonables y:

a) Justificadas.
b) Autorizadas judicialmente.

c) Transparentes.
d) Proporcionadas.

23. Conforme al artículo 12 de la LO 3/2007, cualquier persona podrá recabar de los tribunales la tutela del derecho a la igualdad entre mujeres y hombres, de acuerdo con lo establecido en el artículo 53.2 de la Constitución:

a) Siempre que la relación en la que supuestamente se produce la discriminación se encuentre vigente.

b) Incluso tras la terminación de la relación en la que supuestamente se ha producido la discriminación.

c) Siempre que se haya dado por terminada la relación en la que supuestamente se produce la discriminación.

d) A menos que se haya procedido a la suspensión de la relación en la que supuestamente se produce la discriminación.

24. La capacidad y la legitimación para intervenir en los procesos civiles, sociales y contencioso-administrativos que versen sobre la defensa del derecho de igualdad entre mujeres y hombres, corresponden a:

a) La persona acosada, únicamente.
b) Cualquier ciudadano.
c) Las personas físicas y jurídicas con interés legítimo.
d) Cualquier persona jurídica.

25. La persona acosada será la única legitimada en los litigios:

a) Sobre discriminación directa.
b) Sobre acoso sexual y acoso por razón de sexo.
c) Sobre acoso sexual únicamente.
d) Únicamente sobre acoso por razón de sexo.

26. De acuerdo con las Leyes procesales, en aquellos procedimientos en los que las alegaciones de la parte actora se fundamenten en actuaciones discriminatorias, por razón de sexo, corresponderá:

a) A la persona demandada probar la ausencia de discriminación en las medidas adoptadas y su proporcionalidad (esto será aplicable en todo tipo de procesos).

b) A la persona demandante probar la existencia de discriminación en las medidas adoptadas y su proporcionalidad (esto no será aplicable a los procesos penales).

c) A la persona demandada probar la ausencia de discriminación en las medidas adoptadas y su proporcionalidad (esto no será aplicable a los procesos penales).

d) A la persona demandante probar la existencia de discriminación en las medidas adoptadas y su proporcionalidad (esto será aplicable en todo tipo de procesos).

27. De acuerdo con las leyes procesales, en aquellos procedimientos en los que las alegaciones de la parte actora se fundamenten en actuaciones discriminatorias, por razón de sexo, corresponderá a la persona demandada probar la ausencia de discriminación en las medidas adoptadas y su proporcionalidad. A tales efectos, el órgano judicial:

a) A instancia de parte, podrá recabar, si lo estimase útil y pertinente, informe o dictamen de los organismos públicos competentes.

b) Deberá recabar informe o dictamen de los organismos públicos competentes.

c) De oficio, podrá recabar, si lo estimase útil y pertinente, informe o dictamen de los organismos públicos competentes.

d) De oficio o a instancia de parte, podrá recabar, si lo estimase útil y pertinente, informe o dictamen de los organismos públicos competentes.

28. El artículo 14 de la LO 3/2007 señala como uno de los criterios generales de actuación de los Poderes Públicos para el cumplimiento de los fines de esta ley, la participación equilibrada de mujeres y hombres en:

a) Los órganos colegiados de organismos públicos.

b) Los órganos directivos de las empresas de más de 250 trabajadores.

c) Los tribunales de selección y de decisión.

d) Las candidaturas electorales y en la toma de decisiones.

29. Un criterio general de actuación de los Poderes Públicos, según el artículo 14 de la LO 3/2007, es el establecimiento de medidas que aseguren la .... del trabajo y de la vida personal y familiar de las mujeres y los hombres, así como el fomento de la .... en las labores domésticas y en la atención a la familia. Qué dos palabras completan acertadamente la frase anterior:

a) Conciliación y corresponsabilidad.

b) Estabilidad y cooperación.

c) Corresponsabilidad y cooperación.

d) Estabilidad y conciliación.

30. Un criterio general de actuación de los Poderes Públicos, según el artículo 14 de la LO 3/2007, es la consideración de las singulares dificultades en que se encuentran las mujeres de colectivos de especial:

a) Emergencia.

b) Vulnerabilidad.

c) Discriminación.

d) Estigmatización.

31. Según el artículo 15 de la LO 3/2007, el principio de igualdad de trato y oportunidades entre mujeres y hombres informará la actuación de todos los Poderes Públicos, con carácter:

a) General.
b) Transversal.
c) Integral.
d) Global.

32. Según el artículo 15 de la Ley para la Igualdad efectiva entre Mujeres y Hombres, el principio de igualdad de trato y oportunidades informará la actuación de todos los poderes públicos:

a) Con carácter transversal.
b) De forma equilibrada.
c) Solo cuando se trate de colectivos de especial vulnerabilidad o de violencia de hecho.
d) Con carácter no vinculante.

33. Conforme al artículo 15 de la LO 3/2007, las Administraciones Públicas integrarán el principio de igualdad de trato y oportunidades entre hombres y mujeres en la adopción y ejecución de sus disposiciones normativas, en la definición y presupuestación de políticas públicas en todos los ámbitos y en el desarrollo del conjunto de todas sus actividades, de forma:

a) Activa.
b) Inteligente.
c) Visible.
d) Coordinada.

34. Según el artículo 17 de la LO 3/2007, el Gobierno, en las materias que sean de la competencia del Estado, aprobará un Plan Estratégico de Igualdad de Oportunidades:

a) Anualmente.
b) Bianualmente.
c) Cada cuatro años.
d) Periódicamente.

35. El artículo 18 de la LO 3/2007, exige al Gobierno la elaboración de un informe periódico sobre el conjunto de sus actuaciones en relación con la efectividad del principio de igualdad entre mujeres y hombres. Los términos en que se elaborarán estos informes se determinarán:

a) Por ley orgánica.
b) Por ley.

c) Reglamentariamente.
d) En una ley de bases.

36. El Gobierno dará cuenta del informe sobre el conjunto de sus actuaciones en relación con la efectividad del principio de igualdad entre mujeres y hombres:

a) Al Congreso de los Diputados.
b) A las Cortes Generales.
c) A las asociaciones y organizaciones de mujeres.
d) Al Defensor del Pueblo.

37. Los proyectos de disposiciones de carácter general y los planes de especial relevancia económica, social, cultural y artística que se sometan a la aprobación del Consejo de Ministros deberán incorporar:

a) Un Plan Estratégico de Igualdad de Oportunidades.
b) Una estadística o encuesta que posibilite el conocimiento de las diferencias en los valores, roles, situaciones y condiciones, de mujeres y hombres en el ámbito de acción del proyecto o plan.
c) Un informe periódico sobre el conjunto de sus actuaciones en relación con la efectividad del principio de igualdad entre mujeres y hombres.
d) Un informe sobre su impacto por razón de género.

38. El artículo 20 de la LO 3/2007, establece una serie de medidas obligatorias a las que se someterán los estudios y estadísticas que elaboren los poderes públicos. ¿Cuál de las siguientes es una de dichas medidas?

a) Excluir sistemáticamente la variable de sexo en las estadísticas, encuestas y recogida de datos que lleven a cabo.
b) Realizar muestras lo suficientemente amplias para evitar que las diversas variables incluidas puedan ser explotadas y analizadas en función de la variable de sexo.
c) Explotar los datos de que disponen de modo que se puedan conocer las diferentes situaciones, condiciones, aspiraciones y necesidades de mujeres y hombres en los diferentes ámbitos de intervención.
d) Establecer e incluir en las operaciones estadísticas nuevos indicadores que posibiliten un mejor conocimiento de las similitudes en los valores, roles, situaciones, condiciones, aspiraciones y necesidades de mujeres y hombres.

39. Conforme al artículo 21 de la LO 3/2007, la Administración General del Estado y las Administraciones de las Comunidades Autónomas cooperarán para integrar el derecho de igualdad entre mujeres y hombres en el ejercicio de sus respectivas competencias y, en especial, en sus actuaciones de:

a) Supervisión.
b) Planificación.
c) Regulación.
d) Dirección.

40. Conforme al artículo 22 de la LO 3/2007, las corporaciones locales, con el fin de avanzar hacia un reparto equitativo de los tiempos entre mujeres y hombres, podrán establecer:

a) Planes Municipales de Empleo con perspectiva de género.
b) Ordenanzas de regulación del tiempo.
c) Ordenanzas o Edictos de representación equilibrada en los tiempos de la ciudad.
d) Planes Municipales de organización del tiempo de la ciudad.

41. A los efectos del texto refundido de la Ley para la Igualdad de Mujeres y Hombres y Vidas Libres de Violencia Machista contra las Mujeres, se considera que existe una representación equilibrada en los órganos administrativos pluripersonales de más de cuatros personas cuando las personas de cada sexo están representadas al menos al:

a) 30 %.
b) 40 %.
c) 45 %.
d) 49 %.

42. Los principios generales que deben regir y orientar la actuación de los poderes públicos vascos en materia de igualdad de mujeres y hombres se enumeran, dentro del texto refundido de la Ley para la Igualdad de Mujeres y Hombres y Vidas Libres de Violencia Machista contra las Mujeres:

a) En el artículo 2.
b) En el artículo 3.
c) En el artículo 4.
d) En el artículo 6.

43. ¿Cómo se conoce el principio según el cual para promover la consecución de la igualdad real y efectiva de mujeres y hombres, los poderes públicos deben adoptar medidas específicas y temporales destinadas a eliminar o reducir las desigualdades de hecho por razón de sexo existentes en los diferentes ámbitos de la vida?

a) Igualdad de oportunidades.
b) Representación equilibrada.
c) Acción positiva.
d) Integración de la perspectiva de género.

44. No está entre los principios generales que deben regir y orientar la actuación de los poderes públicos vascos en materia de igualdad de mujeres y hombres:

a) El respeto a la diversidad y a la diferencia.
b) La acción positiva.

c) La eliminación de roles y estereotipos en función del sexo.

d) La representación paritaria.

45. Las medidas que planteen un tratamiento diferente para las mujeres y los hombres:

a) Se considerarán constitutivas de discriminación directa por razón de sexo, en todo caso.

b) Se considerarán constitutivas de discriminación indirecta por razón de sexo, en todo caso.

c) Se considerarán constitutivas de discriminación directa o indirecta por razón de sexo, según los casos.

d) No se considerarán constitutivas de discriminación por razón de sexo si tienen una justificación objetiva y razonable.

46. Es falso que, en el artículo 3 del texto refundido de la Ley para la Igualdad de Mujeres y Hombres y Vidas Libres de Violencia Machista contra las Mujeres, se diga que:

a) El acoso sexual y el acoso por razón de sexo tienen la consideración de discriminación directa por razón de sexo.

b) Se considerarán constitutivas de discriminación por razón de sexo las medidas que planteen un tratamiento diferente para las mujeres y los hombres, cualquiera que sea su justificación.

c) Los poderes públicos vascos combatirán la discriminación múltiple.

d) Los poderes públicos vascos han de promover un enfoque interseccional en sus políticas públicas.

47. Uno de los objetos a que se refiere el artículo 1 del texto refundido de la Ley para la Igualdad de Mujeres y Hombres y Vidas Libres de Violencia Machista contra las Mujeres es:

a) La protección especial de los sexos por motivos biológicos.

c) La promoción de la incorporación de los hombres al trabajo doméstico y de cuidado de las personas y al trabajo a favor de la igualdad de trato y oportunidades.

c) Establecer los principios generales que han de presidir la actuación de las empresas privadas en materia de igualdad de mujeres y hombres.

d) Regular un conjunto de medidas dirigidas a promover y garantizar la igualdad de oportunidades y trato de mujeres y hombres en todos los ámbitos de la vida.

48. En el artículo 1 del texto refundido de la Ley para la Igualdad de Mujeres y Hombres y Vidas Libres de Violencia Machista contra las Mujeres, se afirma que esta tiene como fin último lograr:

a) El empoderamiento de las mujeres.

b) El respeto a la diversidad y a la diferencia.

c) Una sociedad igualitaria y libre de violencia machista.
d) La igualdad de oportunidades.

49. Según el texto refundido de la Ley para la Igualdad de Mujeres y Hombres y Vidas Libres de Violencia Machista contra las Mujeres, es falso que sea uno de los casos en los que, excepcionalmente y con el correspondiente informe favorable, se podrá justificar la no aplicación del criterio de representación equilibrada en los órganos pluripersonales:

a) Cuando se demuestre de forma objetiva que la presencia de personas de alguno de los dos sexos en el sector o ámbito de referencia al que concierne el órgano en cuestión no alcanza el 40 %.
b) Cuando se demuestre de forma objetiva que no hay personas de un sexo determinado con competencia, capacitación y preparación adecuadas para participar en el órgano en cuestión.
c) Cuando se trate de órganos en los que la designación de sus integrantes se hace en función del cargo o cuando esta designación sea realizada por varias instituciones u organizaciones.
d) Cuando, existiendo una representación de hombres superior al 60 % en el órgano, esa sobrerrepresentación se considere razonable.

50. ¿Cómo integrarán los poderes públicos vascos en sus políticas y acciones el objetivo de prevenir, atender y erradicar la violencia machista contra las mujeres en sus diferentes formas, en tanto que manifestación más extrema de la desigualdad entre mujeres y hombres?

a) De forma internacional.
b) De forma transversal.
c) De forma accesible.
d) De forma universal.

51. Las medidas específicas y temporales destinadas a eliminar o reducir las desigualdades de hecho por razón de sexo existentes en los diferentes ámbitos de la vida, que deben adoptar los poderes públicos para promover la consecución de la igualdad real y efectiva de mujeres y hombres, se refieren al principio general de:

a) Eliminación de roles y estereotipos en función de sexo.
b) Empoderamiento de las mujeres.
c) Acción positiva.
d) Integración de la perspectiva de género.

52. No está entre los principios generales que deben regir y orientar la actuación de los poderes públicos vascos en materia de igualdad de mujeres y hombres:

a) El gobierno abierto.
b) La prevención y erradicación de la violencia machista contra las mujeres.

c) La implicación de los hombres.

d) La colaboración y coordinación e internacionalización.

53. Los poderes públicos vascos han de tener en cuenta de manera activa el objetivo de la igualdad de mujeres y hombres en la elaboración y aplicación de:

a) Las normas y de los planes, programas y otros instrumentos de formulación de políticas públicas.

b) Los contratos.

c) Los programas subvencionales.

d) Las tres opciones anteriores son ciertas.

54. Los proyectos de normas que se elaboren en el ámbito de la Administración de la Comunidad Autónoma han de ser informados, a efectos de verificar la correcta aplicación de lo dispuesto en el artículo 20 del texto refundido de la Ley para la Igualdad de Mujeres y Hombres y Vidas Libres de Violencia Machista contra las Mujeres, y, en su caso, para realizar propuestas de mejora en tal sentido por:

a) El Instituto de la Mujer.

b) Emakunde.

c) Euskaltzaindia.

d) El Observatorio de la Mujer.

55. Los poderes públicos vascos deben hacer un uso inclusivo y no sexista de todo tipo de lenguaje e imágenes en:

a) Los documentos y soportes que produzcan directamente.

b) Los documentos y soportes que produzcan a través de terceras personas.

c) Los documentos y soportes que produzcan a través de terceras entidades.

d) Las tres opciones anteriores son ciertas.

56. Conforme al texto refundido de la Ley para la Igualdad de Mujeres y Hombres y Vidas Libres de Violencia Machista contra las Mujeres, las normas o actos administrativos que regulen los procesos selectivos de acceso, provisión y promoción en el empleo público deben incluir una cláusula por la que, en caso de existir igualdad de capacitación, se dé prioridad a las mujeres en aquellos cuerpos, escalas, niveles y categorías de la Administración en los que la representación de estas sea:

a) Inferior al 40 %, en todo caso.

b) Inferior al 45 %, en todo caso.

c) Inferior al 40 %, salvo que concurran en el otro candidato motivos que, no siendo discriminatorios por razón de sexo, justifiquen la no aplicación de la medida.

d) Inferior al 45 %, salvo que concurran en el otro candidato motivos que, no siendo discriminatorios por razón de sexo, justifiquen la no aplicación de la medida.

57. ¿Cuál es el organismo encargado del impulso, asesoramiento, planificación y evaluación de las políticas de igualdad de mujeres y hombres en el ámbito de la Comunidad Autónoma de Euskadi?

a) La Comisión Interinstitucional para la Igualdad de Mujeres y Hombres.

b) La Comisión Interdepartamental para la Igualdad de Mujeres y Hombres.

c) Emakunde-Instituto Vasco de la Mujer, pero sin incluir las políticas relativas a la violencia machista contra las mujeres.

d) Emakunde-Instituto Vasco de la Mujer, incluidas las políticas relativas a la violencia machista contra las mujeres.

58. En el texto refundido de la Ley para la Igualdad de Mujeres y Hombres y Vidas Libres de Violencia Machista contra las Mujeres, se considera que existe una representación equilibrada cuando en los tribunales, jurados u órganos afines:

a) Con cuatro o menos integrantes, cuando los dos sexos estén representados.

b) Con más de cuatro integrantes, cada sexo está representado al menos al 40 %.

c) Con más de cuatro integrantes, cuando los dos sexos estén representados.

d) Las respuestas a) y b) son ciertas.

59. ¿Estarán sujetos los actos administrativos a los trámites previstos en el artículo titulado "Evaluación previa del impacto en función del género y medidas para eliminar desigualdades y promover la igualdad" del texto refundido de la Ley para la Igualdad de Mujeres y Hombres y Vidas Libres de Violencia Machista contra las Mujeres?

a) No, ninguno.

b) Sí, todos.

c) No, salvo las convocatorias de ofertas públicas de empleo y los concursos de traslados.

d) No, salvo las convocatorias de libre designación.

60. En el texto refundido de la Ley para la Igualdad de Mujeres y Hombres y Vidas Libres de Violencia Machista contra las Mujeres, se crea, en el seno de Emakunde-Instituto Vasco de la Mujer:

a) El Observatorio Vasco para la Igualdad de Mujeres y Hombres.

b) El Eustat.

c) El Ararteko.

d) La comisión Begira.

Solución al test n.º 8

1. c) Artículo 14.

2. a) Promover, remover y facilitar.

3. c) La Ley orgánica 3/2007, de 22 de marzo.

4. b) Igualdad de trato y de oportunidades entre mujeres y hombres.

5. a) A toda persona, física o jurídica, que se encuentre o actúe en territorio español, cualquiera que fuese su nacionalidad, domicilio o residencia.

6. b) La tendencia sexual.

7. c) Es un principio informador del ordenamiento jurídico.

8. b) Se garantizará incluso en el acceso al trabajo por cuenta propia.

9. a) Discriminación directa.

10. d) No, si debido a la naturaleza de las actividades profesionales concretas o al contexto en el que se lleven a cabo, dicha característica constituya un requisito profesional esencial y determinante, siempre y cuando el objetivo sea legítimo y el requisito proporcionado.

11. c) No se considera discriminación indirecta si dicha disposición, criterio o práctica pueden justificarse objetivamente en atención a una finalidad legítima y los medios para alcanzar dicha finalidad son necesarios y adecuados.

12. d) En cualquier caso se considera discriminatoria, sea directa o indirecta.

13. b) La diferencia entre ambos radica en que, mientras el primero se circunscribe al ámbito de lo sexual, el segundo supone un tipo de situaciones laborales discriminatorias mucho más amplias, sin tener porqué existir intencionalidad sexual por parte de la persona agresora.

14. d) Cualquier comportamiento, verbal o físico, de naturaleza sexual que tenga el propósito o produzca el efecto de atentar contra la dignidad de una persona, en particular cuando se crea un entorno intimidatorio, degradante u ofensivo.

15. c) Discriminación directa por razón de sexo.

16. c) Acoso por razón de sexo.

17. a) Acto de discriminación por razón de sexo.

18. b) Discriminación por razón de sexo.

19. b) Disuasivas.

20. d) Disuasorio.

21. b) Nulos y sin efecto.

22. d) Proporcionadas.

23. b) Incluso tras la terminación de la relación en la que supuestamente se ha producido la discriminación.

24. c) Las personas físicas y jurídicas con interés legítimo.

25. b) Sobre acoso sexual y acoso por razón de sexo.

26. c) A la persona demandada probar la ausencia de discriminación en las medidas adoptadas y su proporcionalidad (esto no será aplicable a los procesos penales).

27. a) A instancia de parte, podrá recabar, si lo estimase útil y pertinente, informe o dictamen de los organismos públicos competentes.

28. d) Las candidaturas electorales y en la toma de decisiones.

29. a) Conciliación y corresponsabilidad.

30. b) Vulnerabilidad.

31. b) Transversal.

32. a) Con carácter transversal.

33. a) Activa.

34. d) Periódicamente.

35. c) Reglamentariamente.

36. b) A las Cortes Generales.

37. d) Un informe sobre su impacto por razón de género.

38. c) Explotar los datos de que disponen de modo que se puedan conocer las diferentes situaciones, condiciones, aspiraciones y necesidades de mujeres y hombres en los diferentes ámbitos de intervención.

39. b) Planificación.

40. d) Planes Municipales de organización del tiempo de la ciudad.

41. b) 40 %.

42. b) En el artículo 3.

43. c) Acción positiva.

44. d) La representación paritaria.

45. d) No se considerarán constitutivas de discriminación por razón de sexo si tienen una justificación objetiva y razonable.

46. b) Se considerarán constitutivas de discriminación por razón de sexo las medidas que planteen un tratamiento diferente para las mujeres y los hombres, cualquiera que sea su justificación.

47. d) Regular un conjunto de medidas dirigidas a promover y garantizar la igualdad de oportunidades y trato de mujeres y hombres en todos los ámbitos de la vida.

48. c) Una sociedad igualitaria y libre de violencia machista.

49. d) Cuando, existiendo una representación de hombres superior al 60 % en el órgano, esa sobrerrepresentación se considere razonable.

50. b) De forma transversal.

51. c) Acción positiva.

52. a) El gobierno abierto.

53. d) Las tres opciones anteriores son ciertas.

54. b) Emakunde.

55. d) Las tres opciones anteriores son ciertas.

56. c) Inferior al 40 %, salvo que concurran en el otro candidato motivos que, no siendo discriminatorios por razón de sexo, justifiquen la no aplicación de la medida.

57. d) Emakunde-Instituto Vasco de la Mujer, incluidas las políticas relativas a la violencia machista contra las mujeres.

58. d) Las respuestas a) y b) son ciertas.

59. c) No, salvo las convocatorias de ofertas públicas de empleo y los concursos de traslados.

60. a) El Observatorio Vasco para la Igualdad de Mujeres y Hombres.

TEST ESPECÍFICO

TEST N.º 9

Procedimiento Administrativo (I).
Ley 39/2015, de 1 de octubre, del Procedimiento Administrativo
común de las Administraciones Públicas.
Interesados en el procedimiento (artículos 3 a 12).
Actividad de las Administraciones Públicas (artículos 13 a 33)

1. ¿A qué capacidad se refiere el art. 3 de la Ley 39/2015, de 1 de diciembre, en relación con las personas físicas?

a) A la capacidad jurídica.
b) A la capacidad para ser titular de derechos subjetivos.
c) A la capacidad para ser titular de deberes jurídicos.
d) A la capacidad de obrar.

2. Los menores de edad, ¿tienen capacidad de obrar ante las Administraciones Públicas?

a) Sí, en todo caso, para el ejercicio y defensa de aquellos de sus derechos e intereses cuya actuación esté permitida por el ordenamiento jurídico sin la asistencia de la persona que ejerza la patria potestad, tutela o curatela.

b) No, en ningún caso; únicamente tendrán capacidad de obrar ante las Administraciones Públicas, las personas físicas mayores de edad no incapacitadas.

c) Sí, para el ejercicio y defensa de aquellos de sus derechos e intereses cuya actuación esté permitida por el ordenamiento jurídico sin la asistencia de la persona que ejerza la patria potestad, tutela o curatela, aunque sean menores incapacitados, siempre que la extensión de la incapacitación no afecte al ejercicio y defensa de los derechos o intereses de que se trate.

d) Sí, excepto los menores incapacitados.

3. Excepto el supuesto previsto por el artículo 3.b) de la Ley 39/2015, de 1 de octubre, los menores de edad no tienen capacidad de obrar ante las Administraciones Públicas, y necesitan de la asistencia de la persona que ejerza la patria potestad, tutela o curatela. En relación con la patria potestad, señala cuál de los siguientes enunciados es incorrecto:

a) La patria potestad, como responsabilidad parental, se ejercerá siempre en interés de los hijos, de acuerdo con su personalidad, y con respeto a sus derechos, su integridad física y mental.

b) El ejercicio de la patria potestad comprende representar a sus hijos y administrar sus bienes.

c) Los hijos emancipados están bajo la patria potestad de los progenitores.

d) Si los hijos tuvieren suficiente madurez deberán ser oídos siempre antes de adoptar decisiones que les afecten.

4. ¿Quiénes de los siguientes están sujetos a tutela?

a) Los menores emancipados que estén bajo la patria potestad.

b) Los menores no emancipados que no estén bajo la patria potestad.

c) Los menores emancipados que no estén bajo la patria potestad.

d) Los hijos no emancipados.

5. ¿Cuál de las siguientes características se vincula con la institución de la curatela del menor a que hace referencia el art. 3.b) de la Ley 39/2015, de 1 de octubre?

a) El curador no cuida de la persona sujeta a curatela, sino de su patrimonio.

b) La función del curador es la de complementar la capacidad del menor en todos aquellos actos o negocios jurídicos que no puede realizar por sí mismo.

c) El curador tiene cura de la persona sujeta a curatela, pero no de su patrimonio.

d) El curador tiene cura de la persona sujeta a curatela y de su patrimonio.

6. Los patrimonios independientes o autónomos, ¿tienen capacidad de obrar ante las Administraciones Públicas?

a) Sí.

b) No.

c) Siempre que la ley así lo declare expresamente.

d) Los patrimonios independientes o autónomos tienen reconocida capacidad jurídica ante las Administraciones Públicas en aplicación del artículo 3 de la Ley 39/2015, de 1 de octubre.

7. Tendrán capacidad de obrar ante las Administraciones Públicas las personas jurídicas que ostenten capacidad de obrar con arreglo a las normas civiles. ¿En qué momento adquirirán esta capacidad?

a) Desde el instante mismo en que, con arreglo a derecho, hubiesen quedado válidamente constituidas.

b) Las personas jurídicas adquirirán su capacidad de obrar en los mismos términos que las personas físicas.

c) En el momento en que finalice su personalidad.

d) Las personas jurídicas no tienen capacidad de obrar ante las Administraciones Públicas sino capacidad jurídica.

8. En aplicación del art. 3 de la Ley 39/2015, de 1 de octubre, NO tendrán capacidad de obrar ante las Administraciones Públicas:

a) Las personas físicas incapacitadas.

b) Las personas jurídicas que ostenten capacidad de obrar con arreglo a las normas civiles.

c) Los menores de edad para el ejercicio y defensa de aquellos de sus derechos e intereses cuya actuación esté permitida por el ordenamiento jurídico sin la asistencia de la persona que ejerza la patria potestad, tutela o curatela.

d) Las asociaciones de interés público reconocidas por la ley.

9. ¿Una persona declarada pródiga tiene capacidad de obrar plena ante las Administraciones Públicas?

a) Sí; las personas físicas tienen capacidad de obrar ante las Administraciones Públicas.

b) No; puede estar sujeta a tutela.

c) No; puede estar sujeta a curatela.

d) No; está sujeta a la patria potestad de sus progenitores.

10. La Ley 40/2015, de 1 de octubre, de régimen jurídico del sector público, ¿establece alguna regulación sobre la capacidad de obrar de los interesados ante las Administraciones Públicas?

a) Sí, en su artículo 3.

b) Sí, en tanto la Ley 40/2015, de 1 de octubre, tiene por objeto regular el procedimiento administrativo común a todas las Administraciones Públicas.

c) No, en tanto la Ley 40/2015, de 1 de octubre, únicamente tiene por objeto regular los principios a los que se ha de ajustar el ejercicio de la iniciativa legislativa y la potestad reglamentaria.

d) No.

11. Una persona que quiera participar en un proceso selectivo para cubrir plazas en una Administración Pública, ¿se considera interesada en el procedimiento administrativo?

a) Sí, en aplicación del artículo 4.1.a) de la Ley 39/2015, de 1 de octubre.

b) Sí, en aplicación del artículo 4.1.b) de la Ley 39/2015, de 1 de octubre.

c) Sí, en aplicación del artículo 4.1.c) de la Ley 39/2015, de 1 de octubre.

d) No, en tanto el procedimiento lo ha promovido la Administración y no la persona interesada.

12. En un procedimiento de expropiación forzosa, una persona reclama para sí la titularidad de una parcela que no está a su nombre; ¿tendrá la consideración de persona interesada en el procedimiento administrativo?

a) Sí, en aplicación del artículo 4.1.a) de la Ley 39/2015, de 1 de octubre.

b) Sí, en aplicación del artículo 4.1.b) de la Ley 39/2015, de 1 de octubre.

c) Sí, en aplicación del artículo 4.1.c) de la Ley 39/2015, de 1 de octubre.

d) No, en tanto el procedimiento lo ha promovido la Administración y no la persona interesada.

13. En un procedimiento de expropiación forzosa, el titular de un bien inmueble objeto de expropiación, ¿tendrá la consideración de interesado en el procedimiento administrativo?

a) Sí, en aplicación del artículo 4.1.a) de la Ley 39/2015, de 1 de octubre.

b) Sí, en aplicación del artículo 4.1.b) de la Ley 39/2015, de 1 de octubre.

c) Sí, en aplicación del artículo 4.1.c) de la Ley 39/2015, de 1 de octubre.

d) Sí, en aplicación del artículo 4.2 de la Ley 39/2015, de 1 de octubre.

14. ¿Qué interés se reconocería a los Colegios Profesionales para intervenir en el procedimiento de homologación de títulos obtenidos en el extranjero?

a) Interés legítimo individual de cada uno de los profesionales que integran los Colegios Profesionales.

b) Derechos subjetivos de los poseedores de los títulos que van a ser objeto de homologación.

c) Intereses legítimos colectivos.

d) Intereses sociales.

15. La titular de un establecimiento de restauración en Benidorm, quiere solicitar al Ayuntamiento una autorización para proceder a la ocupación de un espacio de uso público con mesas, sillas y sombrillas para su negocio. ¿Tendrá la consideración de interesada en el procedimiento administrativo de autorización?

a) Sí, en aplicación del artículo 4.1.a) de la Ley 39/2015, de 1 de octubre.

b) Sí, en aplicación del artículo 4.1.b) de la Ley 39/2015, de 1 de octubre.

c) Sí, en aplicación del artículo 4.1.c) de la Ley 39/2015, de 1 de octubre.

d) Sí, en aplicación del artículo 4.2 de la Ley 39/2015, de 1 de octubre.

16. La titular de un establecimiento de restauración en Benidorm, quiere solicitar al Ayuntamiento una autorización para proceder a la ocupación de un espacio de uso público con mesas, sillas y sombrillas para su negocio y fallece antes de que el Ayuntamiento le conceda la correspondiente autorización de ocupación, ¿puede su hijo sucederla en la condición de interesado?

a) No, en tanto las autorizaciones de ocupación se conceden con carácter personal.

b) No, en tanto las autorizaciones de ocupación no pueden ser cedidas a terceros.

c) Sí, en tanto se trata de una relación jurídica transmisible.

d) Sí, como legítimo heredero.

17. Un Ayuntamiento procede a iniciar un procedimiento sancionador por una presunta infracción de una ordenanza municipal. ¿Qué precepto de la Ley 39/2015, de 1 de octubre, otorga al presunto infractor la condición de interesado en el procedimiento?

a) El artículo 4.1.b) de la Ley 39/2015, de 1 de octubre.
b) El artículo 4.1.c) de la Ley 39/2015, de 1 de octubre.
c) El artículo 4.2 de la Ley 39/2015, de 1 de octubre.
d) El artículo 4.3 de la Ley 39/2015, de 1 de octubre.

18. La relación jurídica establecida entre el Ayuntamiento y un ciudadano, como presunto infractor de una ordenanza municipal:

a) Tiene la consideración de relación jurídica transmisible, lo que determina que el derecho-habiente sucederá en la condición de interesado del presunto infractor.
b) No tiene la consideración de relación jurídica.
c) Queda fuera de la regulación establecida por la Ley 39/2015, de 1 de octubre, en tanto le será de aplicación la ordenanza municipal correspondiente.
d) No tiene la consideración de relación jurídica transmisible.

19. Según dispone el art. 5.1 de la Ley 39/2015, de 1 de octubre, podrán actuar por medio de representante, entendiéndose con este las actuaciones administrativas, salvo manifestación expresa en contra del interesado:

a) Los interesados que, sin haber iniciado el procedimiento administrativo, tengan derechos que puedan resultar afectados por la decisión que en el mismo se adopte.
b) Las personas físicas con capacidad jurídica que hayan promovido el procedimiento administrativo como titulares de derechos o intereses legítimos.
c) Los interesados con capacidad de obrar.
d) Las personas físicas o jurídicas y las asociaciones y organizaciones representativas de intereses económicos y sociales.

20. ¿Quién NO puede actuar en representación ante las Administraciones Públicas?

a) Las personas físicas con capacidad de obrar.
b) Las corporaciones, asociaciones y fundaciones de interés público reconocidas por la ley, siempre que ello esté previsto en sus Estatutos.
c) Las asociaciones de interés particular, siempre que ello esté previsto en sus Estatutos.
d) Las personas físicas menores de edad.

21. ¿En cuál de los siguientes casos NO será necesario acreditar la representación cuando se realice en nombre de otra persona?

a) Para presentar documentos que acompañen a la solicitud.

b) Para presentar un documento suscrito por un interesado en el que este manifiesta, bajo su responsabilidad, que cumple con los requisitos establecidos en la normativa vigente para obtener el reconocimiento de un derecho o facultad o para su ejercicio, que dispone de la documentación que así lo acredita, que la pondrá a disposición de la Administración cuando le sea requerida, y que se compromete a mantener el cumplimiento de las anteriores obligaciones durante el período de tiempo inherente a dicho reconocimiento o ejercicio.

c) Para interponer un recurso extraordinario de revisión.

d) Para desistir de la solicitud.

22. ¿En cuál de los siguientes supuestos será necesario acreditar la representación?

a) Para renunciar a una devolución tributaria en nombre propio.

b) Para presentar un documento en nombre de un interesado a través del cual este ponga en conocimiento de la Administración Pública competente sus datos identificativos o cualquier otro dato relevante para el inicio de una actividad o el ejercicio de un derecho.

c) Para solicitar una licencia municipal de obras menores en nombre de otra persona.

d) Para interponer un recurso potestativo de reposición en nombre de otra persona.

23. La representación podrá acreditarse mediante cualquier medio válido en Derecho que deje constancia fidedigna de su existencia. ¿Cuál de los siguientes NO tendrá la consideración de medio válido en Derecho?

a) Mediante apoderamiento *apud acta* efectuado por comparecencia personal.

b) Mediante apoderamiento *apud acta* efectuado por comparecencia electrónica en la correspondiente sede electrónica.

c) A través de la acreditación de la inscripción de la representación en el registro electrónico de apoderamiento de cualquier Administración Pública.

d) Mediante apoderamiento *apud acta* efectuado por comparecencia en las oficinas de asistencia en materia de registros.

24. La acreditación de la condición de representante y de los poderes que tiene reconocidos en dicho momento se deberán incorporar al expediente administrativo. ¿A quién se atribuye la realización de dicha incorporación?

a) Al órgano competente para la iniciación del procedimiento.

b) Al órgano competente para la tramitación del procedimiento.

c) Al órgano competente para la resolución del procedimiento.

d) Al órgano competente para la revisión del procedimiento.

25. La falta o insuficiente acreditación de la representación:

a) Impedirá que se tenga por realizado el acto de que se trate.

b) No impedirá que se tenga por realizado el acto de que se trate.

c) Impedirá que se tenga por realizado el acto de que se trate si se aporta la acreditación de la representación o se subsana el defecto dentro del plazo de diez días o de un plazo superior cuando las circunstancias del caso así lo requieran.

d) No impedirá que se tenga por realizado el acto de que se trate si se aporta la acreditación de la representación o se subsana el defecto dentro del plazo de diez días o de un plazo superior cuando las circunstancias del caso así lo requieran.

26. ¿Cómo se computaría el plazo para aportar la acreditación o para subsanar un defecto?

a) Cuando los plazos se señalen por días, se entiende que estos son naturales, incluyéndose en el cómputo los sábados, los domingos y los declarados festivos.

b) Cuando los plazos se señalen por días, se entiende que estos son hábiles, excluyéndose del cómputo los domingos y los declarados festivos.

c) Cuando los plazos se señalen por días, se entiende que estos son hábiles, incluyéndose en el cómputo los sábados, los domingos y los declarados festivos.

d) Cuando los plazos se señalen por días, se entiende que estos son hábiles, excluyéndose en el cómputo los sábados, los domingos y los declarados festivos.

27. Sobre la posibilidad reconocida por el art. 5.7 de la Ley 39/2015, de 1 de octubre, señala la respuesta correcta:

a) Las Administraciones Públicas deberán habilitar con carácter general o específico a personas físicas o jurídicas autorizadas para la realización de determinadas transacciones electrónicas en representación de los interesados.

b) La habilitación con carácter general o específico a personas físicas o jurídicas autorizadas para la realización de determinadas transacciones electrónicas en representación de los interesados, deberá especificar las condiciones y obligaciones a las que se comprometen los que así adquieran la condición de representantes, y determinará la presunción de validez de la representación salvo que la normativa de aplicación prevea otra cosa.

c) Las Administraciones Públicas requerirán la acreditación de la referida representación

d) La acreditación de la referida representación impedirá que el interesado pueda comparecer por sí mismo en el procedimiento.

28. Un Organismo, ¿puede disponer de su propio registro electrónico de apoderamientos?

a) No, únicamente la Administración General del Estado y las Comunidades Autónomas podrán disponer de un registro electrónico general de apoderamientos.

b) No, únicamente la Administración General del Estado, las Comunidades Autónomas y las Entidades Locales podrán disponer de un registro electrónico general de apoderamientos.

c) Sí, en ellos se inscribirán los poderes otorgados para la realización de trámites específicos en el mismo.

d) No, únicamente se creará el Registro Electrónico de Apoderamientos de la Administración General del Estado del que formarán parte todos los Organismos.

29. Los registros electrónicos generales y particulares de apoderamientos pertenecientes a todas y cada una de las Administraciones, deberán ser plenamente interoperables entre sí, de modo que se garantice su interconexión, compatibilidad informática, así como la transmisión telemática de las solicitudes, escritos y comunicaciones que se incorporen a los mismos. ¿Cuál de los siguientes enunciados NO se refiere a la interoperabilidad?

a) La interacción entre elementos que corresponden a diversas oleadas tecnológicas.

b) La información intercambiada puede ser interpretable de forma automática y reutilizable por aplicaciones que no intervinieron en su creación.

c) La capacidad de las entidades y de los procesos a través de los cuales llevan a cabo sus actividades para colaborar con el objeto de alcanzar logros mutuamente acordados relativos a los servicios que prestan.

d) El proceso tecnológico que permite convertir un documento en soporte papel o en otro soporte no electrónico en uno o varios ficheros electrónicos que contienen la imagen codificada, fiel e íntegra del documento.

30. Los poderes que se inscriban en los registros electrónicos generales y particulares de apoderamientos deberán corresponder a determinadas tipologías (señala cuál de las siguientes es correcta):

a) Un poder para que el poderdante pueda actuar en nombre del apoderado en cualquier actuación administrativa ante una Administración u Organismo concreto.

b) Un poder para que el poderdante pueda actuar en nombre del apoderado únicamente para la realización de determinados trámites especificados en el poder.

c) Un poder para que el poderdante pueda actuar en nombre del apoderado en cualquier actuación administrativa y ante cualquier Administración.

d) Ninguna de las respuestas anteriores es correcta.

31. Señala la respuesta correcta:

a) Los poderes inscritos en el registro tendrán una validez determinada máxima de cuatro años a contar desde la fecha de inscripción.

b) En cualquier momento antes de la finalización del plazo establecido en la alternativa de respuesta a), el poderdante podrá revocar o prorrogar el poder.

c) Las prórrogas otorgadas por el poderdante al registro tendrán una validez determinada máxima de cuatro años desde la fecha de inscripción.

d) El apoderamiento *apud acta* se otorgará mediante comparecencia electrónica en la correspondiente sede electrónica haciendo uso de los sistemas de firma electrónica previstos en la Ley 39/2015, de 1 de octubre, o bien mediante comparecencia personal en las oficinas de asistencia en materia de registros.

32. Señala la respuesta incorrecta. Cuando en una solicitud, escrito o comunicación figuren varios interesados:

a) Las actuaciones a que den lugar se efectuarán con el representante que expresamente hayan señalado.

b) Las actuaciones a que den lugar se efectuarán con el interesado que figure en primer término.

c) Las actuaciones a que den lugar se efectuarán con el interesado que expresamente hayan señalado.

d) En las solicitudes, escritos o comunicaciones pueden figurar varios interesados.

33. Señala la respuesta incorrecta. El art. 22 del Reglamento (UE) n.º 910/2014 del Parlamento Europeo y del Consejo de 23 de julio de 2014 relativo a la identificación electrónica y los servicios de confianza para las transacciones electrónicas en el mercado interior y por la que se deroga la Directiva 1999/93/CE, establece, en relación con las listas de confianza:

a) Cada Estado miembro establecerá, mantendrá y publicará listas de confianza con información relativa a los prestadores cualificados de servicios de confianza con respecto a los cuales sea responsable, junto con la información relacionada con los servicios de confianza cualificados prestados por ellos.

b) Los Estados miembros notificarán a la Comisión, sin retrasos indebidos, información sobre el organismo responsable del establecimiento, mantenimiento y publicación de las listas de confianza nacionales, y detalles relativos al lugar en que se publican dichas listas, los certificados utilizados para firmar o sellar las listas de confianza y cualquier modificación de los mismos.

c) Los Estados miembros establecerán, mantendrán y publicarán, de manera segura, las listas de confianza firmadas o selladas electrónicamente en una forma apropiada para el tratamiento automático.

d) A más tardar fue el 18 de septiembre de 2017 cuando la Comisión, mediante actos de ejecución, especificara la información a que se refiere la letra a).

34. Con carácter general, para realizar cualquier actuación prevista en el procedimiento administrativo, será suficiente con que los interesados acrediten previamente su identidad a través de cualquiera de los medios de identificación previstos en la Ley 39/2015, de 1 de octubre. Las Administraciones Públicas NO requerirán a los interesados el uso obligatorio de firma para:

a) Identificar a las autoridades y al personal al servicio de las Administraciones Públicas bajo cuya responsabilidad se tramiten los procedimientos.

b) Desistir de acciones.

c) Presentar declaraciones responsables o comunicaciones.

d) Formular solicitudes.

35. En relación con la asistencia en el uso de medios electrónicos a los interesados, el art. 12.2 de la Ley 39/2015, de 1 de octubre, dispone que las Administraciones Públicas asistirán en el uso de medios electrónicos:

a) A quienes ejerzan una actividad profesional para la que se requiera colegiación obligatoria, para los trámites y actuaciones que realicen con las Administraciones Públicas en ejercicio de dicha actividad profesional.

b) A ciertos colectivos de personas físicas que por razón de su capacidad económica, técnica, dedicación profesional u otros motivos quede acreditado que tienen acceso y disponibilidad de los medios electrónicos necesarios.

c) A los empleados de las Administraciones Públicas para los trámites y actuaciones que realicen con ellas por razón de su condición de empleado público.

d) A los interesados no incluidos en los apartados 2 y 3 del artículo 14 de la Ley 39/2015, de 1 de octubre, que así lo soliciten, especialmente en lo referente a la identificación y firma electrónica, presentación de solicitudes a través del registro electrónico general y obtención de copias auténticas.

36. Si alguno de los interesados dispone de los medios electrónicos necesarios, su identificación o firma electrónica en el procedimiento administrativo podrá ser válidamente realizada por un funcionario público mediante el uso del sistema de firma electrónica del que esté dotado para ello. En este caso:

a) Será necesario que el interesado que carezca de los medios electrónicos necesarios se identifique ante el funcionario.

b) Será necesario que el interesado que carezca de los medios electrónicos necesarios se identifique ante el funcionario y preste su consentimiento expreso para esta actuación.

c) Será necesario que el interesado que carezca de los medios electrónicos necesarios se identifique ante el funcionario y preste su consentimiento expreso para esta actuación, de lo que deberá quedar constancia para los casos de discrepancia.

d) Será necesario que el interesado que carezca de los medios electrónicos necesarios se identifique ante el funcionario y preste su consentimiento expreso para esta actuación, de lo que deberá quedar constancia para los casos de discrepancia o litigio.

37. Señala la respuesta incorrecta respecto a los interesados:

a) Se consideran interesados en el procedimiento administrativo los que, sin haber iniciado el procedimiento, tengan derechos que puedan resultar afectados por la decisión que en el mismo se adopte.

b) Cuando en una solicitud, escrito o comunicación figuren varios interesados, las actuaciones a que den lugar se efectuarán con el representante o el interesado que expresamente hayan señalado, y, en su defecto, con cualquiera de los demás.

c) Cuando la condición de interesado derivase de alguna relación jurídica transmisible, el derecho-habiente sucederá en tal condición cualquiera que sea el estado del procedimiento.

d) La presentación de una denuncia y la comparecencia en el trámite de información pública, respectivamente, no confieren u otorgan, por sí solas, la condición de interesado en el procedimiento.

38. Si durante la instrucción de un procedimiento, se advierte la existencia de personas que sean titulares de derechos o intereses legítimos y directos cuya identificación resulte del expediente y que puedan resultar afectados por la resolución que se dicte:

a) Se comunicará a dichas personas la tramitación del procedimiento cuando así lo solicite el interesado que inició el procedimiento.

b) Se publicará por edictos.

c) Se comunicará a dichas personas la tramitación del procedimiento cuando este no haya tenido publicidad.

d) No se comunicará, salvo que se presenten en forma legal en el procedimiento.

39. Si en el mes de vencimiento, no hubiera día equivalente a aquel en que comienza el plazo, este plazo se entenderá que expira:

a) El subsiguiente día hábil.

b) El primer día del mes sucesivo.

c) El día siguiente.

d) El último día del mes.

40. Si el último día del plazo en meses o en años fuere inhábil:

a) Se computa el plazo hasta el último día hábil.

b) Se computará el plazo con un día menos.

c) Se prorrogará al primer día hábil siguiente.

d) Al computarse de fecha a fecha se incluirá en el cómputo.

41. Los plazos expresados en días comenzarán a computarse:

a) A partir del día de la fecha de la notificación.

b) A partir del día siguiente a aquel en que tenga lugar la notificación o publicación del acto de que se trate.

c) A partir de la fecha indicada en la notificación.

d) A partir de la fecha en que se haya dictado.

42. Si un interesado de una Comunidad Autónoma con lengua oficial específica se dirige a un órgano de la Administración General del Estado sito en su Comunidad, y concurren varios interesados y existiera discrepancia en cuanto a la lengua, el procedimiento se ha de tramitar en:

a) Castellano necesariamente.

b) Su lengua oficial exclusivamente.

c) Cualquiera de las dos anteriores, a su opción.

d) La que se le indique por la citada Administración.

97

43. Según la Ley 39/2015, de 1 de octubre, del Procedimiento Administrativo Común de las Administraciones Públicas, el plazo máximo en el que la Administración debe notificar la resolución no podrá exceder:

a) De seis meses, salvo que una norma con rango de ley establezca uno mayor o así venga previsto en la normativa comunitaria europea.

b) De tres meses, salvo que una norma con rango de ley establezca uno mayor o así venga previsto en la normativa comunitaria europea.

c) De seis meses, salvo que una norma con rango de ley o reglamentaria establezca uno mayor.

d) De tres meses, salvo que una norma con rango de ley o reglamentaria establezca uno mayor.

44. Según Ley 39/2015, de 1 de octubre, del Procedimiento Administrativo Común de las Administraciones Públicas, los acuerdos de ampliación de plazos:

a) Son recurribles en reposición.

b) Son recurribles en alzada o reposición según pongan o no fin a la vía administrativa.

c) No son recurribles.

d) No tienen que ser notificados a los interesados.

45. Tal y como establece la Ley 39/2015, de 1 de octubre, cuando los plazos se señalen por horas, se entienden que son hábiles:

a) Todas las horas del día que formen parte de un día hábil.

b) Desde las 9:00 hasta 20:00 horas de cada día hábil.

c) Los plazos se computan por días, no por horas.

d) Todas las horas del día que formen parte un día (excepto domingos y festivos).

46. Según la Ley 39/2015, de 1 de octubre, en todo caso, estarán obligados a relacionarse a través de medios electrónicos con las Administraciones Públicas para la realización de cualquier trámite de un procedimiento administrativo:

a) Aquellos colectivos de personas físicas que por razón de su capacidad económica, técnica, dedicación profesional u otros motivos quede acreditado que tienen acceso y disponibilidad de los medios electrónicos necesarios.

b) Quienes representen a un interesado.

c) Las entidades sin personalidad jurídica.

d) Las personas físicas.

47. Según lo establecido en la Ley 39/2015, de 26 de octubre, de Procedimiento Administrativo Común de las Administraciones Públicas, en relación con las reclamaciones previas a la vía judicial civil, ¿cuándo podrá el interesado considerar desestimada su reclamación al efecto de formular la correspondiente demanda judicial?

a) Cuando la Administración no notificara su decisión en el plazo de tres meses.

b) Cuando la Administración no notificara su decisión en el plazo de dos meses.

c) En la actualidad, tras la Ley 39/2015, de 26 de octubre, de Procedimiento Administrativo Común de las Administraciones Públicas, no existen reclamaciones previas.

d) Cuando la Administración no notificara su decisión en el plazo de un mes.

48. En cuanto a la obligación de la Administración de dictar Resolución expresa en los procedimientos:

a) Depende de la forma de iniciación del procedimiento.

b) Siempre es obligatorio dictar Resolución expresa, excepto en los supuestos que se mencionan en el párrafo tercero del apartado 1 del artículo 21 de la Ley 39/2015, de 26 de octubre, de Procedimiento Administrativo Común de las Administraciones Públicas.

c) Solo es obligatorio dictar Resolución expresa en los casos de prescripción, renuncia del derecho, caducidad del procedimiento o desistimiento de la solicitud.

d) Solo es obligatorio dictar Resolución expresa en los casos de prescripción, renuncia del derecho, caducidad del procedimiento o desistimiento de la solicitud, además en los casos de desaparición sobrevenida del objeto del procedimiento.

49. El silencio administrativo:

a) Tendrá efectos estimatorios con carácter general.

b) Tendrá efectos desestimatorios con carácter general.

c) Tendrá efectos desestimatorios salvo cuando una norma con rango de ley, por razones imperiosas de interés general o una norma de derecho comunitario establezcan lo contrario.

d) Tendrá efectos estimatorios salvo cuando una norma con rango reglamentario, por razones imperiosas de interés general o una norma de derecho comunitario establezcan lo contrario.

50. La empresa Desarrollos S.A. tiene que presentar una solicitud dirigida al Ministerio de Transportes, Movildad y Agenda Urbana, dado que tiene su sede junto al Ayuntamiento de Málaga y se plantea si puede presentarla en el Registro del citado ayuntamiento:

a) Sí, siempre que el Ayuntamiento tenga suscrito un convenio a estos efectos con la Administración General del Estado.

b) Sí, porque es posible presentarla en cualquier ayuntamiento con independencia de que exista o no convenio.

c) No, en ningún caso.

d) Sí, porque su población supera los 175.000 habitantes.

51. Se entiende por digitalización a los efectos de lo dispuesto en el artículo 27.3 de la Ley 39/2015, de 1 de octubre, de Procedimiento Administrativo Común de las Administraciones Públicas:

a) El proceso tecnológico que permite convertir un documento en soporte papel o en otro soporte electrónico en un fichero electrónico que contiene la imagen codificada del documento.

b) El proceso tecnológico que permite convertir un documento en soporte papel o en otro soporte no electrónico en un fichero electrónico que contiene la imagen descodificada e íntegra del documento.

c) El proceso tecnológico que permite convertir un documento en soporte papel o en otro soporte no electrónico en un fichero electrónico que contiene la imagen codificada, fiel e íntegra del documento.

d) El proceso tecnológico que permite convertir un documento en soporte papel o en otro soporte no electrónico en un fichero electrónico que contiene la imagen codificada, fiel, auténtica e íntegra del documento.

52. ¿A quiénes obligan los términos y plazos, de acuerdo con lo dispuesto en el artículo 29 de la Ley 39/2015, de 1 de octubre, de Procedimiento Administrativo Común de las Administraciones Públicas?

a) A las autoridades y al personal al servicio de la Administración competente para la tramitación de los asuntos.
b) A los interesados.
c) A las autoridades y al personal al servicio de la Administración competente para la tramitación de los asuntos, así como a los interesados en los mismos.
d) A los órganos competentes.

53. Los plazos, si son fijados por días se computarán, conforme a lo dispuesto en el artículo 30.2 de la Ley 39/2015, de 1 de octubre, de Procedimiento Administrativo Común de las Administraciones Públicas:

a) Por días hábiles.
b) Por días naturales.
c) De fecha a fecha.
d) Por días inhábiles.

54. Señala la respuesta incorrecta. A tenor de lo dispuesto en el artículo 30.3 de la Ley 39/2015, de 1 de octubre, de Procedimiento Administrativo Común de las Administraciones Públicas, los plazos expresados en días se contarán:

a) A partir del día en que tenga lugar la notificación del acto de que se trate.
b) A partir del día siguiente a aquel en que tenga lugar la notificación o publicación del acto de que se trate.
c) Desde el siguiente a aquel en que se produzca la estimación por silencio administrativo.
d) Desde el siguiente a aquel en que se produzca la desestimación por silencio administrativo.

55. Señala la respuesta incorrecta. Si el plazo se fija en meses o años, de acuerdo con lo dispuesto en el artículo 30.4 de la Ley 39/2015, de 1 de octubre, de Procedimiento Administrativo Común de las Administraciones Públicas, se computarán:

a) A partir del día en que tenga lugar la publicación del acto de que se trate.
b) A partir del día siguiente a aquel en que tenga lugar la notificación o publicación del acto de que se trate.

c) Desde el siguiente a aquel en que se produzca la estimación por silencio administrativo.

d) Desde el siguiente a aquel en que se produzca la desestimación por silencio administrativo.

56. Conforme a lo dispuesto en el artículo 30.5 de la Ley 39/2015, de 1 de octubre, de Procedimiento Administrativo Común de las Administraciones Públicas, cuando el último día del plazo sea inhábil:

a) No es susceptible de prórroga.

b) Se entenderá prorrogado al primer día hábil siguiente.

c) Se entenderá prorrogado al primer día natural siguiente.

d) Se entenderá prorrogado al primer día del mes siguiente.

57. El inicio del cómputo de los plazos de los procedimientos electrónicos, conforme a lo dispuesto en el artículo 31.2 de la Ley 39/2015, de 1 de octubre, de Procedimiento Administrativo Común de las Administraciones Públicas, que hayan de cumplir las Administraciones Públicas vendrá determinado:

a) Por la fecha de presentación en el registro de cada Administración u Organismo.

b) Por la fecha y hora de presentación en el registro de cada Administración.

c) Por la fecha y hora de presentación en el registro electrónico de cada Administración u Organismo.

d) Por la fecha y hora de presentación en la oficina de Correos.

58. En el registro electrónico de cada Administración u Organismo, conforme a lo dispuesto en el artículo 31.2 de la Ley 39/2015, de 1 de octubre, de Procedimiento Administrativo Común de las Administraciones Públicas, a los efectos del cómputo de plazo fijado en días hábiles, y en lo que se refiere al cumplimiento de plazos por los interesados, los documentos se considerarán presentados:

a) Por la fecha de presentación en el registro de cada Administración.

b) A las 00.00 horas del día en que se presentan.

c) Por el orden de hora efectiva en el que lo fueron en el día inhábil.

d) Por la fecha de presentación en el registro de cada Organismo.

59. Los acuerdos sobre ampliación de plazos o sobre su denegación, conforme al artículo 32 de la Ley 39/2015, de 1 de octubre, de Procedimiento Administrativo Común de las Administraciones Públicas:

a) No serán susceptibles de recurso.

b) Podrán ser recurridos por el interesado.

c) Podrán exceder de la mitad de los mismos.

d) Podrán ser declarados urgentes.

60. Conforme a lo dispuesto en el artículo 33 de la Ley 39/2015, de 1 de octubre, de Procedimiento Administrativo Común de las Administraciones Públicas, ¿qué recurso cabe contra el acuerdo que declare la ampliación de la tramitación de urgencia al procedimiento?

a) Cabe el recurso de alzada por parte del interesado en el procedimiento.
b) No cabe recurso alguno.
c) La Administración no puede ampliar la tramitación de urgencia.
d) La tramitación de urgencia no existe en la Administración.

61. Completa el texto. En los procedimientos iniciados a solicitud de interesado se establece como regla general en el artículo 24.1 de la Ley 39/2015, de 1 de octubre "...el vencimiento del plazo máximo, sin haberse notificado resolución expresa, legitima al interesado o interesados para entenderla ... por silencio administrativo":

a) Desestimada.
b) Estimada.
c) Anulable.
d) Caducada.

62. El silencio administrativo:

a) No se produce nunca en los procedimientos iniciados de oficio.
b) Se puede producir tanto en los procedimientos iniciados de oficio como en los iniciados a solicitud del interesado.
c) No se produce nunca en los procedimientos iniciados a solicitud del interesado.
d) Siempre se produce en cualquier procedimiento administrativo iniciado de oficio o a solicitud de parte.

63. Se producirá la caducidad del procedimiento iniciado de oficio si, desde su inicio sin dictarse la resolución, transcurre el plazo de:

a) 5 meses.
b) 3 meses.
c) 6 meses.
d) 10 meses.

64. En los procedimientos administrativos iniciados a solicitud de interesado se produce con carácter general:

a) Silencio administrativo positivo.
b) Silencio administrativo negativo.
c) Siempre habrá que estar a lo que disponga la norma reguladora de cada procedimiento.
d) Ninguna es correcta.

65. Conforme a la Ley 39/2015, de 1 octubre, de Procedimiento Administrativo Común de las Administraciones Públicas, en los procedimientos iniciados de oficio, el vencimiento del plazo máximo establecido sin que se haya dictado y notificado resolución expresa producirá los siguientes efectos:

a) Producirá en todo caso su caducidad.

b) Los interesados podrán entender estimadas sus pretensiones por silencio administrativo en todo caso.

c) Producirá la caducidad o podrán los interesados entender desestimadas sus pretensiones por silencio administrativo.

d) Producirá en todo caso su prescripción.

66. Según el artículo 21 de la Ley 39/2015, de 1 octubre, de Procedimiento Administrativo Común de las Administraciones Públicas, la Administración está obligada a dictar resolución expresa:

a) En todos los procedimientos sin excepción.

b) Excepto, entre otros, en los casos de prescripción.

c) Excepto, entre otros, en los casos de caducidad del procedimiento.

d) Excepto, entre otros, en los supuestos de terminación del procedimiento por pacto o convenio.

67. El artículo 30 de la LPAC, en relación con el cómputo de plazos dispone que:

a) Siempre que por Ley o en el Derecho de la Unión Europea no se exprese otro cómputo, cuando los plazos se señalen por días, se entiende que estos son hábiles, excluyéndose del cómputo los domingos y los declarados festivos.

b) Cuando los plazos se hayan señalado por días naturales por declararlo así una ley o por el Derecho de la Unión Europea, se hará constar esta circunstancia en las correspondientes notificaciones.

c) El plazo concluirá el día anterior a aquel en que se produjo la notificación, publicación o silencio administrativo en el mes o el año de vencimiento. Si en el mes de vencimiento no hubiera día equivalente a aquel en que comienza el cómputo, se entenderá que el plazo expira el último día del mes.

d) Siempre que por Ley o en el Derecho de la Unión Europea no se exprese otro cómputo, cuando los plazos se señalen por días, se entiende que estos son naturales, incluyéndose en el cómputo los sábados, los domingos y los declarados festivos.

68. Según la Ley 39/2015, de 1 octubre, de Procedimiento Administrativo Común de las Administraciones Públicas, en procedimientos iniciados a solicitud del interesado el silencio administrativo:

a) Tendrá efecto desestimatorio en los procedimientos de impugnación de actos y disposiciones.

b) Tendrá efecto estimatorio en todos los casos, dada la obligación de la Administración de responder en plazo.

c) Tendrá efecto desestimatorio en procedimientos de petición.

d) Tendrá efecto estimatorio en todos los procedimientos de petición.

69. En relación con la obligación de resolver los procedimientos administrativos regulada en la Ley 39/2015, de 1 octubre, de Procedimiento Administrativo Común de las Administraciones Públicas:

a) La Administración está obligada a dictar resolución expresa en todos los procedimientos excepto en el caso de renuncia del derecho o desistimiento de la solicitud del interesado.

b) El plazo máximo en el que debe notificarse la resolución expresa no podrá exceder de 1 mes.

c) Excepcionalmente podrá emitirse acuerdo de ampliación del plazo máximo de resolución que deberá ser notificado a los interesados y será recurrible en vía administrativa.

d) El personal al servicio de las Administraciones Públicas que tenga a su cargo el despacho de los asuntos, así como los titulares de los órganos administrativos competentes para instruir y resolver son directamente responsables, en el ámbito de sus competencias, del cumplimiento de la obligación legal de dictar resolución expresa en plazo.

70. Según el artículo 30 de la Ley 39/2015, de 1 de octubre, del Procedimiento Administrativo Común de las Administraciones Públicas, si el plazo se fija en meses o años, se computarán:

a) A partir del mismo día en que tenga lugar la notificación o publicación del acto de que se trate, o desde el siguiente a aquel en que se produzca la estimación o desestimación por silencio administrativo.

b) A partir del día siguiente a aquel en que tenga lugar 1a notificación o publicación del acto de que se trate o desde el mismo día en que se produzca la estimación o desestimación por silencio administrativo

c) A partir del siguiente a aquel en que tenga lugar la notificación o publicación del acto que se trate o desde el siguiente a aquel en que se produzca la estimación o desestimación por silencio administrativo.

d) A partir del mismo día en que tenga lugar la notificación o publicación del acto de que se trate, o desde el mismo día en que se produzca la estimación o desestimación por silencio administrativo.

71. Según el artículo 30 de la ley 39/2015, de 1 de octubre, del Procedimiento Administrativo Común de las Administraciones Públicas, si el plazo se fija en meses o años, el plazo concluirá:

a) El día en que se produjo la notificación, publicación o si1encio administrativo en el mes o el año de vencimiento.

b) El mismo día en que se produjo la notificación, publicación o silencio administrativo.

c) Si en el mes o el año de vencimiento no hubiera día equivalente a aquel en que comienza el cómputo, se entenderá que el plazo expira el primer día del mes siguiente.

d) Cuando el último día del plazo sea inhábil, se entenderá que el plazo expira el día hábil anterior.

72. Según el artículo 22 de la Ley 39/2015, de 1 de octubre, del Procedimiento Administrativo Común de las Administraciones Públicas, «se suspenderá» el transcurso del plazo máximo legal para resolver un procedimiento y notificar la resolución del mismo:

a) Cuando se soliciten informes preceptivos a un órgano de la misma o distinta Administración, por el tiempo que medie entre la petición y la recepción del informe.

b) Cuando deban realizarse pruebas técnicas o análisis contradictorios o dirimentes propuestos por los interesados, durante el tiempo necesario para la incorporación de los resultados al expediente.

c) Cuando para la resolución del procedimiento sea indispensable la obtención de un previo pronunciamiento parte de un órgano jurisdiccional desde el momento en que se solicita hasta que la Administración tenga constancia del mismo.

d) Cuando los interesados promuevan la recusación en cualquier momento de la tramitación de un procedimiento, desde que esta se plantee hasta que sea resuelta por el superior jerárquico del recusado.

73. Con respecto al funcionamiento del registro electrónico, a los efectos del cómputo de plazo fijado en días hábiles, y en lo que se refiere al cumplimiento de plazos por los interesados, la 39/2015, de 1 de octubre, del Procedimiento Administrativo Común de las Administraciones Públicas, establece que:

a) La presentación en un día inhábil se entenderá realizada ese mismo día, puesto que el registro electrónico permitirá la recepción de documentos todos los días del año durante las veinticuatro horas.

b) La presentación en un día inhábil se entenderá realizada en la misma hora del primer día hábil siguiente, salvo que una norma permita expresamente la recepción en día inhábil.

c) La presentación en un día inhábil se entenderá realizada en la primera hora del primer día hábil siguiente, salvo que una norma permita expresamente la recepción en inhábil.

d) Los documentos se considerarán presentados por el orden de hora en el que lo fueron en el día inhábil. Los documentos presentados en el día inhábil se reputarán posteriores, según el mismo orden, a los que lo fueran el primer día hábil posterior.

74. De acuerdo con el artículo 24.3 de la Ley 39/2015, de 1 de octubre, del Procedimiento Administrativo Común de las Administraciones Públicas, la obligación de dictar resolución expresa a que se refiere el apartado primero del artículo 21 de la misma, se sujetará al siguiente régimen:

a) En los casos de desestimación por silencio administrativo, la resolución posterior al vencimiento del plazo se adoptará por la Administración confirmando la desestimación.

b) En los casos de estimación por silencio administrativo, la resolución expresa posterior a la producción del acto podrá dictarse sin vinculación alguna al sentido del silencio.

c) En los casos de estimación por silencio administrativo, no es necesario dictar la resolución expresa posterior a la producción del acto.

d) En los casos de desestimación por silencio administrativo, la resolución expresa posterior al vencimiento del plazo se adoptará por la Administración sin vinculación alguna al sentido del silencio.

75. Conforme a lo dispuesto en la ley 39/2015, de 1 de octubre, del Procedimiento Administrativo Común de las Administraciones Públicas, la comparecencia de las personas ante las oficinas públicas, ya sea presencialmente o por medios electrónicos:

a) Solo será obligatoria cuando así esté previsto en una norma con rango de ley.

b) Solo será obligatoria cuando lo disponga una disposición de carácter reglamentario.

c) Será potestativa, y a instancia de la unidad administrativa.

d) En todo caso será discrecional del órgano superior jerárquico que adopte la decisión.

76. En todo caso, NO estarán obligados a relacionarse a través de medios electrónicos con las Administraciones Públicas para la realización de cualquier trámite de un procedimiento administrativo, al menos, los siguientes sujetos:

a) Las personas jurídicas.

b) Las entidades sin personalidad jurídica.

c) Quienes ejerzan una actividad profesional para la que se requiera colegiación obligatoria, para los trámites y actuaciones que realicen con las Administraciones Públicas en ejercicio de dicha actividad profesional. En todo caso, dentro de este colectivo se entenderán incluidos los notarios y registradores de la propiedad y mercantiles.

d) Los empleados de las Administraciones Públicas.

77. En relación con la lengua de los procedimientos, señala la respuesta correcta:

a) La lengua de los procedimientos tramitados por la Administración General del Estado será el español.

b) Si concurrieran varios interesados en el procedimiento, el procedimiento se tramitará en castellano.

c) Los interesados que se dirijan a los órganos de la Administración General del Estado con sede en el territorio de una Comunidad Autónoma podrán utilizar también la lengua que sea cooficial en ella.

d) En los procedimientos tramitados por las Administraciones de las Comunidades Autónomas y de las Entidades Locales, el uso de la lengua se ajustará a lo previsto en la legislación básica del Estado.

78. Cada Administración, en los términos establecidos en la normativa reguladora aplicable, deberá mantener un archivo electrónico único de los documentos electrónicos que correspondan a:

a) Procedimientos iniciados.

b) Procedimientos en trámite.

c) Procedimientos finalizados.

d) Procedimientos iniciados, en trámite y finalizados.

79. Conforme a lo dispuesto en la ley 39/2015, de 1 de octubre, del Procedimiento Administrativo Común de las Administraciones Públicas, los interesados en un procedimiento que conozcan datos que permitan identificar a otros interesados que no hayan comparecido en él tienen:

a) El derecho de denunciarlos.

b) El deber de denunciarlos.

c) El derecho de proporcionárselos a la Administración actuante.

d) El deber de proporcionárselos a la Administración actuante.

80. De acuerdo con lo dispuesto en el artículo 21 de la ley 39/2015, de 1 de octubre, del Procedimiento Administrativo Común de las Administraciones Públicas, se exceptúan de la obligación de dictar resolución expresa y a notificarla en todos los procedimientos cualquiera que sea su forma de iniciación, los supuestos de:

a) Prescripción.

b) Renuncia del derecho.

c) Los procedimientos relativos al ejercicio de derechos sometidos únicamente al deber de declaración responsable o comunicación a la Administración.

d) Caducidad del procedimiento.

Solución al test n.º 9

1. d) A la capacidad de obrar.

2. c) Sí, para el ejercicio y defensa de aquellos de sus derechos e intereses cuya actuación esté permitida por el ordenamiento jurídico sin la asistencia de la persona que ejerza la patria potestad, tutela o curatela, aunque sean menores incapacitados, siempre que la extensión de la incapacitación no afecte al ejercicio y defensa de los derechos o intereses de que se trate.

3. c) Los hijos emancipados están bajo la patria potestad de los progenitores.

4. b) Los menores no emancipados que no estén bajo la patria potestad.

5. b) La función del curador es la de complementar la capacidad del menor en todos aquellos actos o negocios jurídicos que no puede realizar por sí mismo.

6. c) Siempre que la ley así lo declare expresamente.

7. a) Desde el instante mismo en que, con arreglo a derecho, hubiesen quedado válidamente constituidas.

8. a) Las personas físicas incapacitadas.

9. c) No; puede estar sujeta a curatela.

10. d) No.

11. b) Sí, en aplicación del artículo 4.1.b) de la Ley 39/2015, de 1 de octubre.

12. c) Sí, en aplicación del artículo 4.1.c) de la Ley 39/2015, de 1 de octubre.

13. b) Sí, en aplicación del artículo 4.1.b) de la Ley 39/2015, de 1 de octubre.

14. c) Intereses legítimos colectivos.

15. a) Sí, en aplicación del artículo 4.1.a) de la Ley 39/2015, de 1 de octubre.

16. c) Sí, en tanto se trata de una relación jurídica transmisible.

17. a) El artículo 4.1.b) de la Ley 39/2015, de 1 de octubre.

18. d) No tiene la consideración de relación jurídica transmisible.

19. c) Los interesados con capacidad de obrar.

20. d) Las personas físicas menores de edad.

21. a) Para presentar documentos que acompañen a la solicitud.

22. a) Para renunciar a una devolución tributaria en nombre propio.

23. c) A través de la acreditación de la inscripción de la representación en el registro electrónico de apoderamiento de cualquier Administración Pública.

24. b) Al órgano competente para la tramitación del procedimiento.

25. d) No impedirá que se tenga por realizado el acto de que se trate si se aporta la acreditación de la representación o se subsana el defecto dentro del plazo de diez días o de un plazo superior cuando las circunstancias del caso así lo requieran.

26. d) Cuando los plazos se señalen por días, se entiende que estos son hábiles, excluyéndose en el cómputo los sábados, los domingos y los declarados festivos.

27. b) La habilitación con carácter general o específico a personas físicas o jurídicas autorizadas para la realización de determinadas transacciones electrónicas en representación de los interesados, deberá especificar las condiciones y obligaciones a las que se comprometen los que así adquieran la condición de representantes, y determinará la presunción de validez de la representación salvo que la normativa de aplicación prevea otra cosa.

28. c) Sí, en ellos se inscribirán los poderes otorgados para la realización de trámites específicos en el mismo.

29. d) El proceso tecnológico que permite convertir un documento en soporte papel o en otro soporte no electrónico en uno o varios ficheros electrónicos que contienen la imagen codificada, fiel e íntegra del documento.

30. d) Ninguna de las respuestas anteriores es correcta.

31. d) El apoderamiento *apud acta* se otorgará mediante comparecencia electrónica en la correspondiente sede electrónica haciendo uso de los sistemas de firma electrónica previstos en la Ley 39/2015, de 1 de octubre, o bien mediante comparecencia personal en las oficinas de asistencia en materia de registros.

32. b) Las actuaciones a que den lugar se efectuarán con el interesado que figure en primer término.

33. d) A más tardar fue el 18 de septiembre de 2017 cuando la Comisión, mediante actos de ejecución, especificara la información a que se refiere la letra a).

34. a) Identificar a las autoridades y al personal al servicio de las Administraciones Públicas bajo cuya responsabilidad se tramiten los procedimientos.

35. d) A los interesados no incluidos en los apartados 2 y 3 del artículo 14 de la Ley 39/2015, de 1 de octubre, que así lo soliciten, especialmente en lo referente a la identificación y firma electrónica, presentación de solicitudes a través del registro electrónico general y obtención de copias auténticas.

36. d) Será necesario que el interesado que carezca de los medios electrónicos necesarios se identifique ante el funcionario y preste su consentimiento expreso para esta actuación, de lo que deberá quedar constancia para los casos de discrepancia o litigio.

37. b) Cuando en una solicitud, escrito o comunicación figuren varios interesados, las actuaciones a que den lugar se efectuarán con el representante o el interesado que expresamente hayan señalado, y, en su defecto, con cualquiera de los demás.

38. c) Se comunicará a dichas personas la tramitación del procedimiento cuando este no haya tenido publicidad.

39. d) El último día del mes.

40. c) Se prorrogará al primer día hábil siguiente.

41. b) A partir del día siguiente a aquel en que tenga lugar la notificación o publicación del acto de que se trate.

42. a) Castellano necesariamente.

43. a) De seis meses, salvo que una norma con rango de ley establezca uno mayor o así venga previsto en la normativa comunitaria europea.

44. c) No son recurribles.

45. a) Todas las horas del día que formen parte de un día hábil.

46. c) Las entidades sin personalidad jurídica.

47. c) En la actualidad, tras la Ley 39/2015, de 26 de octubre, de Procedimiento Administrativo Común de las Administraciones Públicas, no existen reclamaciones previas.

48. b) Siempre es obligatorio dictar Resolución expresa, excepto en los supuestos que se mencionan en el párrafo tercero del apartado 1 del artículo 21.1 in fine de la Ley 39/2015, de 26 de octubre, de Procedimiento Administrativo Común de las Administraciones Públicas.

49. a) Tendrá efectos estimatorios con carácter general.

50. c) No, en ningún caso.

51. c) El proceso tecnológico que permite convertir un documento en soporte papel o en otro soporte no electrónico en un fichero electrónico que contiene la imagen codificada, fiel e íntegra del documento.

52. c) A las autoridades y al personal al servicio de la Administración competente para la tramitación de los asuntos, así como a los interesados en los mismos.

53. a) Por días hábiles.

54. a) A partir del día en que tenga lugar la notificación del acto de que se trate.

55. a) A partir del día en que tenga lugar la publicación del acto de que se trate.

56. b) Se entenderá prorrogado al primer día hábil siguiente.

57. c) Por la fecha y hora de presentación en el registro electrónico de cada Administración u Organismo.

58. c) Por el orden de hora efectiva en el que lo fueron en el día inhábil.

59. a) No serán susceptibles de recurso.

60. b) No cabe recurso alguno.

61. b) Estimada.

62. b) Se puede producir tanto en los procedimientos iniciados de oficio como en los iniciados a solicitud del interesado.

63. b) 3 meses.

64. a) Silencio administrativo positivo.

65. c) Producirá la caducidad o podrán los interesados entender desestimadas sus pretensiones por silencio administrativo.

66. d) Excepto, entre otros, en los supuestos de terminación del procedimiento por pacto o convenio.

67. b) Cuando los plazos se hayan señalado por días naturales por declararlo así una ley o por el Derecho de la Unión Europea, se hará constar esta circunstancia en las correspondientes notificaciones.

68. a) Tendrá efecto desestimatorio en los procedimientos de impugnación de actos y disposiciones.

69. d) El personal al servicio de las Administraciones públicas que tenga a su cargo el despacho de los asuntos, así como los titulares de los órganos administrativos competentes para instruir y resolver son directamente responsables, en el ámbito de sus competencias, del cumplimiento de la obligación legal de dictar resolución expresa en plazo.

70. c) A partir del siguiente a aquel en que tenga lugar la notificación o publicación del acto que se trate o desde el siguiente a aquel en que se produzca la estimación o desestimación por silencio administrativo.

71. b) El mismo día en que se produjo la notificación, publicación o silencio administrativo.

72. d) Cuando los interesados promuevan la recusación en cualquier momento de la tramitación de un procedimiento, desde que ésta se plantee hasta que sea resuelta por el superior jerárquico del recusado.

73. c) La presentación en un día inhábil se entenderá realizada en la primera hora del primer día hábil siguiente, salvo que una norma permita expresamente la recepción en inhábil.

74. d) En los casos de desestimación por silencio administrativo, la resolución expresa posterior al vencimiento del plazo se adoptará por la Administración sin vinculación alguna al sentido del silencio.

75. a) Solo será obligatoria cuando así esté previsto en una norma con rango de ley.

76. d) Los empleados de las Administraciones Públicas.

77. c) Los interesados que se dirijan a los órganos de la Administración General del Estado con sede en el territorio de una Comunidad Autónoma podrán utilizar también la lengua que sea cooficial en ella.

78. c) Procedimientos finalizados.

79. d) El deber de proporcionárselos a la Administración actuante.

80. c) Los procedimientos relativos al ejercicio de derechos sometidos únicamente al deber de declaración responsable o comunicación a la Administración.

TEST N.º 10

Procedimiento Administrativo (II). Ley 39/2015, de 1 de octubre, del Procedimiento Administrativo común de las Administraciones Públicas. Los actos administrativos (artículos 34 a 52)

1. Señala la respuesta incorrecta. Según el artículo 35 de la Ley 39/2015, de 1 de octubre, de Procedimiento Administrativo Común de las Administraciones Públicas, serán motivados, con sucinta referencia de hechos y fundamentos de Derecho:

a) Los actos que limiten derechos subjetivos o intereses legítimos.

b) Los actos que resuelvan procedimientos de revisión de oficio de disposiciones o actos administrativos, recursos administrativos, reclamaciones previas a la vía judicial y procedimientos de arbitraje.

c) Los actos que se separen del criterio seguido en actuaciones precedentes o del dictamen de órganos consultivos.

d) Los actos declarativos de derechos.

2. De acuerdo con el artículo 39 de la Ley 39/2015, de 1 de octubre, de Procedimiento Administrativo Común de las Administraciones Públicas, con carácter general, los actos de las Administraciones Públicas sujetos al Derecho Administrativo se presumirán válidos y producirán efectos desde:

a) La fecha en que se dicten, salvo que en ellos se disponga otra cosa.

b) Su notificación.

c) Su publicación.

d) La aprobación superior.

3. En relación con las notificaciones en papel, de acuerdo con lo dispuesto en el artículo 42 de la Ley 39/2015, de 1 de octubre, de Procedimiento Administrativo Común de las Administraciones Públicas de los actos administrativos, señala la respuesta incorrecta:

a) Se notificarán a los interesados las resoluciones y actos administrativos que afecten a sus derechos e intereses.

b) Toda notificación deberá ser cursada dentro del plazo de diez días a partir de la fecha en que el acto haya sido dictado.

c) En los procedimientos iniciados a solicitud del interesado, la notificación se practicará en el domicilio del interesado. Cuando ello no fuera posible, en cualquier lugar adecuado a tal fin.

d) Cuando la notificación se practique en el domicilio del interesado, de no hallarse presente este en el momento de entregarse la notificación podrá hacerse cargo de la misma cualquier persona mayor de 14 años que se encuentre en el domicilio y haga constar su identidad.

4. Conforme al artículo 45 de la Ley 39/2015, de 1 de octubre, de Procedimiento Administrativo Común de las Administraciones Públicas, la publicación sustituirá a la notificación surtiendo sus mismos efectos en los siguientes casos:

a) Cuando el acto tenga por destinatario a una persona jurídica.

b) Cuando la Administración estime que la notificación efectuada a un solo interesado es insuficiente para garantizar la notificación a todos, siendo, en este último caso, adicional a la notificación efectuada.

c) En los procedimientos iniciados a solicitud del interesado.

d) Cuando la notificación se practique en el domicilio del interesado.

5. De acuerdo con el artículo 47 de la Ley 39/2015, de 1 de octubre, de Procedimiento Administrativo Común de las Administraciones Públicas, los actos de las Administraciones Públicas son nulos de pleno derecho en los casos siguientes:

a) Los actos de la Administración que incurran en cualquier infracción del ordenamiento jurídico.

b) Los actos dictados por órgano manifiestamente incompetente por razón de la jerarquía.

c) Los actos que tengan un contenido imposible.

d) Los actos de la Administración que incurran en desviación de poder.

6. Son anulables, de acuerdo con el artículo 48.1 de la Ley 39/2015, de 1 de octubre, de Procedimiento Administrativo Común de las Administraciones Públicas:

a) Los actos de la Administración que incurran en cualquier infracción del ordenamiento jurídico, incluso la desviación de poder.

b) Los actos dictados prescindiendo total y absolutamente del procedimiento legalmente establecido o de las normas que contienen las reglas esenciales para la formación de la voluntad de los órganos colegiados.

c) Los actos expresos o presuntos contrarios al ordenamiento jurídico por los que se adquieren facultades o derechos cuando se carezca de los requisitos esenciales para su adquisición.

d) Los actos dictados por órgano manifiestamente incompetente por razón de la materia.

7. Conforme con el artículo 48.2 de la Ley 39/2015, de 1 de octubre, de Procedimiento Administrativo Común de las Administraciones Públicas, el defecto de forma de los actos de las Administraciones Públicas solo determinará la anulabilidad:

a) Siempre.
b) Nunca.
c) Cuando el acto carezca de los requisitos formales, dando lugar a la indefensión de los interesados.
d) Cuando el acto administrativo se notifique fuera de plazo, no siendo esencial el término o plazo.

8. La Administración podrá convalidar los actos anulables, subsanando los vicios de que adolezcan. Si el vicio consistiera en incompetencia no determinante de nulidad, la convalidación podrá realizarse, de conformidad con el artículo 52.3 de la Ley 39/2015, de 1 de octubre, de Procedimiento Administrativo Común de las Administraciones Públicas, por:

a) El órgano competente cuando sea inferior jerárquico del que dictó el acto viciado.
b) El órgano competente cuando sea superior jerárquico del que dictó el acto viciado.
c) El órgano competente por razón de la materia.
d) El órgano competente por razón del territorio.

9. En relación con la forma de los actos administrativos, señala la respuesta incorrecta:

a) Los actos administrativos se producirán por escrito a través de medios electrónicos, a menos que su naturaleza exija otra forma más adecuada de expresión y constancia.
b) En los casos en que los órganos administrativos ejerzan su competencia de forma verbal, la constancia escrita del acto, cuando sea necesaria, se efectuará y firmará por el titular del órgano superior, expresando en la comunicación del mismo la autoridad de la que procede.
c) Si se tratara de resoluciones, el titular de la competencia deberá autorizar una relación de las que haya dictado de forma verbal, con expresión de su contenido.
d) Cuando deba dictarse una serie de actos administrativos de la misma naturaleza, tales como nombramientos, concesiones o licencias, podrán refundirse en un único acto.

10. Son actos anulables de acuerdo con el artículo 48 de la Ley 39/2015, de 1 de octubre, de Procedimiento Administrativo Común de las Administraciones Públicas:

a) Los de contenido imposible.
b) Los que carezcan de los requisitos formales indispensables para alcanzar su fin.
c) Los dictados prescindiendo total y absolutamente de los procedimientos legalmente establecidos para ellos.
d) Los dictados prescindiendo total y absolutamente del procedimiento establecido por las normas que contienen las reglas esenciales para la formación de la voluntad de los órganos colegiados.

11. De todas las resoluciones citadas a continuación, ¿cuáles de ellas no necesitarán ser motivadas?

a) Las que sigan el criterio seguido en actuaciones precedentes.
b) Los acuerdos de suspensión de actos.
c) Las que se dicten en el ejercicio de potestades discrecionales.
d) Las que resuelvan los recursos.

12. ¿En qué casos un defecto de forma determinará la anulabilidad del acto?

a) Cuando carezcan de los requisitos formales indispensables para alcanzar su fin o dé lugar a indefensión.
b) Cuando sean insubsanables.
c) Solo en los casos en los que se dé lugar a indefensión.
d) Solo cuando carezcan de los requisitos formales indispensables.

13. Señala la respuesta incorrecta. Cuando una Administración Pública tenga que dictar, en el ámbito de sus competencias, un acto que necesariamente tenga por base otro dictado por una Administración Pública distinta y aquella entienda que es ilegal:

a) Podrá requerir a la otra Administración previamente para que anule o revise el acto de acuerdo con lo dispuesto en el artículo 44 de la Ley 29/1998, de 13 de julio, reguladora de la Jurisdicción Contencioso-Administrativa.
b) Realizado el requerimiento y al ser rechazado este, podrá interponer recurso contencioso-administrativo.
c) Realizado el requerimiento y al ser rechazado este, podrá interponer recurso de revisión.
d) En estos casos, quedará suspendido el procedimiento para dictar resolución.

14. Las notificaciones administrativas por medios electrónicos requerirán para su validez:

a) El señalamiento explícito de dicho medio de notificación en el momento de iniciación del procedimiento.
b) El establecimiento de este sistema por medio de una norma de rango legal.
c) El acceso a su contenido, momento a partir del cual la notificación se entenderá practicada a todos los efectos legales.
d) El establecimiento de este sistema por medio de una norma de rango reglamentario.

15. Por regla general una notificación electrónica se entenderá rechazada con los efectos previstos en el artículo 43.2 de la Ley 39/2015, de 1 de octubre, del Procedimiento Administrativo Común de las Administraciones Públicas, cuando teniendo constancia de la puesta a disposición transcurran:

a) Diez días hábiles sin que se acceda a su contenido.
b) Diez días naturales desde que se accedió al contenido sin existir respuesta.

c) Diez días naturales sin que se acceda al contenido.

d) Quince días hábiles desde que se accedió al contenido sin existir respuesta.

16. Señala cuál de las siguientes afirmaciones es falsa conforme a la Ley 39/2015, de 1 de octubre:

a) Las resoluciones administrativas de carácter particular no podrán vulnerar lo establecido en una disposición de carácter general, aunque aquellas procedan de un órgano de igual jerarquía al que dictó la disposición general.

b) Toda notificación deberá ser cursada dentro del plazo de quince días a partir de la fecha en que el acto haya sido dictado.

c) Los actos administrativos se producirán por escrito a través de medios electrónicos, a menos que su naturaleza exija otra forma más adecuada de expresión y constancia.

d) Las resoluciones administrativas de carácter particular no podrán vulnerar lo establecido en una disposición de carácter general, aunque aquellas procedan de un órgano de superior jerarquía al que dictó la disposición general.

17. ¿Cuál de los siguientes actos es susceptible de convalidación por parte de la Administración subsanando los vicios de que adolezcan?

a) El dictado por órgano manifiestamente incompetente por razón de la materia.

b) El dictado prescindiendo total y absolutamente de las normas que contienen las reglas esenciales para la formación de la voluntad de los órganos colegiados.

c) El dictado por órgano incompetente en razón de su jerarquía.

d) El dictado por órgano manifiestamente incompetente por razón del territorio.

18. Cuando los actos administrativos limiten derechos subjetivos o intereses legítimos:

a) No tendrán que ser motivados si no ponen fin al procedimiento.

b) Solo serán motivados si no se dictan en el ejercicio de potestades administrativas.

c) Tendrán que ser motivados, con sucinta referencia de hechos y fundamentos de derechos.

d) Tendrán efectos retroactivos.

19. Según establece el artículo 40 de la Ley 39/2015, de 1 de octubre, de Procedimiento Administrativo Común de las Administraciones Públicas, toda notificación deberá ser cursada:

a) Dentro del plazo de 10 días a partir de la fecha en que el acto haya sido dictado.

b) Dentro del plazo de 15 días a partir de la fecha en que el acto haya sido dictado.

c) Dentro del plazo de 1 mes a partir de la fecha en que el acto haya sido dictado.

d) Dentro del plazo de tres meses a partir de la fecha en que el acto haya sido dictado.

20. Según el artículo 35 de la Ley 39/2015, de 1 de octubre, de Procedimiento Administrativo Común de las Administraciones Públicas, los actos que se separen del criterio seguido en actuaciones precedentes o del dictamen de órganos consultivos deben ser:

a) Discrecionales.
b) Motivados.
c) Inválidos.
d) Nulos de pleno derecho.

21. Conforme al artículo 35 de la Ley 39/2015, del Procedimiento Administrativo Común de las Administraciones Públicas, los actos administrativos que resuelven recursos, necesariamente habrán de ser:

a) Inimpugnables.
b) Motivados.
c) Discrecionales.
d) De trámite.

22. Como norma general, los actos administrativos serán válidos y producirán efectos salvo que, en ellos, se disponga otra cosa:

a) Los 20 días de dictarse el acto.
b) Desde que se aprueben por el superior jerárquico.
c) Desde la publicación en el Boletín correspondiente.
d) Desde que se dicten.

23. La nulidad o anulabilidad en parte del acto administrativo:

a) Implicará la de las partes del mismo independientes de aquella.
b) Implicará la de las partes del mismo independientes de aquella, salvo cuando la administración proceda a la convalidación del acto.
c) No implicará necesariamente la de las partes del mismo independientes de aquella.
d) No implicará la de los sucesivos en el procedimiento que sean independientes del primero.

24. Los actos de las Administraciones Públicas no son nulos de pleno derecho en los casos siguientes:

a) Los que lesionen los derechos y libertades susceptibles de amparo constitucional.
b) Los que tengan un contenido imposible.
c) Los dictados prescindiendo total y absolutamente del procedimiento legalmente establecido o de las normas que contienen las reglas esenciales para la formación de la voluntad de los órganos colegiados.
d) Los que sean constitutivos de infracción administrativa y se dicten como consecuencia de esta.

25. En cuanto a los actos dictados por un órgano administrativo incompetente por razón del territorio:

a) Serán anulables.
b) Serán nulos.
c) Habrá una mera irregularidad de forma.
d) Serán plenamente eficaces ya que son susceptibles de convalidación.

26. Según la Ley 39/2015, de 1 de octubre, en alguno de los siguientes supuestos no estamos ante un acto nulo de pleno derecho. Señala en cuál:

a) El dictado por órgano manifiestamente incompetente por razón de materia o territorio.
b) El que lesione derechos o libertades susceptibles de amparo constitucional.
c) El que incurra en cualquier infracción del ordenamiento jurídico.
d) El que sea constitutivo de infracción penal o se dicte como consecuencia de esta.

27. Conforme a la Ley 39/2015, de 1 octubre, de Procedimiento Administrativo Común de las Administraciones Públicas, la notificación a los interesados de las resoluciones y actos administrativos que afecten a sus derechos e intereses deberá ser cursada dentro del plazo de:

a) Diez días naturales a partir de la fecha en que el acto haya sido dictado.
b) Diez días hábiles a partir del día siguiente a aquel en que el acto haya sido dictado.
c) Diez días naturales a partir del día siguiente a aquel en que el acto haya sido dictado.
d) Diez días hábiles a partir de la fecha en que el acto haya sido dictado.

28. El órgano competente para la resolución de un expediente está preparando el oportuno acto administrativo. Indica, según la Ley 39/2015, de 1 octubre, de Procedimiento Administrativo Común de las Administraciones Públicas, qué acto de entre los siguientes estará exento de la obligación de ser motivado:

a) Los que resuelvan procedimientos de arbitraje.
b) Los acuerdos de aplicación de la ampliación de plazos.
c) Los que sigan el dictamen de órganos consultivos.
d) Los acuerdos de suspensión de actos.

29. Según la Ley 39/2015, de 1 octubre, de Procedimiento Administrativo Común de las Administraciones Públicas, podrá quedar demorada la eficacia de un acto administrativo:

a) Cuando esté supeditada a su publicación.
b) Cuando esté supeditada a su aprobación por un órgano inferior.
c) Cuando no lo exija el contenido del acto.
d) Cuando el interesado lo solicite al órgano que lo dicta.

30. Con arreglo al principio de inderogabilidad singular del artículo 37 de la Ley 39/2015, de 1 de octubre, del Procedimiento Administrativo Común de las Administraciones Públicas, las resoluciones administrativas que vulneren lo establecido en una disposición reglamentaria son:

a) Nulas.
b) Anulables.
c) Ineficaces.
d) Inconstitucionales.

31. En relación con la práctica de las notificaciones en papel, el artículo 42.2 de la Ley 39/2015, de 1 de octubre, del Procedimiento Administrativo Común de las Administraciones Públicas, establece que si nadie se hiciera cargo de la notificación, se hará constar esta circunstancia en el expediente, junto con el día y la hora en que se intentó la notificación, intento que se repetirá por una sola vez y en una hora distinta dentro de los:

a) Tres días siguientes. En caso de que el primer intento de notificación se haya realizado antes de las catorce horas, el segundo intento deberá realizarse después de las catorce horas y viceversa, dejando en todo caso al menos un margen de diferencia de tres horas entre ambos intentos de notificación.

b) Dos días siguientes. En caso de que el primer intento de notificación se haya realizado antes de las catorce horas, el segundo intento deberá realizarse después de las catorce horas y viceversa, dejando en todo caso al menos un margen de diferencia de dos horas entre ambos intentos de notificación.

c) Tres días siguientes. En caso de que el primer intento de notificación se haya realizado antes de las quince horas, el segundo intento deberá realizarse después de las quince horas y viceversa, dejando en todo caso al menos un margen de diferencia de tres horas entre ambos intentos de notificación.

d) Tres días siguientes. En caso de que el primer intento de notificación se haya realizado antes de las quince horas, el segundo intento deberá realizarse después de las quince horas y viceversa, dejando en todo caso al menos un margen de diferencia de dos horas entre ambos intentos de notificación.

32. Cuando se ignore el lugar de notificación de los interesados en un procedimiento:

a) Previamente a la publicación de un anuncio en el Boletín Oficial de Estado y con carácter preceptivo las Administraciones deberán publicar un anuncio en el Boletín Oficial de la Comunidad Autónoma del último domicilio del interesado.

b) Previamente a la publicación de un anuncio en el Boletín Oficial de Estado y con carácter preceptivo las Administraciones deberán publicar un anuncio en el Boletín Oficial de la provincia del último domicilio del interesado.

c) La notificación se hará por medio de un anuncio publicado en el Boletín Oficial del Estado.

d) No será preceptivo practicar la notificación.

33. Según establece la Ley 39/2015, de 1 de octubre, de Procedimiento Administrativo Común de las Administraciones Públicas:

a) No podrá ser convalidado en ningún caso el acto anulable viciado por falta de alguna autorización.

b) El órgano que anule las actuaciones dispondrá siempre la conservación de aquellos actos cuyo contenido se hubiera mantenido igual de no haberse cometido la infracción.

c) El defecto de forma determinará en todo caso la anulabilidad del acto administrativo.

d) La realización de actuaciones administrativas fuera del tiempo establecido para ellas implicará, en todo caso, la anulabilidad del acto.

34. Según establece la Ley 39/2015, de 1 de octubre, de Procedimiento Administrativo Común de las Administraciones Públicas, la notificación a los interesados de los actos administrativos que afecten a sus derechos e intereses:

a) Deberá ser cursada dentro del plazo de diez días a partir de la fecha en que el acto haya sido dictado.

b) Deberá ser cursada dentro del plazo de quince días a partir de la fecha en que el acto haya sido dictado.

c) Deberá ser cursada dentro del plazo de veinte días a partir de la fecha en que el acto haya sido dictado.

d) Deberá ser cursada dentro del plazo de un mes a partir de la fecha en que el acto haya sido dictado.

35. Según establece la Ley 39/2015, de 1 de octubre, de Procedimiento Administrativo Común de las Administraciones Públicas:

a) Los actos administrativos se producirán siempre por escrito.

b) En ningún caso podrá otorgarse eficacia retroactiva a los actos administrativos cuando se dicten en sustitución de actos anulados.

c) En todo caso los actos de las Administraciones Públicas sujetos al Derecho Administrativo producirán efectos desde la fecha en que se dicten.

d) Los acuerdos de suspensión de actos administrativos, cualquiera que sea el motivo de esta, serán motivados.

36. De acuerdo con lo establecido en la Ley 39/2015, de 1 de octubre, de Procedimiento Administrativo Común de las Administraciones Públicas, las resoluciones administrativas de carácter particular:

a) No podrán vulnerar lo establecido en una disposición de carácter general.

b) Podrán vulnerar lo establecido en una disposición de carácter general, si la autoridad que la dicta es de igual o superior rango a la que dictó la de carácter general.

c) Podrán vulnerar lo establecido en una disposición de carácter general dependiendo de a quién se refieran.

d) No existen resoluciones administrativas de carácter particular.

37. Conforme a lo establecido en la Ley 39/2015, de 1 de octubre, de Procedimiento Administrativo Común de las Administraciones Públicas, ¿en cuál de estos casos no podrá la Administración Pública convalidar un acto administrativo?

a) Si el acto es anulable subsanando los vicios de que adolezca.

b) Si el acto está dictado por un órgano manifiestamente incompetente por razón de la materia.

c) Si el acto adolece de un defecto de forma porque carece de los requisitos formales indispensables para alcanzar su fin.

d) En ninguno de los casos anteriores.

d) Si el acto está dictado por un órgano incompetente por razón de la jerarquía.

38. Según la Ley 39/2015, de 1 de octubre, del Procedimiento Administrativo Común de las Administraciones Públicas, cuando la notificación por medios electrónicos sea de carácter obligatorio o elegida por el interesado se podrá entender rechazada cuando hayan transcurrido:

a) Diez días hábiles sin que el interesado acceda a su contenido.

b) Diez días desde la puesta a disposición sin que se acceda a su contenido.

c) Diez días sin que el interesado reciba acuse de recibo.

d) Diez días naturales desde su puesta a disposición sin que se acceda a su contenido.

39. ¿En cuál de estos casos la publicación sustituirá a la notificación administrativa surtiendo sus mismos efectos, según la Ley 39/2015, de 1 octubre, de Procedimiento Administrativo Común de las Administraciones Públicas?

a) Siempre que el acto tenga varios interesados.

b) Cuando el acto forme parte de un procedimiento urgente y sumario.

c) Cuando se trate de actos integrantes de un procedimiento selectivo.

d) En caso de que el interesado o su representante rechacen la notificación de un acto administrativo.

40. Indica qué actos o disposiciones son anulables:

a) Los actos expresos o presuntos contrarios al ordenamiento jurídico por los que se adquieren facultades o derechos cuando se carezca de los requisitos esenciales para su adquisición.

b) Los actos de la Administración que incurran en cualquier infracción del ordenamiento jurídico, incluso la desviación de poder.

c) Las disposiciones administrativas que establezcan la retroactividad de disposiciones sancionadoras no favorables o restrictivas de derechos individuales.

d) Los dictados por órgano manifiestamente incompetente por razón de la materia o del territorio.

41. Según la Ley 39/2015, de 1 octubre, de Procedimiento Administrativo Común de las Administraciones Públicas, ¿cuándo se entiende practicada la notificación por medios electrónicos?

a) A los tres días del envío del aviso de la puesta a disposición del acto objeto de notificación.

b) En el momento en que se accede a la puesta a disposición del interesado del acto objeto de notificación.

c) Cuando, existiendo constancia de la puesta a disposición, transcurrieran cinco días naturales sin que se acceda a su contenido.

d) En el momento en que se produzca el acceso al contenido del acto notificado.

42. En la práctica de las notificaciones por medios electrónicos, según lo establecido en el artículo 43 de la Ley 39/2015, de 1 de octubre, del Procedimiento Administrativo Común de las Administraciones Públicas, señala cuál de las siguientes afirmaciones es incorrecta:

a) Se llevarán a cabo mediante comparecencia en la sede electrónica de la Administración u Organismo actuante, a través de la dirección electrónica habilitada únicamente o mediante ambos sistemas, según disponga cada Administración u Organismo.

b) Se entenderán practicadas en el momento en que se produzca el acceso a su contenido.

c) Cuando la notificación por medios electrónicos sea de carácter obligatorio, se entenderá rechazada cuando hayan transcurrido 10 días hábiles desde la puesta a disposición de la notificación sin que se acceda a su contenido.

d) Cuando la notificación por medios electrónicos haya sido expresamente elegida por el interesado, se entenderá rechazada cuando hayan transcurrido 10 días naturales desde la puesta a disposición de la notificación sin que se acceda a su contenido.

43. De conformidad con lo previsto en el artículo 47.1 de la Ley 39/2015, de 1 de octubre, del Procedimiento Administrativo Común de las Administraciones Públicas, son causas de nulidad de pleno derecho de los actos de las Administraciones Públicas:

a) Los dictados por órgano incompetente por razón del territorio.

b) Los dictados prescindiendo del procedimiento legalmente establecido o de las normas que contienen las reglas para la formación de la voluntad de los órganos colegiados.

c) Los que sean constitutivos de infracción administrativa o se dicten como consecuencia de esta.

d) Cualquier infracción del ordenamiento jurídico.

44. Según el artículo 35 de la Ley 39/2015, de 1 de octubre del Procedimiento Administrativo Común de las AAPP, entre otros, serán motivados los actos administrativos cuando:

a) Resuelvan procedimientos de revisiones de oficio.

b) Admitan las pruebas propuestas por los interesados.

c) Reconozcan derechos subjetivos.

d) Reconozcan intereses legítimos.

45. Indica, de conformidad con el artículo 52 de la Ley 39/2015, de 1 de octubre, del Procedimiento Administrativo Común de las Administraciones Públicas, la respuesta correcta sobre la convalidación de actos:

a) Cuando el vicio consista en incompetencia determinante de nulidad, podrá convalidarse por el órgano superior jerárquico del que dictó el acto viciado.

b) La Administración podrá convalidar los actos nulos de pleno derecho, subsanando los vicios de que adolezcan.

c) Como regla general, la convalidación producirá efecto desde la fecha en que fue dictado el acto convalidado.

d) Si el vicio consistiese en la falta de alguna autorización, se podrá convalidar el acto mediante el otorgamiento de la misma por el órgano competente.

46. Indica qué acto administrativo debe ser objeto de motivación según el artículo 35 de la Ley 39/2015, de 1 de octubre, del Procedimiento Administrativo Común de las Administraciones Públicas:

a) El requerimiento de subsanación de una solicitud presentada por el interesado.

b) Un acto de trámite que no se separe del criterio seguido en actuaciones precedentes.

c) El acto por el que se acuerda la admisión de pruebas propuestas por el interesado.

d) La propuesta de resolución en un procedimiento sancionador.

47. Según el principio de inderogabilidad singular de los reglamentos recogido en la Ley 39/2015, de 1 de octubre, del Procedimiento Administrativo Común de las Administraciones Públicas:

a) Las resoluciones administrativas de carácter particular no podrán vulnerar lo establecido en una disposición de carácter general, aunque aquellas procedan de un órgano de igual o superior jerarquía al que dictó la disposición general.

b) Las resoluciones administrativas de carácter particular pueden contradecir lo establecido en una disposición de carácter general cuando procedan de un órgano de igual o superior jerarquía al que dictó la disposición general.

c) Las resoluciones administrativas de carácter particular solo pueden vulnerar lo establecido en una disposición de carácter general cuando procedan de un órgano superior.

d) Las resoluciones administrativas de carácter particular podrán vulnerar lo establecido en una disposición de carácter general si proviene de un órgano de igual jerarquía al que dictó la disposición general.

48. Según lo dispuesto en la Ley 39/2015, de 1 de octubre, del Procedimiento Administrativo Común de las Administraciones Públicas, señala la respuesta correcta en relación con la práctica de las notificaciones en papel:

a) Cuando la notificación se practique en el domicilio del interesado, de no hallarse presente este en el momento de entregarse la notificación, podrá hacerse cargo de la misma cualquier persona mayor de 13 años que se encuentre en el domicilio y haga constar su identidad.

b) Si nadie se hiciera cargo de la notificación, se hará constar esta circunstancia en el expediente, junto con el día y la hora en que se intentó la notificación, intento que se repetirá por una sola vez y en una hora distinta dentro de las 48 horas siguientes.

c) Si la notificación resulta infructuosa, se entenderá que la misma ha sido rechazada, especificándose las circunstancias del intento de notificación y el medio, dando por efectuado el trámite y siguiéndose el procedimiento.

d) Todas las notificaciones que se practiquen en papel deberán ser puestas a disposición del interesado en la sede electrónica de la Administración u Organismo actuante para que pueda acceder al contenido de las mismas de forma voluntaria.

49. En relación con el artículo 47 de la Ley 39/2015, señala qué actos de las Administraciones Públicas son nulos de pleno derecho en todo caso:

a) Los que incurran en cualquier infracción del ordenamiento jurídico, incluso la desviación de poder.

b) Los que sean dictados fallando alguna autorización.

c) Los actos expresos o presuntos contrarios al ordenamiento jurídico por los que se adquieren facultades o derechos cuando se carezca de los requisitos esenciales para su adquisición.

d) Los dictados con defectos de forma que den lugar a la indefensión de los interesados.

50. La inderogabilidad singular de los reglamentos significa que:

a) Un reglamento no puede derogar parcialmente a otro reglamento.

b) Las resoluciones administrativas de carácter particular no pueden vulnerar lo establecido en una disposición de carácter general, aunque aquellas procedan de un órgano de igual o superior jerarquía al que dictó la disposición general.

c) Las resoluciones administrativas de carácter particular no pueden vulnerar lo establecido en una disposición de carácter general, salvo que aquellas procedan de un órgano de igual o superior jerarquía al que dictó la disposición general.

d) Un reglamento no puede derogar singularmente a otro reglamento.

51. De conformidad con la Ley 39/2015, del Procedimiento Administrativo Común de las Administraciones Públicas, en relación con las resoluciones y actos administrativos y sus notificaciones:

a) Para que sean válidas las resoluciones administrativas de carácter particular que se opongan a lo establecido en una disposición de carácter general, bastará con que procedan de un órgano de igual o superior jerarquía al que dictó la disposición general.

b) La Administración no podrá convalidar en ningún caso los actos anulables, aunque se subsanen los vicios de que adolezcan.

c) Los actos administrativos de las Administraciones Públicas se presumirán válidos y producirán efectos retroactivos desde la fecha en que se inició el procedimiento, salvo que en ellos se disponga otra cosa.

d) Las normas y actos dictados por los órganos de las Administraciones Públicas en el ejercicio de su propia competencia deberán ser observadas por el resto de los órganos administrativos, aunque no dependan jerárquicamente entre sí o pertenezcan a otra Administración.

52. Según establece la Ley 39/2015, del Procedimiento Administrativo Común de las Administraciones Públicas, en relación con notificaciones infructuosas, la notificación, con carácter obligatorio, se hará:

a) Por medio de un anuncio publicado en el Boletín Oficial del Estado.

b) Por medio de un anuncio en el Boletín Oficial del Estado y en el Boletín de la Comunidad Autónoma correspondiente.

c) Por medio de un anuncio en el Boletín Oficial del Estado y en el Boletín de la Comunidad Autónoma correspondiente, así como en el tablón de edictos del Ayuntamiento del último domicilio del interesado.

d) Tras la entrada en vigor de la Ley 39/2015, solo es preceptivo la publicación del anuncio en el boletín correspondiente de la Comunidad Autónoma, así como en el tablón de edictos del Ayuntamiento del último domicilio del interesado.

53. Según dispone la Ley 39/2015, del Procedimiento Administrativo Común de las Administraciones Públicas, cuando el interesado en el procedimiento fuera notificado por distintos cauces, se tomará como fecha de notificación la de aquella que:

a) Se pone a disposición en la sede electrónica de la Administración que tramita el procedimiento.

b) Fue remitida y notificada en papel.

c) Se hubiera producido en primer lugar.

d) Resulte más favorable al interesado.

54. Un acto dictado por un órgano incompetente por razón de la jerarquía:

a) Puede ser convalidado.

b) Solo puede convalidarse si es de trámite.

c) No puede ser convalidado.

d) Produce la invalidez de los actos subsistentes en el procedimiento.

55. De las siguientes respuestas relativas a la nulidad en los actos administrativos, según la Ley 39/2015, del Procedimiento Administrativo Común de las Administraciones Públicas, ¿encuentras alguna que sea incorrecta?

a) El acto nulo no puede ser objeto de convalidación.

b) Los actos nulos que, sin embargo, contengan los elementos constitutivos de otro distinto no producirán los efectos de este.

c) La Administración podrá en cualquier momento declarar la nulidad.

d) Los actos anulables son convalidables.

56. La definición de que los actos de la Administración serán válidos y producirán efectos desde la fecha en que se dicten, salvo que en ellos se disponga otra cosa, responde a determinado principio; ¿sabes cuál es?

a) Presunción de validez de los actos administrativos.
b) Presunción de calidad.
c) Presunción de oficialidad.
d) Presunción de veracidad de los actos administrativos.

57. De acuerdo con la Ley 39/2015, del Procedimiento Administrativo Común de las Administraciones Públicas, son actos anulables:

a) Los de contenido imposible.
b) Los que carezcan de los requisitos formales indispensables para alcanzar su fin.
c) Los dictados prescindiendo total y absolutamente de los procedimientos legalmente establecidos para ellos.
d) Los dictados prescindiendo total y absolutamente del procedimiento establecido por las normas que contienen las reglas esenciales para la formación de la voluntad de los órganos colegiados.

58. No han de ser necesariamente motivados los actos administrativos que:

a) Resuelven recursos.
b) Se separen del dictamen de los órganos consultivos.
c) Limiten derechos subjetivos.
d) Reconozcan el derecho de una licencia de apertura.

59. ¿En cuál de los siguientes supuestos queda demorada la eficacia de un acto administrativo?

a) Si se trata de actos dictados para sustituir a otros que han sido anulados.
b) Cuando dicho acto incurre en desviación de poder.
c) Cuando así lo exija el contenido del acto.
d) Cuando produce efectos favorables al interesado.

60. Conforme al artículo 47 de la Ley 39/2015, del Procedimiento Administrativo Común de las Administraciones Públicas, los actos de la Administración son nulos de pleno derecho si:

a) Se dictan fuera del plazo.
b) Se dictan sin seguir, en forma estricta, el procedimiento establecido.
c) Infringen el ordenamiento jurídico.
d) Los dictados prescindiendo total y absolutamente del procedimiento legalmente previsto.

61. Los actos dictados prescindiendo total y absolutamente de las normas que contienen las reglas esenciales de la formación de la voluntad de los órganos colegiados, según el artículo 47 de la Ley 39/2015, del Procedimiento Administrativo Común de las Administraciones Públicas, son:

a) Anulables.
b) Nulos de pleno derecho.
c) Irregulares.
d) Convalidables.

62. A tenor de lo dispuesto en la Ley 39/2015, del Procedimiento Administrativo Común de las Administraciones Públicas, ¿quién acordará la conservación de los actos?

a) Será el superior jerárquico del autor del acto nulo.
b) Será el propio órgano autor del acto nulo.
c) Será el órgano que acordó la nulidad.
d) Únicamente puede hacerlo la Jurisdicción Contencioso-Administrativa.

63. El ordenamiento jurídico prevé la convalidación de ciertos actos administrativos que adolecen de vicios. Señala cuáles se encuentran en ese supuesto:

a) Los dictados por órgano manifiestamente incompetente por razón de la materia.
b) Los constitutivos de delito.
c) Los de contenido imposible.
d) Los anulables.

64. Un acto que carezca de los requisitos de forma indispensable para alcanzar su fin, según el artículo 48 de la Ley 39/2015, del Procedimiento Administrativo Común de las Administraciones Públicas, es:

a) Nulo.
b) Irregular.
c) Anulable,
d) Perfectamente normal.

65. De acuerdo con el artículo 48 de la Ley 39/2015, del Procedimiento Administrativo Común de las Administraciones Públicas, cuando la Administración dicta un acto administrativo incurriendo en desviación de poder, dicho acto es:

a) Nulo de pleno derecho.
b) Anulable.
c) Impugnable en vía administrativa.
d) Irrecurrible en vía contencioso-administrativa.

66. La conversión de los actos administrativos se aplica, conforme a la Ley 39/2015, del Procedimiento Administrativo Común de las Administraciones Públicas:

a) A los actos nulos solo.
b) A los actos anulables solo.
c) A los actos irregulares, anulables y nulos.
d) A los actos anulables y nulos.

67. Los actos administrativos que limiten derechos subjetivos, necesariamente, según el artículo 35 de la Ley 39/2015, del Procedimiento Administrativo Común de las Administraciones Públicas habrán de ser:

a) Inimpugnables.
b) Motivados.
c) Discrecionales.
d) De trámite.

68. De acuerdo con la Ley 39/2015, del Procedimiento Administrativo Común de las Administraciones Públicas, el contenido del acto administrativo debe ser:

a) Posible, formal y causal.
b) Posible, objetivo y causal.
c) Posible, determinado, causal y formal.
d) Posible, lícito, determinado y adecuado a sus fines.

69. Según la Ley 39/2015, del Procedimiento Administrativo Común de las Administraciones Públicas, el acto de convalidación producirá efectos:a) Cuando se notifique, salvo lo dispuesto en el artículo 37.3 de la misma ley para la retroactividad de los actos administrativos:

b) Cuando se publique, salvo lo dispuesto en el artículo 39.3 de la misma ley para la retroactividad de los actos administrativos.
c) Desde su fecha, salvo lo dispuesto en el artículo 37.3 de la misma ley para la retroactividad de los actos administrativos.
d) Desde su fecha, salvo lo dispuesto en el artículo 39.3 de la misma ley para la retroactividad de los actos administrativos.

70. No son nulos de pleno derecho los actos administrativos que, según el artículo 47 de la Ley 39/2015, del Procedimiento Administrativo Común de las Administraciones Públicas:

a) Limiten derechos subjetivos.
b) Lesionen derechos y libertades susceptibles de amparo constitucional.
c) Dictados por órgano manifiestamente incompetente por razón de la materia.
d) Dictados por órgano manifiestamente incompetente por razón del territorio.

71. En la notificación de todo acto administrativo no es necesario que conste siempre:

a) Su texto íntegro.
b) Los recursos que contra el mismo procedan.
c) Los motivos en que se basa la decisión.
d) El plazo de interposición de los recursos.

72. Conforme a la Ley 39/2015, del Procedimiento Administrativo Común de las Administraciones Públicas, para que un acto tenga eficacia retroactiva es necesario que:

a) Limite derechos de los particulares.
b) Restrinja el ejercicio de facultades de los particulares.
c) Imponga deberes u obligaciones.
d) No se lesionen derechos legítimos de otras personas.

73. Cuando el Delegado Territorial de una Consejería de Agricultura de una Comunidad Autónoma de una Provincia concreta resuelve una solicitud en materia propia de la Delegación Territorial de una Consejería de Empleo de distinta Provincia, incurre en una incompetencia:

a) Material y jerárquica.
b) Territorial y jerárquica.
c) Material y territorial.
d) Territorial exclusivamente.

74. Cuando un órgano administrativo, al dictar un acto, se desvía de un dictamen vinculante de un órgano consultivo, según el artículo 48 de la Ley 39/2015, del Procedimiento Administrativo Común de las Administraciones Públicas:

a) Vicia el acto de que se trate.
b) Debe motivar el acto.
c) No puede hacerlo.
d) Debe justificar por qué lo hace.

75. Cuando un órgano administrativo, al dictar un acto, se separa de un dictamen facultativo, según el artículo 45 de la Ley 39/2015, del Procedimiento Administrativo Común de las Administraciones Públicas:

a) Vicia el acto.
b) Debe motivarlo.
c) No puede hacerlo.
d) Al ser facultativo, no es necesaria la motivación del acto.

Solución al test n.º 10

1. d) Los actos declarativos de derechos.

2. a) La fecha en que se dicten, salvo que en ellos se disponga otra cosa.

3. c) En los procedimientos iniciados a solicitud del interesado, la notificación se practicará en el domicilio del interesado. Cuando ello no fuera posible, en cualquier lugar adecuado a tal fin.

4. b) Cuando la Administración estime que la notificación efectuada a un solo interesado es insuficiente para garantizar la notificación a todos, siendo, en este último caso, adicional a la notificación efectuada.

5. c) Los actos que tengan un contenido imposible.

6. a) Los actos de la Administración que incurran en cualquier infracción del ordenamiento jurídico, incluso la desviación de poder.

7. c) Cuando el acto carezca de los requisitos formales, dando lugar a la indefensión de los interesados.

8. b) El órgano competente cuando sea superior jerárquico del que dictó el acto viciado.

9. b) En los casos en que los órganos administrativos ejerzan su competencia de forma verbal, la constancia escrita del acto, cuando sea necesaria, se efectuará y firmará por el titular del órgano superior, expresando en la comunicación del mismo la autoridad de la que procede.

10. b) Los que carezcan de los requisitos formales indispensables para alcanzar su fin.

11. a) Las que sigan el criterio seguido en actuaciones precedentes.

12. a) Cuando carezcan de los requisitos formales indispensables para alcanzar su fin o dé lugar a indefensión.

13. c) Realizado el requerimiento y al ser rechazado este, podrá interponer recurso de revisión.

14. c) El acceso a su contenido, momento a partir del cual la notificación se entenderá practicada a todos los efectos legales.

15. c) Diez días naturales sin que se acceda al contenido.

16. b) Toda notificación deberá ser cursada dentro del plazo de quince días a partir de la fecha en que el acto haya sido dictado.

17. c) El dictado por órgano incompetente en razón de su jerarquía.

18. c) Tendrán que ser motivados, con sucinta referencia de hechos y fundamentos de derechos.

19. a) Dentro del plazo de 10 días a partir de la fecha en que el acto haya sido dictado.

20. b) Motivados.

21. b) Motivados.

22. d) Desde que se dicten.

23. c) No implicará necesariamente la de las partes del mismo independientes de aquella.

24. d) Los que sean constitutivos de infracción administrativa y no se dicten como consecuencia de esta.

25. b) Serán nulos.

26. c) El que incurra en cualquier infracción del ordenamiento jurídico.

27. d) Diez días hábiles a partir de la fecha en que el acto haya sido dictado.

28. c) Los que sigan el dictamen de órganos consultivos.

29. a) Cuando esté supeditada a su publicación.

30. a) Nulas.

31. c) Tres días siguientes. En caso de que el primer intento de notificación se haya realizado antes de las quince horas, el segundo intento deberá realizarse después de las quince horas y viceversa, dejando en todo caso al menos un margen de diferencia de tres horas entre ambos intentos de notificación.

32. c) La notificación se hará por medio de un anuncio publicado en el Boletín Oficial del Estado.

33. b) El órgano que anule las actuaciones dispondrá siempre la conservación de aquellos actos cuyo contenido se hubiera mantenido igual de no haberse cometido la infracción.

34. a) Deberá ser cursada dentro del plazo de diez días a partir de la fecha en que el acto haya sido dictado.

35. d) Los acuerdos de suspensión de actos administrativos, cualquiera que sea el motivo de esta, serán motivados.

36. a) No podrán vulnerar lo establecido en una disposición de carácter general.

37. b) Si el acto está dictado por un órgano manifiestamente incompetente por razón de la materia.

38. d) Diez días naturales desde su puesta a disposición sin que se acceda a su contenido.

39. c) Cuando se trate de actos integrantes de un procedimiento selectivo.

40. b) Los actos de la Administración que incurran en cualquier infracción del ordenamiento jurídico, incluso la desviación de poder.

41. d) En el momento en que se produzca el acceso al contenido del acto notificado.

42. c) Cuando la notificación por medios electrónicos sea de carácter obligatorio, se entenderá rechazada cuando hayan transcurrido 10 días hábiles desde la puesta a disposición de la notificación sin que se acceda a su contenido.

43. a) Los dictados por órgano incompetente por razón del territorio.

44. a) Resuelvan procedimientos de revisiones de oficio.

45. d) Si el vicio consistiese en la falta de alguna autorización, se podrá convalidar el acto mediante el otorgamiento de la misma por el órgano competente.

46. d) La propuesta de resolución en un procedimiento sancionador.

47. a) Las resoluciones administrativas de carácter particular no podrán vulnerar lo establecido en una disposición de carácter general, aunque aquellas procedan de un órgano de igual o superior jerarquía al que dictó la disposición general.

48. d) Todas las notificaciones que se practiquen en papel deberán ser puestas a disposición del interesado en la sede electrónica de la Administración u Organismo actuante para que pueda acceder al contenido de las mismas de forma voluntaria.

49. c) Los actos expresos o presuntos contrarios al ordenamiento jurídico por los que se adquieren facultades o derechos cuando se carezca de los requisitos esenciales para su adquisición.

50. b) Las resoluciones administrativas de carácter particular no pueden vulnerar lo establecido en una disposición de carácter general, aunque aquellas procedan de un órgano de igual o superior jerarquía al que dictó la disposición general.

51. d) Las normas y actos dictados por los órganos de las Administraciones Públicas en el ejercicio de su propia competencia deberán ser observadas por el resto de los órganos administrativos, aunque no dependan jerárquicamente entre sí o pertenezcan a otra Administración.

52. a) Por medio de un anuncio publicado en el Boletín Oficial del Estado.

53. c) Se hubiera producido en primer lugar.

54. a) Puede ser convalidado.

55. b) Los actos nulos que, sin embargo, contengan los elementos constitutivos de otro distinto no producirán los efectos de este.

56. a) Presunción de validez de los actos administrativos.

57. b) Los que carezcan de los requisitos formales indispensables para alcanzar su fin.

58. d) Reconozcan el derecho de una licencia de apertura.

59. c) Cuando así lo exija el contenido del acto.

60. d) Los dictados prescindiendo total y absolutamente del procedimiento legalmente previsto.

61. b) Nulos de pleno derecho.

62. c) Será el órgano que acordó la nulidad.

63. d) Los anulables.

64. c) Anulable.

65. b) Anulable.

66. d) A los actos anulables y nulos.

67. b) Motivados.

68. d) Posible, lícito, determinado y adecuado a sus fines.

69. d) Desde su fecha, salvo lo dispuesto en el artículo 39.3 de la misma ley para la retroactividad de los actos administrativos.

70. a) Limiten derechos subjetivos.

71. c) Los motivos en que se basa la decisión.

72. d) No se lesionen derechos legítimos de otras personas.

73. c) Material y territorial.

74. a) Vicia el acto de que se trate.

75. b) Debe motivarlo.

TEST N.º 11

Procedimiento Administrativo (III). Ley 39/2015, de 1 de octubre, del Procedimiento Administrativo común de las Administraciones Públicas. Garantías del procedimiento (artículo 53). Iniciación del procedimiento (artículos 54 a 69). Ordenación del procedimiento (artículos 70 a 74)

1. Los que tuvieren la condición de interesados en un procedimiento administrativo, podrán conocer del estado de la tramitación del mismo:

a) En el trámite de audiencia.
b) En el trámite de información pública.
c) En cualquier momento
d) Solo cuando lo permita el instructor del procedimiento.

2. Las medidas provisionales adoptadas antes de la iniciación del procedimiento administrativo, deberán ser confirmadas, modificadas o levantadas en el acuerdo de iniciación del procedimiento, que deberá efectuarse:

a) Dentro de los quince días siguientes a su adopción, pudiendo ser recurrido.
b) Dentro de los veinte días siguientes a su adopción, pudiendo de ser recurrido.
c) Dentro de los diez días siguientes a su adopción, sin posibilidad de ser recurrido.
d) Dentro de los veinte días siguientes a su adopción, sin posibilidad de ser recurrido.

3. Cuando el acuerdo de iniciación del procedimiento no contenga un pronunciamiento expreso acerca de las medidas provisionales previas, dichas medidas:

a) Se mantendrán, hasta la fase de alegaciones.
b) Se mantendrán, salvo que haya recurso pendiente.
c) Se prorrogaran por quince días.
d) Quedarán sin efecto.

4. Los procedimientos de naturaleza sancionadora se iniciarán:

a) De oficio o a instancia de parte.
b) Siempre a instancia de parte.

c) Siempre de oficio.
d) En virtud de denuncia.

5. Si la solicitud de iniciación del procedimiento administrativo no reúne los requisitos recogidos en la Ley 39/2015 u otros exigidos por la legislación específica aplicable:

a) Se inadmitirá la solicitud presentada por el interesado.
b) Se le dará un plazo de cinco días para que vuelva a presentar la solicitud correctamente.
c) Se le dará un plazo de veinte días para que subsane la falta o acompañe los documentos preceptivos.
d) Se le dará un plazo de diez días para que subsane la falta o acompañe los documentos preceptivos.

6. ¿Suspenderá la tramitación del procedimiento las cuestiones incidentales que se susciten en el mismo?

a) No.
b) Sí.
c) No, salvo las que se refieran a la nulidad de actuaciones.
d) No, incluso las relativas a la recusación no se suspenderán.

7. Señala cuál de las siguientes no podrá adoptarse como medidas provisionales en un procedimiento administrativo:

a) Embargo preventivo de bienes.
b) Inmovilización de cosa mueble.
c) Retirada o intervención de bienes productivos.
d) Suspensión definitiva de actividades.

8. El interesado en el procedimiento administrativo tiene derecho:

a) A formular alegaciones y a utilizar los medios de defensa admitidos por el Ordenamiento Jurídico en cualquier fase del procedimiento.
b) A formular alegaciones, a utilizar los medios de defensa admitidos por el Ordenamiento Jurídico, y a aportar documentos en cualquier fase del procedimiento anterior al trámite de audiencia.
c) A formular alegaciones y a utilizar los medios de defensa admitidos por el Ordenamiento Jurídico en cualquier fase del procedimiento, pero solo podrá aportar documentos con posterioridad al trámite de audiencia.
d) A formular alegaciones y a utilizar los medios de defensa admitidos por el Ordenamiento Jurídico en cualquier fase del procedimiento anterior al dictado de la resolución por la que se pone fin al procedimiento.

9. Contra el acuerdo de acumulación de procedimientos:

a) Cabe recurso de revisión.
b) Cabe recurso extraordinario de revisión.

c) No cabe recurso alguno.
d) Cabe recurso de alzada.

10. Los procedimientos administrativos que no tengan naturaleza sancionadora se podrán iniciar:

a) Por acuerdo del órgano competente o a petición razonada de otros órganos.
b) Por acuerdo del órgano competente, bien por propia iniciativa o como consecuencia de orden superior, a petición razonada de otros órganos o por denuncia.
c) Por denuncia solamente.
d) De oficio siempre.

11. Cuando el procedimiento se iniciara por una denuncia en la que se invocara un perjuicio en el patrimonio de las Administraciones Públicas:

a) La no iniciación del procedimiento deberá ser motivada y se notificará a los denunciantes la decisión de si se ha iniciado o no el procedimiento.
b) La iniciación del procedimiento deberá ser motivada y no se notificará a los denunciantes, si el instructor lo considera oportuno.
c) La no iniciación del procedimiento quedará a la decisión del instructor, sin necesidad de motivarla, salvo a petición del denunciante.
d) La no iniciación del procedimiento nunca deberá ser motivada.

12. Los interesados podrán solicitar el inicio de un procedimiento de responsabilidad patrimonial:

a) Siempre.
b) Dentro de los cuatro años siguientes a aquel en que se produjo el acto que motiva la indemnización.
c) Si así se dispone por sentencia.
d) Cuando no haya prescrito su derecho a reclamar.

13. El plazo de subsanación de la solicitud de iniciación del procedimiento podrá ampliarse prudencialmente, cuando la aportación de los documentos requeridos presente dificultades especiales:

a) Hasta cinco días.
b) Hasta diez días.
c) Hasta quince días.
d) Siempre por diez días más.

14. En los procedimientos de naturaleza sancionadora, ¿cuál de los siguientes no es un derecho de los presuntos responsables?

a) A ser notificado de la identidad del instructor.
b) A saber quién es la autoridad competente para imponer la sanción.

c) A ser informado de sus derechos procesales penales.
d) A ser notificado de los hechos que se le imputen.

15. ¿Hay presunción de existencia de responsabilidad administrativa mientras no se demuestre lo contrario?

a) Sí, salvo excepciones.
b) Nunca.
c) Solo en los procedimientos de naturaleza sancionadora.
d) Siempre.

16. Iniciado el procedimiento administrativo, pueden adoptarse medidas provisionales, ¿por qué órgano?

a) Por el órgano administrativo competente para resolver.
b) Por el órgano administrativo competente para instruir.
c) Por cualquier órgano administrativo.
d) No podrán adoptarse medidas provisionales.

17. En caso de daños de carácter físico o psíquico a las personas, el derecho a reclamar en un procedimiento de responsabilidad patrimonial prescribe:

a) A los cinco años a contar desde la completa curación.
b) No prescriben nunca, cuando sean de carácter psíquico.
c) Al año a contar desde la curación o la determinación del alcance de las secuelas.
d) A los dos años a contar desde la curación o la determinación del alcance de las secuelas.

18. Señala cuál de las siguientes puede ser una definición de expediente administrativo:

a) Diligencias encaminadas a ejecutar la resolución administrativa, medidas adoptadas para ello y anotaciones practicadas.
b) El conjunto de actuaciones que sirven de antecedente y fundamento a la resolución administrativa.
c) Documentos que se aportan por las partes para dictar resolución administrativa.
d) El conjunto ordenado de documentos y actuaciones que sirven de antecedente y fundamento a la resolución administrativa, así como las diligencias encaminadas a ejecutarla.

19. ¿En virtud de qué principio administrativo se puede acordar en un solo acto todos los trámites que, por su naturaleza, admitan un impulso simultáneo y no sea obligado su cumplimiento sucesivo?

a) Principio de simplificación administrativa.
b) Principio de eficacia administrativa.

c) Principio de eficiencia administrativa.
d) Principio de racionalidad.

20. Por regla general, salvo en el caso de que en la norma correspondiente se fije plazo distinto, los trámites que deban ser cumplimentados por los interesados deberán realizarse en el plazo de:

a) 20 días.
b) 15 días.
c) 10 días.
d) 5 días.

21. Señala la respuesta incorrecta. En la iniciación del procedimiento administrativo a instancia de parte, la solicitud que se formule deberá contener, entre otros:

a) Lugar y fecha.
b) Nombre y sexo del interesado.
c) Nombre y apellidos de la persona que represente al interesado.
d) Hechos, razones y petición en que se concrete, con toda claridad, la solicitud.

22. Los interesados en un procedimiento administrativo, ¿tienen que presentar los documentos originales?

a) Sí, como regla general.
b) No, como regla general.
c) Sí, siempre, salvo dispensa.
d) Nunca.

23. El interesado en el procedimiento administrativo, en el caso de que la Administración no dicte ni notifique resolución expresa en plazo, tiene derecho:

a) A conocer el sentido del silencio administrativo que corresponda.
b) A impugnar la falta de resolución expresa, mediante recurso de apelación.
c) A exigir responsabilidad civil a la Administración por falta de resolución.
d) A solicitar resolución expresa.

24. ¿Cómo se denomina al periodo que el órgano competente podrá abrir, con anterioridad al inicio del procedimiento, con el fin de conocer las circunstancias del caso concreto y la conveniencia o no de iniciar el procedimiento?

a) Período de información o actuaciones previas.
b) Período de iniciación.
c) Período preliminar.
d) Período voluntario.

25. Señala cuál de las siguientes no es una medida provisional que se pueda adoptar en el procedimiento administrativo:

a) Prestación de fianzas.
b) Suspensión temporal de servicios por razones de sanidad, higiene o seguridad.
c) Cierre definitivo del establecimiento por razones de sanidad, higiene o seguridad.
d) Embargo preventivo de rentas.

26. ¿Cuándo podrán ser alzadas o modificadas las medidas provisionales?

a) Solo al final del procedimiento.
b) Durante la tramitación del procedimiento.
c) Tras la firmeza de resolución.
d) Cuando se inicie el procedimiento.

27. En todo caso, se extinguirán las medidas provisionales:

a) Cuando surta efectos la resolución administrativa que ponga fin al procedimiento correspondiente.
b) Cuando lo solicite la parte interesada.
c) Cuando se interponga resolución contra los actos de trámite.
d) Cuando se impugnen esas medidas.

28. ¿Cómo se denomina en el ámbito administrativo, al acto por el que cualquier persona, en cumplimiento o no de una obligación legal, pone en conocimiento de un órgano administrativo la existencia de un determinado hecho que pudiera justificar la iniciación de oficio de un procedimiento administrativo?

a) Demanda.
b) Escrito de iniciación.
c) Denuncia.
d) Querella.

29. Los trámites que deban ser cumplimentados por los interesados deberán realizarse en el plazo establecido por la ley, pero ¿desde cuándo comenzará a contarse este plazo?

a) A partir del mismo día de la notificación del correspondiente acto.
b) A partir del día siguiente al del que se dicta la resolución.
c) A partir del día siguiente al de la notificación del correspondiente acto.
d) A partir del mismo día en que se dicta la resolución.

30. Las medidas provisionales que, una vez iniciado el procedimiento administrativo puede imponer el órgano competente, han de cumplir los principios de:

a) Igualdad, eficacia y menor onerosidad.
b) Proporcionalidad, efectividad y menor onerosidad.

c) Eficiencia, efectividad y mayor onerosidad.
d) Igualdad y necesidad.

31. Cuando la Administración considere que alguno de los actos de los interesados no reúne los requisitos necesarios, ¿qué hará?

a) Inadmitirá el acto.
b) Le podrá declarar decaído en su derecho al trámite correspondiente.
c) Lo pondrá en conocimiento de su autor, concediéndole un plazo de cinco días para cumplimentarlo.
d) Lo pondrá en conocimiento de su autor, concediéndole un plazo de diez días para cumplimentarlo.

32. Señala la respuesta incorrecta. En la iniciación del procedimiento administrativo a instancia de parte, la solicitud que se formule deberá contener, entre otros:

a) Firma del solicitante o acreditación de la autenticidad de su voluntad expresada por cualquier medio.
b) Órgano, centro o unidad administrativa a la que se dirige y su correspondiente código de identificación.
c) Nombre y apellidos del interesado.
d) Teléfono fijo de contacto.

33. Señala cuál de las siguientes no es una medida provisional que se pueda adoptar en el procedimiento administrativo:

a) Retirada de bienes productivos.
b) Intervención de bienes productivos.
c) Depósito de cosa mueble.
d) Embargo de cosas infungibles.

34. En los procedimientos de responsabilidad patrimonial, ¿qué no debe contener la petición?

a) La relación de causalidad entre la lesión producida y el funcionamiento del servicio público.
b) La lesión producida en una persona o grupo de personas.
c) Su evaluación económica, en todo caso.
d) El momento en que la lesión se produjo.

35. La presentación de una denuncia:

a) No confiere, por sí sola, la condición de interesado en el procedimiento.
b) Confiere, por sí sola, la condición de interesado en el procedimiento.
c) Confiere, por sí sola, capacidad de obrar al interesado en el procedimiento.
d) Confiere, por sí sola, capacidad jurídica al interesado en el procedimiento.

36. En los procedimientos de naturaleza sancionadora:

a) Solo hay una fase sancionadora.
b) Deberá separarse la fase instructora y la sancionadora.
c) La fase instructora y la sancionadora se practican juntas.
d) Se separan las fases preliminar, instructora, mediadora y sancionadora.

37. Quienes se relacionen con las Administraciones Públicas a través de medios electrónicos, tendrán derecho a consultar la información:

a) En el Punto Electrónico de Información de la Administración.
b) En el Punto de Acceso Telemático de la Administración.
c) En el Punto Neutro de la Administración.
d) En el Punto de Acceso General electrónico de la Administración.

38. En caso de que el interesado en el procedimiento administrativo, excepcionalmente, deban presentar un documento original, tendrán derecho:

a) A obtener una copia autenticada de este.
b) A que se queden con una copia y le devuelvan el original.
c) No tendrá derecho alguno a copia.
d) A obtener una fotocopia de este.

39. El interesado en el procedimiento administrativo, ¿tiene derecho a identificar a las autoridades y al personal al servicio de las Administraciones Públicas bajo cuya responsabilidad se tramiten los procedimientos?

a) No.
b) Sí.
c) Solo en los procedimientos declarativos.
d) Solo en los procedimientos sancionadores.

40. Los procedimientos podrán iniciarse:

a) De oficio en todo caso.
b) A solicitud del interesado, siempre.
c) Por querella del tercero no interesado.
d) De oficio o a solicitud del interesado.

41. Iniciado el procedimiento, el órgano administrativo competente podrá adoptar medidas provisionales:

a) Siempre de oficio.
b) De oficio o a instancia de parte y de forma motivada.
c) Siempre a instancia de parte, de forma motivada.
d) Sin necesidad de motivarlas.

42. Señala cuál de las siguientes no es una medida provisional que se pueda adoptar en el procedimiento administrativo:

a) Intervención de bienes improductivos.
b) Consignación de depósito de las cantidades que se reclamen.
c) La retención de ingresos a cuenta que deban abonar las Administraciones Públicas.
d) Retención de cosa mueble.

43. Señala la respuesta incorrecta. En el caso de procedimientos de naturaleza sancionadora, las actuaciones previas se orientarán a:

a) Determinar la sanción que recaerá en la resolución final.
b) Determinar, con la mayor precisión posible, los hechos susceptibles de motivar la incoación del procedimiento.
c) La identificación de la persona o personas que pudieran resultar responsables.
d) Las circunstancias relevantes que concurran en los hechos o las personas responsables.

44. En el ámbito administrativo, ¿en los términos previstos en qué ley podrán acordarse medidas provisionales?

a) En la Ley de responsabilidad Civil.
b) En la Ley de Expropiación Forzosa.
c) En la Ley de Enjuiciamiento Civil.
d) En la Ley de Enjuiciamiento Criminal.

45. La intervención y depósito de ingresos obtenidos mediante una actividad que se considere ilícita y cuya prohibición o cesación se pretenda, puede imponerse:

a) No podrá imponerse en el ámbito administrativo.
b) Como medida provisional.
c) Como medida preliminar.
d) Como medida definitiva.

46. No se podrán adoptar medidas provisionales:

a) Que puedan causar perjuicio de difícil o imposible reparación a los interesados.
b) Que no impliquen violación de derechos.
c) Que no causen perjuicio o pueda ser reparable.
d) Que puedan causar perjuicio reparable.

47. El órgano administrativo que inicie o tramite un procedimiento, cualquiera que haya sido la forma de su iniciación, podrá disponer su acumulación a otros con los que guarde identidad sustancial o íntima conexión:

a) En todo caso.
b) Siempre que sea diferente el órgano que deba tramitar el procedimiento del que deba resolverlo.

145

c) Siempre que sea el mismo órgano quien deba tramitar y resolver el procedimiento.

d) Siempre que así se prevea expresamente en la norma que regula ese procedimiento, con independencia de que sean los mismos o diferentes los órganos que instruyan y resuelvan.

48. ¿Cómo se denomina la propuesta de iniciación del procedimiento formulada por cualquier órgano administrativo que no tiene competencia para iniciar el mismo y que ha tenido conocimiento de las circunstancias, conductas o hechos objeto del procedimiento, bien ocasionalmente o bien por tener atribuidas funciones de inspección, averiguación o investigación?

a) Inicio del procedimiento por petición razonada de otro órgano.
b) Inicio del procedimiento por petición fundada de otro órgano.
c) Inicio del procedimiento por petición motivada de otro órgano.
d) Inicio del procedimiento por petición consensuada de otro órgano.

49. Señala la respuesta incorrecta. En los procedimientos de naturaleza sancionadora, las peticiones razonadas de iniciación por otro órgano deberán especificar:

a) La persona o personas presuntamente responsables.
b) Las conductas o hechos que pudieran constituir infracción administrativa y su tipificación.
c) La cuantía exacta de la multa a imponer.
d) El lugar, la fecha, fechas o período de tiempo continuado en que los hechos se produjeron.

50. En los procedimientos de naturaleza sancionadora:

a) Se encomiendan a órganos distintos la fase instructora y la sancionadora.
b) Un solo órgano instruye y sanciona.
c) Se encomiendan a órganos distintos la fase instructora, la sancionadora y la de revisión.
d) Al haber una sola fase, solo existe un órgano competente.

51. La acumulación de un procedimiento con otros con los que guarde identidad sustancial o íntima conexión se llevará a cabo:

a) Siempre de oficio.
b) A instancia de parte, salvo en los procedimientos sancionadores, que se hará solo de oficio.
c) A instancia de parte, en todo caso.
d) De oficio o a instancia de parte.

52. La petición de inicio del procedimiento por petición razonada de otro órgano:

a) Vincula al órgano competente para iniciar el procedimiento.
b) No vincula al órgano competente para iniciar el procedimiento.

c) Vincula al órgano competente para resolver el procedimiento.

d) No es posible esta forma de iniciar el procedimiento administrativo.

53. Señala la opción incorrecta. En la iniciación del procedimiento administrativo mediante denuncia, esta deberá expresar en todo caso:

a) La identidad de la persona que la presentan.

b) El relato de los hechos que se ponen en conocimiento de la Administración.

c) La identidad de la persona responsable.

d) Si la presentan un grupo de personas, la identidad de todas las personas que la presentan.

54. ¿Podrá imponerse una sanción sin que se haya tramitado el oportuno procedimiento administrativo sancionador?

a) Sí.

b) En ningún caso.

c) No, salvo excepciones.

d) Sí, salvo excepciones.

55. ¿Cómo denomina la Ley 39/2015 al documento suscrito por un interesado en el que este manifiesta, bajo su responsabilidad, que cumple con los requisitos establecidos en la normativa vigente para obtener el reconocimiento de un derecho o facultad o para su ejercicio, que dispone de la documentación que así lo acredita, que la pondrá a disposición de la Administración cuando le sea requerida, y que se compromete a mantener el cumplimiento de las anteriores obligaciones durante el período de tiempo inherente a dicho reconocimiento o ejercicio?

a) Declaración jurada.

b) Declaración responsable.

c) Comunicación.

d) Declaración *apud acta*.

56. Señala la respuesta incorrecta. El acuerdo de iniciación del procedimiento sancionador ha de contener, entre otros:

a) Identificación del instructor del procedimiento.

b) Identificación del Secretario del procedimiento.

c) Identificación de la persona o personas presuntamente responsables.

d) Medidas de carácter provisional que se hayan acordado por el órgano competente para resolver el procedimiento sancionador.

57. En el procedimiento sancionador, ¿cuándo se podrá realizar la calificación de los hechos en una fase posterior al acuerdo de iniciación?

a) Como regla general, siempre que lo determine el instructor.

b) Excepcionalmente, cuando en el momento de dictar el acuerdo de iniciación no existan elementos suficientes para identificar a todos los presuntos responsables.

c) Siempre.

d) Excepcionalmente, cuando en el momento de dictar el acuerdo de iniciación no existan elementos suficientes para la calificación inicial de los hechos que motivan la incoación del procedimiento.

58. Cuando las Administraciones Públicas decidan iniciar de oficio un procedimiento de responsabilidad patrimonial será necesario:

a) Que no haya prescrito el derecho a la reclamación del interesado.

b) Que no haya caducado el derecho a la reclamación del interesado.

c) Que no haya prescrito la sanción aplicable a dicho procedimiento.

d) Que no haya prescrito el hecho constitutivo de sanción.

59. Cuando las pretensiones correspondientes a una pluralidad de personas tengan un contenido y fundamento idéntico o sustancialmente similar:

a) Deberán ser formuladas en distintas solicitudes.

b) Podrán ser formuladas en una única solicitud, salvo que la norma disponga lo contrario.

c) Nunca podrán ser formuladas en una única solicitud.

d) El instructor decidirá si se pueden presentar en una o varias solicitudes.

60. ¿Cómo se denomina a la posibilidad de que el órgano administrativo que inicie o tramite un procedimiento administrativo disponga, de oficio o a instancia de parte, que se tramite junto a otros con los que guarde identidad sustancial o íntima conexión?

a) Reunificación.

b) Unificación.

c) Tramitación solidaria.

d) Acumulación.

61. La petición de inicio del procedimiento por petición razonada de otro órgano no vincula al órgano competente para iniciar el procedimiento, pero deberá:

a) Remitir el expediente al órgano que hubiera formulado la petición.

b) Comunicar al órgano que hubiera formulado la petición, los motivos por los que no procede la iniciación.

c) Remitir el expediente al órgano que hubiera formulado la petición, motivando la remisión.

d) Archivar la petición.

62. Cuando la Administración en un procedimiento concreto establezca expresamente modelos específicos de presentación de solicitudes:

a) Serán de uso potestativo por los interesados.
b) Serán de uso obligatorio por los interesados.
c) Son facilitados por la Administración, con carácter orientativo para el administrado.
d) Pueden presentarse en modelo diferente, siempre y cuando se hagan constar los datos exigidos por la norma.

63. Cuando el administrado se relacione con las Administraciones Públicas a través de medios electrónicos, se entenderá cumplida la obligación de la Administración de facilitar copias de los documentos contenidos en los procedimientos, mediante la puesta a disposición de las mismas:

a) En el Punto de Acceso General electrónico de la Administración competente.
b) En la sede física de la Administración competente.
c) En el Punto Neutro General de la Administración Pública.
d) En el Punto General Electrónico de la Administración Pública.

64. Los interesados en el procedimiento administrativo tienen derecho:

a) A actuar asistido de asesor cuando lo consideren conveniente en defensa de sus intereses.
b) A obtener fotocopia del documento original que ha de presentar siempre.
c) A conocer el órgano competente para resolver, antes de iniciar el procedimiento.
c) A conocer el órgano competente para instruir, antes de iniciar el procedimiento.

65. ¿Cuándo puede el órgano competente para iniciar o instruir el procedimiento, adoptar de forma motivada las medidas provisionales que resulten convenientes?

a) Al finalizar el procedimiento administrativo.
b) De instancia de parte en todo caso, y antes de la iniciación del procedimiento administrativo.
c) Antes de la iniciación del procedimiento administrativo.
d) De oficio en todo caso, y antes de la iniciación del procedimiento administrativo.

66. ¿Pueden las medidas provisionales ser alzadas o modificadas durante la tramitación del procedimiento?

a) Sí, de oficio, en virtud de circunstancias que pudieron ser tenidas en cuenta en el momento de su adopción.
b) Sí, a instancia de parte, en virtud de circunstancias que pudieron ser tenidas en cuenta en el momento de su adopción.
c) Sí, de oficio o a instancia de parte, en virtud de circunstancias ya existentes que pudieron ser tenidas en cuenta en el momento de su adopción.
d) Sí, de oficio o a instancia de parte, en virtud de circunstancias sobrevenidas o que no pudieron ser tenidas en cuenta en el momento de su adopción.

67. Señala la respuesta incorrecta. El acuerdo de iniciación del procedimiento sancionador, ha de contener, entre otros:

a) Expresa indicación del régimen de recusación de los presuntos responsables.

b) Órgano competente para la resolución del procedimiento.

c) La posible calificación de los hechos y las sanciones que pudieran corresponder, sin perjuicio de lo que resulte de la instrucción.

d) Los hechos que motivan la incoación del procedimiento.

68. ¿Qué harán las Administraciones Públicas si alguno de los sujetos que están obligados a relacionarse electrónicamente con las Administraciones Públicas presenta su solicitud presencialmente?

a) Inadmitirán la solicitud por defecto de forma.

b) Requerirán al interesado para que la subsane a través de su presentación electrónica.

c) Requerirán al interesado para que la subsane a través de su presentación presencial.

d) Admitirán la presentación presencial, advirtiéndole de que el resto de los trámites deberán hacerse telemáticamente.

69. ¿Cómo denomina la Ley 39/2015 al documento mediante el que los interesados ponen en conocimiento de la Administración Pública competente sus datos identificativos o cualquier otro dato relevante para el inicio de una actividad o el ejercicio de un derecho?

a) *Apud acta*.

b) *Poder in legis*.

c) Declaración responsable.

d) Comunicación.

70. ¿Cuándo se considerará que un órgano es competente para iniciar el procedimiento administrativo?

a) Cuando a él vaya dirigida la denuncia del interesado.

b) Cuando así lo determine el órgano superior.

c) Cuando así lo disponga la resolución de inhibición.

d) Cuando así lo determinen las normas reguladoras del procedimiento.

71. La inexactitud, falsedad u omisión, de carácter esencial, de cualquier dato o información que se incorpore a una declaración responsable, ¿qué consecuencias conllevará?

a) La imposibilidad de continuar con el ejercicio del derecho o actividad afectada.

b) La subsanación, durante el periodo establecido por la Administración, de dicha inexactitud.

c) La posibilidad de presentar la documentación omitida.

d) El archivo del procedimiento si no se subsana en tiempo.

72. Cuando en virtud de una norma sea preciso remitir el expediente electrónico, se hará de acuerdo con lo previsto en el Esquema Nacional de Interoperabilidad y en las correspondientes Normas Técnicas de Interoperabilidad, y se enviará:

a) Completo y en un solo archivo firmado digitalmente por el órgano emisor.

b) Completo, firmado y acompañado de un índice de los documentos que contenga.

c) Completo y acompañado de un índice de los documentos que contenga.

d) Completo, foliado, autentificado y acompañado de un índice, asimismo autentificado, de los documentos que contenga.

73. Señala la respuesta incorrecta. El acuerdo de iniciación del procedimiento sancionador ha de contener, entre otros:

a) Norma que le atribuya la competencia para resolver al órgano competente.

b) Indicación de que, en caso de no efectuar alegaciones en el plazo previsto sobre el contenido del acuerdo de iniciación, este podrá ser considerado propuesta de resolución aun cuando no contenga un pronunciamiento preciso acerca de la responsabilidad imputada.

c) Indicación del derecho a formular alegaciones.

d) Ha de recoger la posibilidad de que el presunto responsable pueda reconocer voluntariamente su responsabilidad.

74. En el procedimiento sancionador, cuando se realice la calificación de los hechos en una fase posterior al acuerdo de iniciación, esta se llevará a cabo mediante la elaboración de:

a) Un Pliego de cargos.

b) Una Propuesta de sanción.

c) Un Pliego de sanciones.

d) Una Proposición de responsabilidades.

75. Cuando las Administraciones Públicas requieran, para la presentación telemática, a alguno de los sujetos que están obligados a relacionarse electrónicamente con ellas y que hubieran presentado su solicitud presencialmente, ¿cuál será la fecha en la que se considerará presentada la solicitud?

a) La fecha en que se le haya requerido para la subsanación.

b) La fecha en que se hizo la primera presentación presencial.

c) La fecha en que se presentó inicialmente.

d) La fecha en la que haya sido realizada la subsanación.

Solución al test n.º 11

1. c) En cualquier momento.

2. a) Dentro de los quince días siguientes a su adopción, pudiendo ser recurrido.

3. d) Quedarán sin efecto.

4. c) Siempre de oficio.

5. d) Se le dará un plazo de diez días para que subsane la falta o acompañe los documentos preceptivos.

6. a) No.

7. d) Suspensión definitiva de actividades.

8. b) A formular alegaciones, a utilizar los medios de defensa admitidos por el Ordenamiento Jurídico, y a aportar documentos en cualquier fase del procedimiento anterior al trámite de audiencia.

9. c) No cabe recurso alguno.

10. b) Por acuerdo del órgano competente, bien por propia iniciativa o como consecuencia de orden superior, a petición razonada de otros órganos o por denuncia.

11. a) La no iniciación del procedimiento deberá ser motivada y se notificará a los denunciantes la decisión de si se ha iniciado o no el procedimiento.

12. d) Cuando no haya prescrito su derecho a reclamar.

13. a) Hasta cinco días.

14. c) A ser informado de sus derechos procesales penales.

15. b) Nunca.

16. a) Por el órgano administrativo competente para resolver.

17. c) Al año a contar desde la curación o la determinación del alcance de las secuelas.

18. d) El conjunto ordenado de documentos y actuaciones que sirven de antecedente y fundamento a la resolución administrativa, así como las diligencias encaminadas a ejecutarla.

19. a) Principio de simplificación administrativa.

20. c) 10 días.

21. b) Nombre y sexo del interesado.

22. b) No, como regla general.

23. a) A conocer el sentido del silencio administrativo que corresponda.

24. a) Período de información o actuaciones previas.

25. c) Cierre definitivo del establecimiento por razones de sanidad, higiene o seguridad.

26. b) Durante la tramitación del procedimiento.

27. a) Cuando surta efectos la resolución administrativa que ponga fin al procedimiento correspondiente.

28. c) Denuncia.

29. c) A partir del día siguiente al de la notificación del correspondiente acto.

30. b) Proporcionalidad, efectividad y menor onerosidad.

31. d) Lo pondrá en conocimiento de su autor, concediéndole un plazo de diez días para cumplimentarlo.

32. d) Teléfono fijo de contacto.

33. d) Embargo de cosas infungibles.

34. c) Su evaluación económica, en todo caso.

35. a) No confiere, por sí sola, la condición de interesado en el procedimiento.

36. b) Deberá separarse la fase instructora y la sancionadora.

37. d) En el Punto de Acceso General electrónico de la Administración.

38. a) A obtener una copia autenticada de este.

39. b) Sí.

40. d) De oficio o a solicitud del interesado.

41. b) De oficio o a instancia de parte y de forma motivada.

42. a) Intervención de bienes improductivos.

43. a) Determinar la sanción que recaerá en la resolución final.

44. c) En la Ley de Enjuiciamiento Civil.

45. b) Como medida provisional.

46. a) Que puedan causar perjuicio de difícil o imposible reparación a los interesados.

47. c) Siempre que sea el mismo órgano quien deba tramitar y resolver el procedimiento.

48. a) Inicio del procedimiento por petición razonada de otro órgano.

49. c) La cuantía exacta de la multa a imponer.

50. a) Se encomiendan a órganos distintos la fase instructora y la sancionadora.

51. d) De oficio o a instancia de parte.

52. b) No vincula al órgano competente para iniciar el procedimiento.

53. c) La identidad de la persona responsable.

54. b) En ningún caso.

55. b) Declaración responsable.

56. d) Medidas de carácter provisional que se hayan acordado por el órgano competente para resolver el procedimiento sancionador.

57. d) Excepcionalmente, cuando en el momento de dictar el acuerdo de iniciación no existan elementos suficientes para la calificación inicial de los hechos que motivan la incoación del procedimiento.

58. a) Que no haya prescrito el derecho a la reclamación del interesado.

59. b) Podrán ser formuladas en una única solicitud, salvo que la norma disponga lo contrario.

60. d) Acumulación.

61. b) Comunicar al órgano que hubiera formulado la petición, los motivos por los que no procede la iniciación.

62. b) Serán de uso obligatorio por los interesados.

63. a) En el Punto de Acceso General electrónico de la Administración competente.

64. a) A actuar asistido de asesor cuando lo consideren conveniente en defensa de sus intereses.

65. c) Antes de la iniciación del procedimiento administrativo.

66. d) Sí, de oficio o a instancia de parte, en virtud de circunstancias sobrevenidas o que no pudieron ser tenidas en cuenta en el momento de su adopción.

67. a) Expresa indicación del régimen de recusación de los presuntos responsables.

68. b) Requerirán al interesado para que la subsane a través de su presentación electrónica.

69. d) Comunicación.

70. d) Cuando así lo determinen las normas reguladoras del procedimiento.

71. a) La imposibilidad de continuar con el ejercicio del derecho o actividad afectada.

72. d) Completo, foliado, autentificado y acompañado de un índice, asimismo autentificado, de los documentos que contenga.

73. b) Indicación de que, en caso de no efectuar alegaciones en el plazo previsto sobre el contenido del acuerdo de iniciación, este podrá ser considerado propuesta de resolución aun cuando no contenga un pronunciamiento preciso acerca de la responsabilidad imputada.

74. a) Un Pliego de cargos.

75. d) La fecha en la que haya sido realizada la subsanación.

TEST N.º 12

Procedimiento Administrativo (IV). Ley 39/2015, de 1 de octubre, del Procedimiento Administrativo común de las Administraciones Públicas. Instrucción del procedimiento (artículos 75 a 83). Finalización del procedimiento (artículos 84 a 95)

1. Con carácter general, los actos de instrucción necesarios para la determinación, conocimiento y comprobación de los hechos en virtud de los cuales deba pronunciarse la resolución, se realizarán, por el órgano que tramite el procedimiento:

a) A instancia de parte y a través de medios electrónicos.

b) De oficio y a través de medios electrónicos.

c) De oficio o a instancia de parte y a través de cualquier medio que deje constancia de la resolución.

d) Siempre de oficio y a través del medio que elija el administrado.

2. En cualquier caso, el órgano instructor durante los actos de instrucción, adoptará las medidas necesarias para lograr el pleno respeto a los principios de:

a) Legalidad y proporcionalidad.

b) Eficacia y eficiencia durante la instrucción.

c) Contradicción y de igualdad de los interesados en el procedimiento.

d) Proporcionalidad e igualdad de los interesados en el procedimiento.

3. ¿Transcurrido cuánto tiempo sin que el particular requerido realice las actividades necesarias para reanudar la tramitación, la Administración acordará el archivo de las actuaciones, notificándoselo al interesado?

a) Treinta días.

b) Tres meses.

c) Seis meses.

d) Doce meses.

4. ¿En qué momento del procedimiento podrán los interesados aducir alegaciones y aportar documentos u otros elementos de juicio?

a) En cualquier momento del procedimiento, en virtud del principio de flexibilidad.
b) En cualquier momento del procedimiento anterior al trámite de audiencia.
c) Únicamente en la fase de alegaciones.
d) Durante la fase de alegaciones y el trámite de audiencia.

5. ¿Cuándo podrán los interesados alegar los defectos de tramitación, como los que supongan paralización, infracción de los plazos preceptivamente señalados o la omisión de trámites que pueden ser subsanados antes de la resolución definitiva del asunto?

a) En cualquier momento.
b) Únicamente durante el periodo de prueba.
c) En cualquier momento del procedimiento anterior al trámite de audiencia.
d) Siempre durante el periodo de emisión de informes.

6. En el caso de reclamaciones en materia de responsabilidad patrimonial del Estado por el funcionamiento anormal de la Administración de Justicia, el plazo para dictar resolución quedará suspendido por el tiempo que medie entre la solicitud, del informe y su recepción, no pudiendo exceder dicho plazo de:

a) Tres meses.
b) Dos meses.
c) Un mes.
d) Veinte días naturales.

7. Cuando la Administración no tenga por ciertos los hechos alegados por los interesados o la naturaleza del procedimiento lo exija, el instructor del mismo, a fin de que puedan practicarse cuantas pruebas juzgue pertinentes, acordará la apertura de un período de prueba:

a) Por un plazo no superior a treinta días ni inferior a diez.
b) Por un plazo no superior a treinta días ni inferior a quince.
c) Por un plazo no superior a veinte días ni inferior a siete.
d) Por un plazo no superior a veinte días ni inferior a cinco.

8. Cuando lo considere necesario, el instructor del procedimiento, a petición de los interesados, podrá decidir la apertura de un período extraordinario de prueba:

a) Por un plazo no superior a treinta días.
b) Por un plazo no superior a veinte días.
c) Por un plazo no superior a quince días.
d) Por un plazo no superior a diez días.

9. Los hechos relevantes para la decisión de un procedimiento podrán acreditarse por cualquier medio de prueba admisible en Derecho, cuya valoración se realizará de acuerdo con los criterios establecidos en:

a) El Real decreto de 14 de septiembre de 1882 por el que se aprueba la Ley de Enjuiciamiento Criminal.
b) La Ley 40/2015, de 1 de octubre, de Régimen Jurídico del Sector Público.
c) La Ley 1/2000, de 7 de enero, de Enjuiciamiento Civil.
d) La Ley 7/1985, de 2 de abril, reguladora de las Bases del Régimen Local.

10. ¿Cuándo establece el art. 78.1 de la Ley 39/2015, de 1 de octubre, que la Administración comunicará a los interesados el inicio de las actuaciones necesarias para la realización de las pruebas que hayan sido admitidas?

a) Con una antelación mínima de treinta días.
b) Con una antelación mínima de veinte días.
c) Con una antelación mínima de quince días.
d) Con antelación suficiente.

11. Salvo disposición expresa en contrario, los informes serán:

a) Obligatorios y vinculantes.
b) Obligatorios pero no vinculantes.
c) Facultativos y no vinculantes.
d) Facultativos y vinculantes.

12. Salvo que una disposición o el cumplimiento del resto de los plazos del procedimiento permita o exija otro plazo mayor o menor, los informes serán emitidos:

a) A través de cualquier medio que permita su constancia y en el plazo de veinte días.
b) A través de cualquier medio que permita su constancia y en el plazo de diez días.
c) A través de medios electrónicos y en el plazo de veinte días.
d) A través de medios electrónicos y en el plazo de diez días.

13. En el procedimiento administrativo, las actuaciones complementarias deberán practicarse en un plazo:

a) No superior a quince días.
b) No inferior a quince días.
c) No superior a veinte días.
d) De entre diez y veinte días.

14. En el caso de los procedimientos de responsabilidad patrimonial será preceptivo solicitar informe al servicio cuyo funcionamiento haya ocasionado la presunta lesión indemnizable:

a) No pudiendo exceder de treinta días el plazo de su emisión.
b) No pudiendo exceder de veinte días el plazo de su emisión.

c) No pudiendo exceder de quince días el plazo de su emisión.
d) No pudiendo exceder de diez días el plazo de su emisión.

15. Será preceptivo solicitar dictamen del Consejo de Estado o, en su caso, del órgano consultivo de la Comunidad Autónoma, cuando las indemnizaciones reclamadas sean:

a) De cuantía igual o superior a 50.000 euros o a la que se establezca en la correspondiente legislación autonómica.
b) De cuantía igual o superior a 36.000 euros o a la que se establezca en la correspondiente legislación autonómica.
c) De cuantía igual o superior a 30.000 euros o a la que se establezca en la correspondiente legislación autonómica.
d) De cuantía igual o superior a 25.000 euros o a la que se establezca en la correspondiente legislación autonómica.

16. ¿De quién será preceptivo su informe en el caso de reclamaciones en materia de responsabilidad patrimonial del Estado por el funcionamiento anormal de la Administración de Justicia?

a) Del Ministro de Hacienda.
b) Del Ministro de Justicia.
c) Del Consejo General del Poder Judicial.
d) Del Consejo de Estado.

17. ¿En qué plazo máximo será evacuado el informe por el órgano preceptivo en el caso de reclamaciones en materia de responsabilidad patrimonial del Estado por el funcionamiento anormal de la Administración de Justicia?

a) Tres meses.
b) Dos meses.
c) Un mes.
d) Veinte días naturales.

18. ¿Pueden dar lugar las alegaciones que presenten los interesados por defectos de tramitación que supongan paralización, infracción de los plazos preceptivamente señalados o la omisión de trámites, a algún tipo de responsabilidad?

a) No.
b) Sí, a responsabilidad penal.
c) Sí, a responsabilidad disciplinaria.
d) Sí, a responsabilidad penal y disciplinaria.

19. Durante el trámite de audiencia, los interesados podrán alegar y presentar los documentos y justificaciones que estimen pertinentes, en un plazo:

a) No superior a treinta días.
b) No superior a veinte días.
c) No inferior a diez días ni superior a quince.
d) No inferior a siete días ni superior a veinte.

20. ¿A quién corresponde establecer los órganos a quien atañe la resolución de los procedimientos de responsabilidad patrimonial en el caso de las Entidades de Derecho Público?

a) Al Consejo de Ministros.
b) Al Ministerio de Hacienda.
c) A quien determinen las normas de su régimen jurídico.
d) A los órganos correspondientes de las Entidades que integran la Administración Local de donde radiquen.

21. Con respecto a la información pública:

a) El órgano al que corresponda la instrucción del procedimiento, cuando la naturaleza de este lo requiera, podrá acordar un período de información pública.
b) El período de información pública se publicará mediante un anuncio en un diario de la localidad a fin de que cualquier persona física o jurídica pueda examinar el expediente, o la parte del mismo que se acuerde.
c) La incomparecencia en este trámite impedirá a los interesados interponer los recursos procedentes contra la resolución definitiva del procedimiento.
d) El anuncio señalará el lugar de exhibición, debiendo estar en todo caso a disposición de las personas que lo soliciten a través de medios electrónicos en la sede electrónica correspondiente, y determinará el plazo para formular alegaciones.

22. El plazo para formular alegaciones previsto en el trámite de información pública, en ningún caso podrá ser inferior a:

a) Treinta días.
b) Veinte días.
c) Quince días.
d) Diez días.

23. La resolución de un procedimiento administrativo:

a) Ha de limitarse a lo solicitado por el interesado.
b) No puede conceder más de lo pedido.
c) No puede conceder otra cosa de lo solicitado.
d) Debe resolver lo solicitado y cuanto se derive del propio expediente.

24. La audiencia al interesado es:

a) Potestativa siempre.
b) Obligatoria en todo caso.
c) Obligatoria en ocasiones.
d) Puede no darse en determinados supuestos tasados.

25. Los gastos de la práctica de las pruebas corren a cargo:

a) Del interesado.
b) Del interesado y de la Administración Pública, según los casos.
c) De la Administración Pública.
d) Se reparten proporcionalmente.

26. Cuando la sanción tenga únicamente carácter pecuniario o bien quepa imponer una sanción pecuniaria y otra de carácter no pecuniario pero se ha justificado la improcedencia de la segunda, el pago voluntario por el presunto responsable, en cualquier momento anterior a la resolución, implicará la terminación del procedimiento, salvo en lo relativo a la reposición de la situación alterada o a la determinación de la indemnización por los daños y perjuicios causados por la comisión de la infracción. En ambos casos, cuando la sanción tenga únicamente carácter pecuniario, el órgano competente para resolver el procedimiento aplicará reducciones de:

a) Al menos, el 20% sobre el importe de la sanción propuesta.
b) Al menos, el 25% sobre el importe de la sanción propuesta.
c) Como máximo, el 30% sobre el importe de la sanción propuesta.
d) Como máximo, el 50% sobre el importe de la sanción propuesta.

27. ¿Podrá ser incrementado el porcentaje de reducción previsto en la Ley 39/2015, de 1 de octubre, para las sanciones pecuniarias?

a) En ningún caso.
b) Sí, mediante ley.
c) Sí, mediante reglamento.
d) Sí, con el visto bueno del Ministerio de Hacienda.

28. El acuerdo de realización de actuaciones complementarias se notificará a los interesados, concediéndoseles un plazo para formular las alegaciones que tengan por pertinentes tras la finalización de las mismas, de:

a) Veinte días.
b) Quince días.
c) Diez días.
d) Siete días.

29. A tenor del art. 80.4 de la Ley 39/2015, de 1 de octubre, el informe emitido fuera de plazo:

a) No será tenido en cuenta al adoptar la correspondiente resolución.

b) Podrá no ser tenido en cuenta al adoptar la correspondiente resolución.

c) Deberá ser tenido en cuenta al adoptar la correspondiente resolución.

d) Siempre, los informes emitidos fuera de plazo, y salvo que en un Juzgado de lo Contencioso-Administrativo determine lo contrario, no se tendrá en cuenta para adoptar la oportuna resolución.

30. A tenor del art. 100 de la Ley 39/2015, de 1 de octubre, la ejecución forzosa por las Administraciones Públicas se efectuará, respetando siempre el principio de:

a) Legalidad.

b) Lesividad.

c) Subsidiariedad.

d) Proporcionalidad.

31. ¿Transcurrido qué plazo desde que se inició el procedimiento en materia de responsabilidad patrimonial sin que haya recaído y se notifique resolución expresa o, en su caso, se haya formalizado el acuerdo, podrá entenderse que la resolución es contraria a la indemnización del particular?

a) Un mes.

b) Tres meses.

c) Cinco meses.

d) Seis meses.

32. En el ámbito de la Administración General del Estado, los procedimientos de responsabilidad patrimonial se resolverán por:

a) El Presidente del Gobierno.

b) El Ministro respectivo o por el Consejo de Ministros, previo informe favorable del Ministerio de Hacienda.

c) El Ministro respectivo o por el Consejo de Ministros en los casos del artículo 32.3 de la Ley de Régimen Jurídico del Sector Público o cuando una ley así lo disponga.

d) El Ministro respectivo o por el Consejo de Ministros en los casos del artículo 32.3 de la Ley de Régimen Jurídico del Sector Público o cuando una ley así lo disponga, previo informe favorable del Consejo de Estado.

33. ¿Cuándo se podrá prescindir del trámite de audiencia?

a) Cuando así lo declare expresamente la Administración.

b) Únicamente en los procedimientos de responsabilidad patrimonial a los que se refiere el artículo 32.9 de la Ley de Régimen Jurídico del Sector Público.

c) Cuando no figuren en el procedimiento ni sean tenidos en cuenta en la resolución otros hechos ni otras alegaciones y pruebas que las aducidas por el interesado.

d) Siempre será necesario agotar los tiempos previstos para el trámite de audiencia, de lo contrario podría dar lugar a la anulación de lo actuado.

34. Señala la respuesta incorrecta respecto al desistimiento y la renuncia:

a) Si el escrito de iniciación se hubiera formulado por dos o más interesados, el desistimiento o la renuncia efectuada por uno de ellos afectará a todos los demás.

b) Todo interesado podrá desistir de su solicitud o, cuando ello no esté prohibido por el ordenamiento jurídico, renunciar a sus derechos.

c) Tanto el desistimiento como la renuncia podrán hacerse por cualquier medio que permita su constancia, siempre que incorpore las firmas que correspondan de acuerdo con lo previsto en la normativa aplicable.

d) Si la cuestión suscitada por la incoación del procedimiento entrañase interés general o fuera conveniente sustanciarla para su definición y esclarecimiento, la Administración podrá limitar los efectos del desistimiento o la renuncia al interesado y seguirá el procedimiento.

35. La Administración aceptará de plano el desistimiento o la renuncia, y declarará concluso el procedimiento salvo que, habiéndose personado en el mismo terceros interesados, instasen estos su continuación:

a) En el plazo de diez días desde que fueron notificados del desistimiento o renuncia.

b) En el plazo de quince días desde que fueron notificados del desistimiento o renuncia.

c) En el plazo de veinte días desde que fueron notificados del desistimiento o renuncia.

d) En el plazo de un mes desde que fueron notificados del desistimiento o renuncia.

36. En los procedimientos iniciados a solicitud del interesado, cuando se produzca su paralización por causa imputable al mismo, la Administración le advertirá que se producirá la caducidad del procedimiento, transcurridos:

a) Treinta días.

b) Tres meses.

c) Seis meses.

d) Doce meses.

37. Los actos de instrucción que requieran la intervención de los interesados habrán de practicarse en la forma que resulte más conveniente para ellos y sea compatible, en la medida de lo posible, con sus obligaciones:

a) Administrativas.

b) Personales.

c) Familiares.

d) Laborales o profesionales.

38. La Administración comunicará a los interesados el inicio de las actuaciones necesarias para la realización de las pruebas que hayan sido admitidas:

a) Con 24 horas de antelación.
b) Con 48 horas de antelación.
c) Con 72 horas de antelación.
d) Con antelación suficiente.

39. Si el informe debiera ser emitido por una Administración Pública distinta de las que tramita el procedimiento en orden a expresar el punto de vista correspondiente a sus competencias respectivas, y transcurriera el plazo sin que aquel se hubiera emitido:

a) Se suspenderá el procedimiento.
b) Se podrán proseguir las actuaciones.
c) Se podrá ampliar el plazo para emitir el informe hasta 5 días más.
d) Se podrá ampliar el plazo para emitir el informe hasta 10 días más.

40. En el caso de los procedimientos de responsabilidad patrimonial será:

a) Facultativo solicitar informe al servicio cuyo funcionamiento haya ocasionado la presunta lesión indemnizable, no pudiendo exceder de 10 días el plazo de su emisión.
b) Facultativo solicitar informe al servicio cuyo funcionamiento haya ocasionado la presunta lesión indemnizable, no pudiendo exceder de 5 días el plazo de su emisión.
c) Preceptivo solicitar informe al servicio cuyo funcionamiento haya ocasionado la presunta lesión indemnizable, no pudiendo exceder de 10 días el plazo de su emisión.
d) Preceptivo solicitar informe al servicio cuyo funcionamiento haya ocasionado la presunta lesión indemnizable, no pudiendo exceder de 5 días el plazo de su emisión.

41. El trámite de audiencia se realiza:

a) Inmediatamente antes de redactar la propuesta de resolución.
b) Inmediatamente antes de la información pública.
c) Inmediatamente después de la práctica de la prueba.
d) Inmediatamente después del acuerdo de iniciación del procedimiento.

42. Señala la respuesta incorrecta. Pondrán fin al procedimiento:

a) El desistimiento.
b) La renuncia al derecho en que se funde la solicitud, cuando tal renuncia esté prohibida por el ordenamiento jurídico.
c) La resolución.
d) La declaración de caducidad.

43. La Ley 39/2015, de 1 de octubre, del Procedimiento Administrativo Común de las Administraciones Públicas, en su art. 85 establece, respecto a la terminación en los procedimientos sancionadores, que:

a) Iniciado un procedimiento sancionador, si el infractor reconoce su responsabilidad, se podrá resolver el procedimiento con la imposición de la sanción que proceda.

b) Iniciado un procedimiento sancionador, en todo caso se podrá resolver el procedimiento con la imposición de una sanción.

c) Iniciado un procedimiento sancionador, en ningún caso se podrá resolver el procedimiento con la imposición de una sanción.

d) Iniciado un procedimiento sancionador, aunque el infractor no reconozca su responsabilidad, se podrá resolver el procedimiento con la imposición de la sanción que proceda.

44. Las Administraciones Públicas podrán celebrar acuerdos, pactos, convenios o contratos, con el alcance, efectos y régimen jurídico específico que, en su caso, prevea la disposición que lo regule:

a) No pudiendo tales actos tener la consideración de finalizadores de los procedimientos administrativos o insertarse en los mismos con carácter previo, vinculante o no, a la resolución que les ponga fin.

b) No pudiendo tales actos tener la consideración de finalizadores de los procedimientos administrativos o insertarse en los mismos con carácter posterior, vinculante, a la resolución que les ponga fin.

c) Pudiendo tales actos tener la consideración de finalizadores de los procedimientos administrativos o insertarse en los mismos con carácter previo, vinculante o no, a la resolución que les ponga fin.

d) Pudiendo tales actos tener la consideración de finalizadores de los procedimientos administrativos o insertarse en los mismos con carácter posterior, vinculante, a la resolución que les ponga fin.

45. En ningún caso podrá la Administración abstenerse de resolver so pretexto de silencio, oscuridad o insuficiencia de los preceptos legales aplicables al caso:

a) Aunque podrá acordarse la inadmisión de las solicitudes de reconocimiento de derechos no previstos en el ordenamiento jurídico o manifiestamente carentes de fundamento, sin perjuicio del derecho de petición previsto por el art. 27 de la Constitución.

b) Aunque podrá acordarse la inadmisión de las solicitudes de reconocimiento de derechos no previstos en el ordenamiento jurídico o manifiestamente carentes de fundamento, sin perjuicio del derecho de petición previsto por el art. 29 de la Constitución.

c) Ni podrá acordarse la inadmisión de las solicitudes de reconocimiento de derechos no previstos en el ordenamiento jurídico o manifiestamente carentes de fundamento, sin perjuicio del derecho de petición previsto por el art. 27 de la Constitución.

d) Ni podrá acordarse la inadmisión de las solicitudes de reconocimiento de derechos no previstos en el ordenamiento jurídico o manifiestamente carentes de fundamento, sin perjuicio del derecho de petición previsto por el art. 29 de la Constitución.

46. Los acuerdos, pactos, convenios o contratos que celebren las Administraciones Públicas:

a) Deberán publicarse cuando así se establezcan en los mismos.

b) Deberán publicarse o no según su naturaleza y las personas a las que estuvieran destinados.

c) Deberán publicarse en el Diario Oficial correspondiente en el plazo de 10 días desde su firma.

d) Deberán publicarse en la sede electrónica correspondiente en el plazo de 10 días desde su firma.

47. Respecto de la propuesta de resolución en los procedimientos de carácter sancionador, señala la respuesta incorrecta:

a) La propuesta de resolución deberá indicar la puesta de manifiesto del procedimiento y el plazo para formular alegaciones y presentar los documentos e informaciones que se estimen pertinentes.

b) En el caso de procedimientos de carácter sancionador, una vez concluida la instrucción del procedimiento, el órgano instructor formulará una propuesta de resolución que no se notificará a los interesados.

c) En la propuesta de resolución se fijarán de forma motivada los hechos que se consideren probados y su exacta calificación jurídica, se determinará la infracción que, en su caso, aquellos constituyan, la persona o personas responsables y la sanción que se proponga.

d) En la propuesta de resolución se fijará la valoración de las pruebas practicadas, en especial aquellas que constituyan los fundamentos básicos de la decisión, así como las medidas provisionales que, en su caso, se hubieran adoptado.

48. Cuando la resolución sea ejecutiva, se podrá suspender cautelarmente, si el interesado manifiesta a la Administración su intención de:

a) Interponer recurso contencioso-administrativo contra la resolución firme en vía administrativa.

b) Interponer recurso de alzada contra la resolución firme en vía administrativa.

c) Interponer recurso de alzada contra la resolución que no sea firme en vía administrativa.

d) Interponer recurso contencioso-administrativo contra la resolución que no sea firme en vía administrativa.

49. En el ámbito autonómico y local, los procedimientos de responsabilidad patrimonial se resolverán por:

a) Las asambleas parlamentarias mediante consenso.

b) Los órganos correspondientes de las Comunidades Autónomas o de las Entidades que integran la Administración Local.

c) Los órganos de gobierno si se trata de casos de cuantía elevada.

d) Una comisión especializada creada para la ocasión.

50. En los procedimientos iniciados de oficio:

a) La Administración no podrá desistir en ningún caso del procedimiento.

b) La Administración podrá desistir, sin necesidad de motivación, en los supuestos y con los requisitos previstos en las leyes.

c) La Administración podrá desistir libremente cuando lo considere conveniente.

d) La Administración podrá desistir, motivadamente, en los supuestos y con los requisitos previstos en las leyes.

Solución al test n.º 12

1. b) De oficio y a través de medios electrónicos.

2. c) Contradicción y de igualdad de los interesados en el procedimiento.

3. b) Tres meses.

4. b) En cualquier momento del procedimiento anterior al trámite de audiencia.

5. a) En cualquier momento.

6. b) Dos meses.

7. a) Por un plazo no superior a treinta días ni inferior a diez.

8. d) Por un plazo no superior a diez días.

9. c) La Ley 1/2000, de 7 de enero, de Enjuiciamiento Civil.

10. d) Con antelación suficiente.

11. c) Facultativos y no vinculantes.

12. d) A través de medios electrónicos y en el plazo de diez días.

13. a) No superior a quince días.

14. d) No pudiendo exceder de diez días el plazo de su emisión.

15. a) De cuantía igual o superior a 50.000 euros o a la que se establezca en la correspondiente legislación autonómica.

16. c) Del Consejo General del Poder Judicial.

17. b) Dos meses.

18. c) Sí, a responsabilidad disciplinaria.

19. c) No inferior a diez días ni superior a quince.

20. c) A quien determinen las normas de su régimen jurídico.

21. d) El anuncio señalará el lugar de exhibición, debiendo estar en todo caso a disposición de las personas que lo soliciten a través de medios electrónicos en la sede electrónica correspondiente, y determinará el plazo para formular alegaciones.

22. b) Veinte días.

23. d) Debe resolver lo solicitado y cuanto se derive del propio expediente.

24. d) Puede no darse en determinados supuestos tasados.

25. b) Del interesado y de la Administración Pública, según los casos.

26. a) Al menos, el 20 % sobre el importe de la sanción propuesta.

27. c) Sí, mediante reglamento.

28. d) Siete días.

29. b) Podrá no ser tenido en cuenta al adoptar la correspondiente resolución.

30. d) Proporcionalidad.

31. d) Seis meses.

32. c) El Ministro respectivo o por el Consejo de Ministros en los casos del artículo 32.3 de la Ley de Régimen Jurídico del Sector Público o cuando una ley así lo disponga.

33. c) Cuando no figuren en el procedimiento ni sean tenidos en cuenta en la resolución otros hechos ni otras alegaciones y pruebas que las aducidas por el interesado.

34. a) Si el escrito de iniciación se hubiera formulado por dos o más interesados, el desistimiento o la renuncia efectuada por uno de ellos afectará a todos los demás.

35. a) En el plazo de diez días desde que fueron notificados del desistimiento o renuncia.

36. b) Tres meses.

37. d) Laborales o profesionales.

38. d) Con antelación suficiente.

39. b) Se podrán proseguir las actuaciones.

40. c) Preceptivo solicitar informe al servicio cuyo funcionamiento haya ocasionado la presunta lesión indemnizable, no pudiendo exceder de 10 días el plazo de su emisión.

41. a) Inmediatamente antes de redactar la propuesta de resolución.

42. b) La renuncia al derecho en que se funde la solicitud, cuando tal renuncia esté prohibida por el ordenamiento jurídico.

43. a) Iniciado un procedimiento sancionador, si el infractor reconoce su responsabilidad, se podrá resolver el procedimiento con la imposición de la sanción que proceda.

44. c) Pudiendo tales actos tener la consideración de finalizadores de los procedimientos administrativos o insertarse en los mismos con carácter previo, vinculante o no, a la resolución que les ponga fin.

45. b) Aunque podrá acordarse la inadmisión de las solicitudes de reconocimiento de derechos no previstos en el ordenamiento jurídico o manifiestamente carentes de fundamento, sin perjuicio del derecho de petición previsto por el art. 29 de la Constitución.

46. b) Deberán publicarse o no según su naturaleza y las personas a las que estuvieran destinados.

47. b) En el caso de procedimientos de carácter sancionador, una vez concluida la instrucción del procedimiento, el órgano instructor formulará una propuesta de resolución que no se notificará a los interesados.

48. a) Interponer recurso contencioso-administrativo contra la resolución firme en vía administrativa.

49. b) Los órganos correspondientes de las Comunidades Autónomas o de las Entidades que integran la Administración Local.

50. d) La Administración podrá desistir, motivadamente, en los supuestos y con los requisitos previstos en las leyes.

TEST N.º 13

Procedimiento Administrativo (V). Ejecución (artículos 97 a 105). La revisión de los actos en vía administrativa (artículos 106 a 126)

1. Si fueran varios los medios de ejecución admisibles por las Administraciones Públicas se elegirá:

a) El menos gravoso para el administrado.
b) El más rápido en su ejecución.
c) El menos restrictivo de la libertad individual.
d) El que prefiera el administrado.

2. A la hora de efectuar la ejecución forzosa por parte de las Administraciones Públicas, si fuese necesario entrar en el domicilio del afectado o en los restantes lugares que requieran la autorización de su titular, las Administraciones Públicas deberán:

a) Obtener la oportuna autorización judicial o, en su defecto, el consentimiento del afectado.
b) Obtener el consentimiento del afectado o, en su defecto, la oportuna autorización judicial.
c) Obtener el consentimiento del afectado y la oportuna autorización judicial.
d) Siempre obtener el consentimiento del afectado o de su abogado.

3. Si en virtud de acto administrativo hubiera de satisfacerse cantidad líquida se seguirá el procedimiento previsto en las normas reguladoras de:

a) La ejecución subsidiaria.
b) La multa coercitiva.
c) El procedimiento de apremio.
d) La compulsión sobre las personas.

4. A tenor del art. 104 de la Ley 39/2015, de 1 de octubre, los actos administrativos que impongan una obligación personalísima de no hacer o soportar podrán ser ejecutados por compulsión directa sobre las personas en los casos en que la ley expresamente lo autorice, y dentro siempre de:

a) El respeto debido a la dignidad de las personas y a los derechos reconocidos en la Constitución.

b) El respeto debido a la dignidad de las personas y a los principios de legalidad y proporcionalidad.

c) El respeto debido a la dignidad y libertad de las personas y a los principios de igualdad y proporcionalidad.

d) El respeto debido a la dignidad y libertad de las personas y al principio de eficacia y eficiencia.

5. La revisión de las disposiciones dictadas por las Administraciones Públicas en vía administrativa supone:

a) La anulabilidad de los actos y disposiciones siempre que no hayan sido recurridos en plazo.

b) La estimación de las reclamaciones efectuadas por los particulares cuando haya transcurrido el plazo sin que se hubiera dictado la resolución correspondiente.

c) La declaración de oficio de la nulidad de los actos administrativos que pongan fin a la vía administrativa.

d) La posibilidad de que la nulidad de los actos administrativos sea declarada mediante dictamen del Consejo de Estado u órgano consultivo equivalente de la Comunidad Autónoma.

6. Transcurridos seis meses desde que la Administración inició de oficio el procedimiento de revisión de una disposición administrativa o un acto nulo, sin dictarse resolución, se producirá:

a) La prescripción del derecho del interesado a reclamar.

b) La nulidad *ipso iure* de la disposición o acto.

c) La desestimación de la pretensión ejercitada en el mismo.

d) La caducidad del procedimiento.

7. En los procedimientos de revisión de disposiciones administrativas y actos nulos, no será preceptiva la intervención del Consejo de Estado u órgano equivalente de la Comunidad Autónoma:

a) Cuando la nulidad sea declarada de oficio pero a instancias de interesado.

b) Para acordar motivadamente la inadmisión a trámite de las solicitudes formuladas por los interesados, siempre que no se basen en una nulidad de pleno derecho.

c) En los supuestos en que la nulidad dimane de una vulneración de normas de rango superior.

d) Para acordar motivadamente la inadmisión a trámite de las solicitudes formuladas por los interesados en cualquier caso.

8. Cuando una disposición administrativa haya sido declarada nula, el particular afectado por el acto en cuestión:

a) Tendrá derecho a ser indemnizado, siempre que el daño causado sea efectivo, evaluable, individualizado y no hubiera tenido el deber jurídico de soportarlo.

b) Será indemnizado, si en la resolución que así lo declare se reconoce ese derecho.

c) No será indemnizado en ningún caso, pues subsisten las consecuencias de los actos firmes dictados en aplicación de la misma.

d) Deberá ser indemnizado en todo caso y por el simple hecho de la declaración de nulidad, pues al serle aplicada una norma manifiestamente ilegal, el perjuicio o daño se presume.

9. El plazo para declarar de oficio la nulidad de los actos administrativos que hayan puesto fin a la vía administrativa o que no hayan sido recurridos en su momento oportuno, es:

a) De seis meses.

b) De cuatro años.

c) De cuatro años para los que no hayan sido recurridos en plazo e indefinidamente para los que pongan fin a la vía administrativa.

d) *Sine die*, es decir, no existe plazo alguno para ello.

10. La declaración de lesividad de los actos administrativos favorables a los interesados:

a) Supone la nulidad automática de los mismos, sin necesidad de recabar dictamen del Consejo de Estado u órgano consultivo equivalente de la Comunidad Autónoma.

b) Reconoce el derecho de los particulares a ser indemnizados como consecuencia de los daños y perjuicios que les haya causado la aplicación de los actos declarados nulos.

c) Permite a las Administraciones Públicas impugnar ante la Jurisdicción Contencioso-Administrativa dichos actos.

d) Es la Resolución por la que se declara la anulabilidad de los mismos.

11. Los actos administrativos con defectos de forma pero con los requisitos formales indispensables para alcanzar su fin, sin causar indefensión de los interesados:

a) Serán declarados lesivos para el interés público si ha beneficiado al interesado o interesados.

b) Son anulables, previa declaración de lesividad y el dictamen favorable del Consejo de Estado u órgano consultivo equivalente de la Comunidad Autónoma.

c) Son nulos de pleno derecho.

d) No son anulables, por lo general.

12. La lesividad de un acto administrativo podrá declararse:

a) A los cuatro años desde su dictado.

b) Antes de los seis meses desde que se dictó.

c) Cuatro años después de conocido el vicio que lo invalida.

d) En cualquier momento.

13. El transcurso del plazo previsto para la resolución del procedimiento en el que se declare la lesividad del acto, sin haberse acordado la misma, supone:

a) La anulabilidad del acto administrativo.

b) La nulidad del acto administrativo.

c) La firmeza del acto administrativo.

d) La caducidad del procedimiento administrativo.

14. La competencia para declarar la lesividad de un acto emanado de una entidad de las que integran la Administración Local corresponde:

a) Al Alcalde de la Corporación.

b) Al Pleno de la Corporación.

c) Al órgano individual superior de la Corporación.

d) Al Consejo de Estado u órgano consultivo equivalente de la Comunidad Autónoma.

15. La suspensión de la ejecución de los actos administrativos sobre los que se haya iniciado un procedimiento de revisión de oficio se podrá acordar:

a) Siempre, cuando así discrecionalmente lo decida la Administración.

b) En ningún caso, pues no es posible su suspensión.

c) Cuando así lo solicite el interesado, previo aval que garantice las responsabilidades que se pudieran derivar.

d) Si se pudieran causar perjuicios de imposible o difícil reparación.

16. Los errores materiales, de hecho o aritméticos existentes en los actos administrativos podrán ser rectificados:

a) Siempre que no haya transcurrido el plazo de prescripción.

b) En cualquier momento.

c) Cuando no constituya exención o dispensa contraria a la ley.

d) Si no atenta contra la igualdad, el interés público o el ordenamiento jurídico.

17. No es un límite al ejercicio de las facultades de revisión de actos administrativos expresamente previsto en la Ley 39/2015, de 1 de octubre:

a) El interés público.

b) La equidad.

c) La buena fe.

d) Los derechos de los ciudadanos.

18. La competencia para la revisión de oficio de las disposiciones y de actos nulos y anulables dictados por los Secretarios de Estado de la Administración General la ostenta:

a) El Consejo de Ministros.
b) El máximo órgano rector colegiado del Ministerio al que se encuentren adscritos.
c) Ellos mismos.
d) El Ministro del que dependan.

19. ¿Qué recurso o recursos se pueden oponer contra los actos administrativos de trámite que no se encuentren afectos de nulidad ni anulabilidad?

a) Alzada.
b) Reposición.
c) Ninguno, sin perjuicio de alegar el defecto que corresponda al recurrir contra la resolución que ponga fin al procedimiento, en su caso.
d) Alzada y potestativo de reposición.

20. La competencia para resolver sobre un recurso administrativo fundado únicamente en la nulidad de una disposición administrativa de carácter general la ostenta:

a) El órgano superior jerárquico de aquel que dictó la disposición impugnada.
b) El órgano superior jerárquico de aquel que dictó el acto impugnado.
c) Nadie, pues no es posible impugnar, ni directa ni indirectamente, una disposición de carácter general.
d) El órgano que dictó la disposición de carácter general afectada de nulidad.

21. Son actos que ponen fin a la vía administrativa, salvo que la ley disponga otra cosa:

a) La resolución administrativa de los procedimientos de responsabilidad patrimonial.
b) Las resoluciones de los órganos administrativos que carezcan de superior jerárquico.
c) La resolución de los procedimientos complementarios en materia sancionadora.
d) Las resoluciones de los recursos de alzada o recursos sustitutivos de estos.

22. Los vicios y defectos que hagan anulable un acto administrativo no podrán ser alegados:

a) Por la Administración autora del mismo.
b) Por los interesados.
c) Por quienes los hubieren causado.
d) Por el interesado que lo hubiere dejado firme.

177

23. No es causa de inadmisión de los recursos administrativos:

a) El transcurso del plazo para su interposición.
b) La incompetencia del órgano al que se remite, siempre.
c) La carencia de legitimación del recurrente.
d) La ausencia de calificación del recurso o el error cometido en la misma.

24. Cuando un recurso administrativo carezca manifiestamente de fundamento, procederá:

a) Su desestimación.
b) Su caducidad.
c) Su inadmisión.
d) Su tramitación hasta el dictado de la resolución que corresponda.

25. Por regla general, la interposición de cualquier recurso administrativo:

a) Suspenderá la ejecución del acto impugnado, en todo caso.
b) No suspenderá la ejecución del acto recurrido, salvo que se disponga otra cosa.
c) No suspenderá la ejecución del acto impugnado en ningún caso.
d) Suspenderá la ejecución del acto recurrido, salvo que una norma disponga expresamente lo contrario.

26. La ejecución de un acto administrativo objeto de recurso administrativo por incurrir en desviación de poder que pudiera causar perjuicios de difícil o imposible reparación, podrá ser suspendido:

a) Por el órgano superior jerárquico al que dictó el acto.
b) Por el órgano a quien competa resolver el recurso.
c) Por el órgano autor del acto.
d) En ningún caso.

27. Transcurrido un mes desde que se solicite la suspensión de la ejecución de un acto administrativo, sin que el órgano a quien competa resolver el recurso haya notificado resolución expresa al respecto:

a) El solicitante podrá interesar la certificación del silencio para recurrir los actos ejecutivos que se dicten en aplicación del mismo.
b) La Administración dispondrá de diez días para informar al interesado del plazo máximo establecido para la resolución del procedimiento conforme al art. 21.4 de la LPACAP.
c) Se producirá la suspensión del acto por silencio administrativo.
d) Se entenderá desestimada la solicitud por silencio administrativo.

28. El acuerdo de suspensión de la ejecución de un acto administrativo:

a) Conllevará obligatoriamente la adopción de medidas cautelares que aseguren la eficacia del mismo.

b) Deberá ser publicado en el periódico oficial en el que se hizo este, si afecta a una pluralidad de personas.

c) Prolongará su eficacia en todo caso hasta después de agotada la vía administrativa.

d) Solo surtirá efectos si se ha prestado caución o garantía suficiente por el impugnante, aun cuando no se derive perjuicio alguno de la misma.

29. En la tramitación de los recursos administrativos, el trámite de audiencia de los interesados:

a) Es obligatoria su práctica, en todo caso, por un plazo no inferior a diez días ni superior a quince.

b) Se corresponde con el trámite de aportación de las pruebas de que intenten valerse los mismos, y que por cualquier causa no se hayan practicado en el expediente.

c) Solo se concede al impugnante.

d) Solo se dará cuando hayan de tenerse en cuenta nuevos hechos o documentos no recogidos en el expediente originario.

30. Cuando no se estime procedente resolver sobre el fondo del recurso administrativo planteado, por apreciarse vicio de forma, la resolución del mismo:

a) Lo estimará íntegramente.

b) Ordenará la retroacción del procedimiento al momento en el que el vicio fue cometido.

c) Lo estimará parcialmente.

d) Declarará su inadmisión.

31. Cuando deban resolverse una pluralidad de recursos administrativos que traigan causa de un mismo acto administrativo, y se hubiera interpuesto un recurso judicial contra el mismo, el órgano encargado de resolver:

a) Ordenará la suspensión del plazo para resolver hasta que recaiga resolución judicial.

b) Emplazará a los demás impugnantes a personarse ante el Juzgado para que sea este quien resuelva la *litis*.

c) Acumulará todos los procedimientos al que se está sustanciando judicialmente para su resolución conjunta.

d) Deberá resolver cada uno de los procedimientos según su curso sin atender a las disposiciones judiciales.

32. A efecto del recurso de alzada, los superiores jerárquicos de los Tribunales y órganos de selección del personal al servicio de las Administraciones Públicas que no se encuentren adscritos a ningún órgano de las mismas, serán:

a) Ellos mismos, al carecer de superior jerárquico.
b) El órgano competente en materia de personal de la Administración de que se trate.
c) La Oficina de Recursos Humanos de la Administración que corresponda.
d) El órgano que haya nombrado al presidente de los mismos.

33. El recurso de alzada podrá interponerse ante:

a) Cualquier órgano de la Administración a la que se encuentre adscrita el autor del acto impugnado.
b) Exclusivamente ante el órgano competente para su resolución.
c) Solo ante el órgano autor del acto impugnado.
d) Indistintamente, ante el órgano competente para su resolución o ante el autor del acto recurrido.

34. El plazo para la interposición del recurso de alzada contra los actos tácitos será:

a) De un mes desde su eficacia por silencio.
b) De tres meses desde que el mismo despliega sus efectos.
c) De un mes desde la certificación del silencio administrativo.
d) Cualquier momento desde el día siguiente a aquel en que produzca sus efectos.

35. El plazo para entender desestimado el recurso de alzada interpuesto contra la desestimación por silencio administrativo de una solicitud de acceso a información pública es:

a) De tres meses.
b) Ninguno, pues en ese caso habrá de entenderse estimado, por regla general.
c) De un mes.
d) De tres meses y un día.

36. El recurso de reposición es potestativo debido a que:

a) Se trata de una excepción al agotamiento de la vía administrativa.
b) Es voluntad del administrado su interposición o acudir directamente a la vía judicial.
c) Solo cabe cuando no existe otro recurso.
d) Su resolución o no es una potestad administrativa.

37. Interpuesto recurso de reposición, la vía judicial contencioso-administrativa:

a) No se podrá ejercitar hasta tanto se dicte resolución expresa de aquel o transcurra el plazo para el dictado de la misma.
b) Se puede acudir paralelamente a la tramitación de aquel.

c) Queda desierta, entendiéndose que se renuncia a la misma por haber optado a la resolución administrativa del conflicto.

d) Quedará en suspenso y la sentencia que en ella recaiga deberá acomodarse a la resolución administrativa que se dicte en aquel.

38. Los plazos para la interposición y resolución del recurso de reposición contra un acto expreso son:

a) De un mes y tres meses, respectivamente.

b) De un mes, salvo que se interponga contra la resolución de un recurso de alzada, y un mes, respectivamente.

c) De un mes, en ambos casos.

d) De 30 días y un mes, respectivamente.

39. En vía administrativa, contra la resolución de un recurso de reposición:

a) No cabe recurso alguno.

b) Es posible interponer recurso contencioso-administrativo.

c) Se podrá interponer nuevamente recurso de reposición.

d) Solo cabe recurso extraordinario de revisión.

40. El recurso extraordinario de revisión cabe:

a) Contra los actos que agotan la vía administrativa.

b) Contra cualquier acto administrativo en el que concurra alguna circunstancia de las legalmente fijadas.

c) Contra los actos firmes en vía administrativa si se dan determinadas circunstancias.

d) Contra los actos sobre los que se hayan previamente agotado todos los recursos posibles.

41. El recurso extraordinario de revisión se podrá interponer cuando concurra la circunstancia consistente en:

a) Dictarse un acto incurriendo en error de hecho, que resulte de documentos no incorporados al expediente.

b) Aparecer documentos de valor esencial para la resolución del asunto, siempre que sean anteriores al dictado de la resolución recurrida y evidencien el error de la misma.

c) El dictado de una Sentencia firme, que sea posterior a la resolución del mismo, que declare falsos documentos o testimonios que hayan influido esencialmente en esta.

d) Recaiga Sentencia firme que declare la comisión de un delito al dictarse la resolución recurrida.

42. ¿Qué delito, una vez reconocida su comisión por sentencia firme, permitiría la interposición del recurso extraordinario de revisión?

a) La estafa.

b) El cohecho.

181

c) La malversación de fondos públicos.

d) Cualquiera cuya conducta punible hubiera determinado el dictado de la resolución.

43. Si apareciese un documento de fecha posterior a una resolución administrativa firme, que evidencie el error de hecho cometido al dictado del acto administrativo, el plazo para la interposición del recurso extraordinario de revisión será:

a) Ninguno, pues no es causa legalmente tasada para ello.

b) De tres meses.

c) De cuatro años.

d) De un mes.

44. El plazo para recurrir en vía administrativa, un acto firme que a su dictado se hubiera incurrido en error de hecho que resulte de los propios documentos incorporados al expediente será y empezará a contar:

a) Cuatro años desde la fecha de la notificación de la resolución impugnada.

b) Tres meses desde que se tuvo conocimiento del error de hecho cometido.

c) Cuatro años desde que se pudo conocer el documento causante del error.

d) Tres meses desde que se incorporó al expediente el documento en que se basa la impugnación.

45. El ejercicio del recurso extraordinario de revisión es compatible:

a) Con la interposición del recurso contencioso-administrativo.

b) Con la interposición del recurso potestativo de reposición.

c) Con el ejercicio del derecho de revisión y/o rectificación de errores.

d) Con ningún otro recurso o instancia.

46. Interpuesto un recurso extraordinario de revisión sobre el que se había solicitado, previamente, la declaración de oficio de nulidad de un acto administrativo, la sustanciación de dicha solicitud:

a) Quedará en suspenso hasta la resolución del recurso.

b) Será archivada.

c) Dejará en suspenso la tramitación del recurso hasta su resolución.

d) Deberá ser tramitada y resuelta con independencia del recurso.

47. En la Administración General del Estado, será órgano competente para la resolución del recurso extraordinario de revisión:

a) El que dictó el acto impugnado.

b) El Consejo de Estado.

c) El superior jerárquico a aquel que dictó el acto impugnado, o aquel al que se encuentre vinculado, si careciese del mismo.

d) El Consejo de Ministros, respecto de los dictados por los Ministros, y los Secretarios de Estado, respecto de aquellos que de ellos dependan.

48. En la tramitación de un recurso extraordinario de revisión, no será necesaria la emisión de dictamen, por el órgano que corresponda, para acordar motivadamente su inadmisión:

a) En ningún caso.

b) En todo caso.

c) Cuando la misma se funde en la prescripción del derecho.

d) Cuando la impugnación no tenga causa en alguna de las circunstancias que permiten dicho recurso.

49. ¿Cuál es el plazo y sentido del silencio administrativo de la resolución del recurso extraordinario de revisión?

a) De un mes y desestimatorio.

b) De tres meses y estimatorio.

c) De tres meses y desestimatorio.

d) De un mes y estimatorio.

50. Contra la desestimación del recurso extraordinario de revisión:

a) No cabe recurso judicial ni administrativo alguno.

b) Cabe recurso potestativo de reposición o contencioso-administrativo.

c) Cabe recurso de alzada.

d) Solo cabe recurso contencioso-administrativo.

51. La nulidad de las disposiciones administrativas que establezcan la retroactividad de disposiciones sancionadoras no favorables o restrictivas de derechos individuales podrá declararse:

a) A instancias de la Administración solamente.

b) A instancias de la Administración o los particulares.

c) A instancias de la Administración o de uno o varios interesados.

d) A instancias de los interesados, exclusivamente.

52. ¿Cuál de los siguientes medios revisorios permite a la Administración impugnar un acto administrativo favorable a los interesados?

a) El recurso extraordinario de revisión.

b) El recurso potestativo de revisión.

183

c) La revisión de oficio.
d) La declaración de lesividad.

53. El motivo en el que ha de basar la Administración la declaración de lesividad de un acto administrativo es:

a) La nulidad del mismo.
b) El interés público.
c) La contravención del ordenamiento jurídico otorgando facultades o derechos careciendo de los requisitos esenciales para su adquisición.
d) Que sean constitutivos de infracción penal o se dicten como consecuencia de esta.

54. Si la Administración inicia con fecha 9 de diciembre de 2013 un procedimiento para la declaración de lesividad de un acto administrativo dictado el día 9 de junio del mismo año, sin que a día de hoy se haya resuelto, entonces:

a) El acto deviene inatacable.
b) Se ha producido la caducidad del procedimiento, sin perjuicio de iniciar uno nuevo a tal fin.
c) El acto es anulado por silencio administrativo.
d) El acto es nulo de pleno derecho.

55. Contra el acuerdo de lesividad de un acto administrativo adoptado sin audiencia de los interesados:

a) Cabe recurso de alzada.
b) Es posible interponer recurso extraordinario de revisión.
c) Cabe recurso potestativo de revisión o de alzada.
d) No cabe recurso alguno.

56. Una vez declarada la lesividad de un acto administrativo por razones de interés público:

a) Se produce la anulabilidad del mismo.
b) La Administración dispone de dos meses para interponer el recurso contencioso-administrativo oportuno.
c) Deviene nulo el mismo.
d) El acuerdo es susceptible de recurso de alzada.

57. En el procedimiento de revisión de oficio de los actos administrativos, el dictamen del Consejo de Estado u Órgano consultivo equivalente de las Administraciones Públicas es:

a) Preceptivo y vinculante.
b) Potestativo.

c) No vinculante.
d) Preceptivo y no vinculante.

58. La resolución administrativa que declare la nulidad de una disposición conllevará la declaración de la responsabilidad patrimonial de la Administración:

a) En todo caso.
b) En ningún caso.
c) Siempre que se hayan causado perjuicios a los interesados o a terceros.
d) Solo cuando se cumplan los requisitos para ello.

59. Contra la desestimación presunta de una solicitud de revisión de oficio de un acto administrativo de la Administración del Estado, el interesado podrá interponer:

a) Recurso de alzada.
b) Recurso potestativo de revisión.
c) Recurso contencioso-administrativo.
d) Recurso extraordinario de revisión.

60. ¿Cuál de los siguientes medios impugnatorios de Derecho Administrativo, únicamente puede ser iniciado a instancia de la Administración?

a) El procedimiento de revisión de oficio de actos nulos.
b) La reclamación económico-administrativa.
c) El procedimiento de rectificación de errores materiales, de hecho o aritméticos.
d) El procedimiento para la declaración de lesividad.

Solución al test n.º 13

1. c) El menos restrictivo de la libertad individual.

2. b) Obtener el consentimiento del afectado o, en su defecto, la oportuna autorización judicial.

3. c) El procedimiento de apremio.

4. a) El respeto debido a la dignidad de las personas y a los derechos reconocidos en la Constitución.

5. c) La declaración de oficio de la nulidad de los actos administrativos que pongan fin a la vía administrativa.

6. d) La caducidad del procedimiento.

7. b) Para acordar motivadamente la inadmisión a trámite de las solicitudes formuladas por los interesados, siempre que no se basen en una nulidad de pleno derecho.

8. a) Tendrá derecho a ser indemnizado, siempre que el daño causado sea efectivo, evaluable, individualizado y no hubiera tenido el deber jurídico de soportarlo.

9. d) *Sine die*, es decir, no existe plazo alguno para ello.

10. c) Permite a las Administraciones Públicas impugnar ante la Jurisdicción Contencioso Administrativa dichos actos.

11. d) No son anulables, por lo general.

12. a) A los cuatro años desde su dictado.

13. d) La caducidad del procedimiento administrativo.

14. b) Al Pleno de la Corporación.

15. d) Si se pudieran causar perjuicios de imposible o difícil reparación.

16. b) En cualquier momento.

17. a) El interés público.

18. d) El Ministro del que dependan.

19. c) Ninguno, sin perjuicio de alegar el defecto que corresponda al recurrir contra la resolución que ponga fin al procedimiento, en su caso.

20. d) El órgano que dictó la disposición de carácter general afectada de nulidad.

21. b) Las resoluciones de los órganos administrativos que carezcan de superior jerárquico.

22. c) Por quienes los hubieren causado.

23. d) La ausencia de calificación del recurso o el error cometido en la misma.

24. c) Su inadmisión.

25. b) No suspenderá la ejecución del acto recurrido, salvo que se disponga otra cosa.

26. d) En ningún caso.

27. c) Se producirá la suspensión del acto por silencio administrativo.

28. b) Deberá ser publicado en el periódico oficial en el que se hizo este, si afecta a una pluralidad de personas.

29. d) Solo se dará cuando hayan de tenerse en cuenta nuevos hechos o documentos no recogidos en el expediente originario.

30. b) Ordenará la retroacción del procedimiento al momento en el que el vicio fue cometido.

31. a) Ordenará la suspensión del plazo para resolver hasta que recaiga resolución judicial.

32. d) El órgano que haya nombrado al presidente de los mismos.

33. d) Indistintamente, ante el órgano competente para su resolución o ante el autor del acto recurrido.

34. d) Cualquier momento desde el día siguiente a aquel en que produzca sus efectos.

35. b) Ninguno, pues en ese caso habrá de entenderse estimado, por regla general.

36. b) Es voluntad del administrado su interposición o acudir directamente a la vía judicial.

37. a) No se podrá ejercitar hasta tanto se dicte resolución expresa de aquel o transcurra el plazo para el dictado de la misma.

38. c) De un mes, en ambos casos.

39. d) Solo cabe recurso extraordinario de revisión.

40. c) Contra los actos firmes en vía administrativa si se dan determinadas circunstancias.

41. d) Recaiga Sentencia firme que declare la comisión de un delito al dictarse la resolución recurrida.

42. d) Cualquiera cuya conducta punible hubiera determinado el dictado de la resolución.

43. b) De tres meses.

44. a) Cuatro años desde la fecha de la notificación de la resolución impugnada.

45. c) Con el ejercicio del derecho de revisión y/o rectificación de errores.

46. d) Deberá ser tramitada y resuelta con independencia del recurso.

47. a) El que dictó el acto impugnado.

48. d) Cuando la impugnación no tenga causa en alguna de las circunstancias que permiten dicho recurso.

49. c) De tres meses y desestimatorio.

50. d) Solo cabe recurso contencioso-administrativo.

51. a) A instancias de la Administración solamente.

52. d) La declaración de lesividad.

53. b) El interés público.

54. a) El acto deviene inatacable.

55. d) No cabe recurso alguno.

56. b) La Administración dispone de dos meses para interponer el recurso contencioso-administrativo oportuno.

57. a) Preceptivo y vinculante.

58. d) Solo cuando se cumplan los requisitos para ello.

59. c) Recurso contencioso-administrativo.

60. d) El procedimiento para la declaración de lesividad.

TEST N.º 14

Ley 40/2015, de 1 de octubre, de Régimen Jurídico del Sector Público (I). Disposiciones generales (artículos 1 a 4). Órganos de las Administraciones Públicas (artículos 5 a 24). Principios de la potestad sancionadora (artículos 25 a 31)

1. De conformidad con el artículo 8 de la Ley 40/2015, de 1 de octubre, de Régimen Jurídico del Sector Público, la competencia para el dictado de actos administrativos:

a) Es irrenunciable y siempre se ejercerá por los órganos administrativos que la tengan atribuida como propia.

b) Se puede delegar en todo caso.

c) Es irrenunciable y se ejercerá por los órganos administrativos que la tengan atribuida como propia, salvo los casos de delegación o avocación, en los términos previstos en la ley.

d) Es irrenunciable y se ejercerá por los órganos administrativos que la tengan atribuida como propia, salvo los casos de delegación de firma o suplencia, en los términos previstos en la ley.

2. En ningún caso podrán ser objeto de delegación, tal y como dispone la Ley 40/2015, de 1 de octubre, competencias relativas a:

a) La resolución de los recursos de alzada.

b) La adopción de disposiciones de carácter general.

c) Las resoluciones en materia de personal.

d) Las resoluciones de responsabilidad patrimonial.

3. Según dispone el artículo 23 de la Ley 40/2015, de 1 de octubre, de Régimen Jurídico del Sector Público, es motivo de abstención:

a) Tener interés personal en el asunto de que se trate o en otro en cuya resolución pudiera influir la de aquel, ser administrador de sociedad o entidad interesada, o tener cuestión litigiosa pendiente con algún interesado.

b) Tener parentesco de consanguinidad dentro del cuarto grado o de afinidad dentro del tercero, con cualquiera de los interesados, con los administradores de entidades o sociedades interesadas o con sus asesores o representantes legales.

c) Haber prestado servicios profesionales de cualquier tipo y en cualquier circunstancia o lugar en los cinco últimos años a persona natural interesada directamente en el asunto.

d) Haber prestado servicios profesionales de cualquier tipo y en cualquier circunstancia o lugar en los cinco últimos años a persona jurídica interesada directamente en el asunto.

4. La recusación de acuerdo con el artículo 24 de la Ley 40/2015, de 1 de octubre, de Régimen Jurídico del Sector Público, la promueve:

a) La autoridad.
b) El superior jerárquico de la autoridad o funcionario.
c) El interesado.
d) El funcionario.

5. Según dispone el artículo 23 de la Ley 40/2015, de 1 de octubre, de Régimen Jurídico del Sector Público, NO es un motivo de abstención:

a) Haber tenido intervención como perito en el procedimiento de que se trate.
b) Tener parentesco de afinidad dentro del segundo grado, con cualquiera de los interesados, con los administradores de entidades o sociedades interesadas y también con los asesores, representantes legales o mandatarios que intervengan en el procedimiento.
c) Tener parentesco de afinidad dentro del cuarto grado, con cualquiera de los interesados, con los administradores de entidades o sociedades interesadas y también con los asesores, representantes legales o mandatarios que intervengan en el procedimiento.
d) Haber tenido intervención como testigo en el procedimiento de que se trate.

6. De conformidad con lo previsto en el Capítulo III, del Título Preliminar, de la Ley 40/2015, de 1 de octubre, de Régimen Jurídico del Sector Público, entre otros, son principios de la potestad sancionadora:

a) Principio de legalidad, tipicidad, proporcionalidad y presunción de inocencia.
b) Principio de legalidad, irretroactividad, tipicidad y presunción de inocencia.
c) Principio de legalidad, tipicidad y proporcionalidad.
d) Principio de legalidad, tipicidad y presunción de inocencia.

7. Según el artículo 9 de la Ley 40/2015, de 1 de octubre, de Régimen Jurídico del Sector Público, la delegación de competencias:

a) Será revocable en cualquier momento por el órgano que la haya conferido.
b) Es irrevocable.
c) Será revocable solo por el Consejo de Gobierno.
d) Será revocable solo por el Consejo de Ministros.

8. De acuerdo con el artículo 3 de la Ley 40/2015, de 1 de octubre, de Régimen Jurídico del Sector Público, ¿cuáles son los principios de actuación de las Administraciones Públicas?

a) Jerarquía, cooperación, descentralización, desconcentración y colaboración.
b) Eficacia, desconcentración, jerarquía, descentralización y cooperación.
c) Coordinación, descentralización, jerarquía, eficacia y desconcentración.
d) Cooperación, jerarquía, descentralización, eficiencia y servicio a los ciudadanos.

9. ¿Qué principios deberán respetar en su actuación las Administraciones Públicas, conforme al artículo 3 de la Ley 40/2015, de 1 de octubre, de Régimen Jurídico del Sector Público?

a) Los de buena fe y confianza legítima.
b) Los de eficiencia y servicio a los ciudadanos.
c) Participación, objetividad y transparencia de la actuación administrativa.
d) Los de transparencia y participación.

10. ¿Qué principios deberán respetar en sus relaciones las Administraciones Públicas?

a) Buena fe, confianza legítima y lealtad institucional.
b) Los de eficiencia y servicio a los ciudadanos.
c) Los de transparencia y participación.
d) Los de cooperación y colaboración.

11. Las Administraciones Públicas se relacionarán entre sí y con sus órganos, organismos públicos y entidades vinculados o dependientes, conforme al artículo 3.2 de la Ley 40/2015, de 1 de octubre, de Régimen Jurídico del Sector Público:

a) A través de medios electrónicos.
b) A través de medios electrónicos, que aseguren la interoperabilidad y seguridad de los sistemas y soluciones adoptadas por cada una de ellas garantizando la protección de los datos de carácter personal, y facilitando preferentemente la prestación conjunta de servicios a los interesados.
c) Directamente y sin dilación garantizando la protección de los datos de carácter personal, y facilitarán preferentemente la prestación conjunta de servicios a los interesados.
d) Preferentemente a través de medios electrónicos, que aseguren la prestación conjunta de servicios a los interesados.

12. ¿Cuál de las siguientes respuestas es correcta, de acuerdo con lo dispuesto en el artículo 3.4 de la Ley 40/2015, de 1 de octubre, de Régimen Jurídico del Sector Público?

a) Cada Administración Pública actúa para el cumplimiento de sus fines con personalidad jurídica única.
b) Las Administraciones Públicas se configuran como órganos territoriales.

c) Las Administraciones Públicas están integradas por entes locales.

d) Cada Administración instrumental actúa para el cumplimiento de sus fines con personalidad jurídica única.

13. Conforme a lo dispuesto en el artículo 5.3 de la Ley 40/2015, de 1 de octubre, de Régimen Jurídico del Sector Público, ¿qué requisito, de los siguientes, debe cumplirse para la creación de cualquier órgano administrativo?

a) Determinar su forma de descentralización en la Administración Pública de que se trate.

b) Fijar los objetivos de interés común a cumplir.

c) La dotación de los créditos necesarios para su puesta en marcha y funcionamiento.

d) Deben cumplirse todos los requisitos anteriores.

14. De acuerdo con lo dispuesto en el artículo 8.1 de la Ley 40/2015, de 1 de octubre, de Régimen Jurídico del Sector Público, ¿cómo es la competencia que ejerce un órgano administrativo que la tenga atribuida como propia?

a) Es compartida con el órgano de superior jerarquía.

b) Es irrenunciable.

c) Es renunciable ante el órgano superior del mismo ente.

d) Es renunciable ante el órgano superior del mismo ente, a través de la técnica de la avocación.

15. Señala la respuesta correcta. De acuerdo con lo dispuesto en el artículo 8 de la Ley 40/2015, de 1 de octubre, de Régimen Jurídico del Sector Público:

a) Se pueden crear órganos que supongan duplicación de otros ya existentes.

b) La delegación de firma y la suplencia supone alteración de la titularidad de la competencia.

c) La encomienda de gestión supone alteración de la titularidad de la competencia.

d) Salvo los casos de avocación o delegación la competencia es irrenunciable.

16. Señala la respuesta correcta. Según el artículo 9 de la Ley 40/2015, de 1 de octubre, de Régimen Jurídico del Sector Público:

a) Los órganos de las diferentes Administraciones Públicas no podrán delegar el ejercicio de competencias que tengan atribuidas en otros órganos de la misma Administración, aun cuando no sean jerárquicamente dependientes.

b) No podrán ser objeto de delegación las competencias relativas a asuntos que se refieran a las relaciones con las Asambleas Legislativas de las Comunidades Autónomas.

c) Se podrán delegar las competencias relativas a asuntos que se refieran a las relaciones con las Cortes Generales.

d) Podrá ser objeto de delegación la resolución de recursos en los órganos administrativos que hayan dictado los actos objeto de recurso.

17. A tenor de lo dispuesto en el artículo 9.3 de la Ley 40/2015, de 1 de octubre, de Régimen Jurídico del Sector Público, ¿dónde deberán publicarse la delegación de competencias y su revocación?

a) En el Boletín Oficial del Estado, siempre.

b) En el Diario Oficial de la Comunidad Autónoma.

c) En el Diario Oficial de la Provincia.

d) El medio de publicación dependerá de la Administración a que pertenezca el órgano delegante y el ámbito territorial de competencia de este.

18. Señala la respuesta correcta. Conforme a lo dispuesto en el artículo 9 de la Ley 40/2015, de 1 de octubre, de Régimen Jurídico del Sector Público:

a) La delegación será revocable en cualquier momento por el órgano que la haya conferido.

b) Las resoluciones administrativas que se adopten por delegación se considerarán dictadas por el órgano delegado.

c) Salvo autorización expresa de un Reglamento, no podrán delegarse competencias que se ejerzan por delegación.

d) La delegación será revocable en cualquier momento por el órgano que la haya aceptado.

19. ¿Cuál de las respuestas referidas a la avocación es correcta, teniendo en cuenta lo dispuesto en el artículo 10 de la Ley 40/2015, de 1 de octubre, de Régimen Jurídico del Sector Público?

a) La avocación se realizará mediante acuerdo motivado que deberá ser notificado a los interesados, si los hubiere, con anterioridad a la incoación del procedimiento.

b) Contra el acuerdo de avocación solo cabrá el recurso de alzada.

c) La avocación se realizará mediante acuerdo motivado que deberá ser notificado a los interesados, si los hubiere, con anterioridad a la resolución final que se dicte.

d) Contra el acuerdo de avocación solo cabrá el recurso de reposición.

20. De acuerdo con el artículo 11 de la Ley 40/2015, de 1 de octubre, de Régimen Jurídico del Sector Público, ¿qué supone la encomienda de gestión?

a) Supone cesión de elementos sustantivos de la competencia.

b) Supone cesión de titularidad de la competencia.

c) Supone la avocación del órgano superior, que la podrá ejercer cuando lo estime oportuno.

d) Supone cesión de la realización de actividades de carácter material o técnico de la competencia de los órganos administrativos.

21. A tenor de lo dispuesto en el artículo 11.3. b) de la Ley 40/2015, de 1 de octubre, de Régimen Jurídico del Sector Público, ¿qué ocurre cuando la encomienda de gestión se realice entre órganos de distintas Administraciones?

a) Se formalizará en la forma que normativamente se establezca.
b) Se formalizará mediante firma del correspondiente convenio entre ellas.
c) Se formalizará mediante firma del correspondiente contrato administrativo entre ellas.
d) Se formalizará mediante firma del correspondiente concierto entre ellas.

22. Señala la respuesta correcta. En relación con la delegación de firma, de acuerdo con lo dispuesto en el artículo 12 de la Ley 40/2015, de 1 de octubre, de Régimen Jurídico del Sector Público:

a) No alterará la competencia del órgano delegante y para su validez no será necesaria su publicación.
b) Permite que cualquier funcionario pueda delegar la firma de sus resoluciones en otros dependientes.
c) Para su validez será necesaria su publicación.
d) Altera la competencia del órgano delegante.

23. La suplencia, a tenor de lo dispuesto en el artículo 13 de la Ley 40/2015, de 1 de octubre, de Régimen Jurídico del Sector Público:

a) La nombra el titular del órgano objeto de la suplencia.
b) No implicará alteración de la competencia.
c) Implica alteración de la competencia del órgano delegante.
d) Se formalizará mediante firma del correspondiente convenio.

24. Señala la respuesta correcta. De acuerdo con lo dispuesto en el artículo 13 de la Ley 40/2015, de 1 de octubre, de Régimen Jurídico del Sector Público, en relación con la suplencia:

a) Corresponde a quien designe el órgano suplido.
b) Implica que los titulares de los órganos administrativos podrán ser suplidos temporalmente.
c) Corresponde a quien designe el órgano suplente.
d) Se ejercerá por quien designe el órgano administrativo inmediato inferior del mismo.

25. ¿Qué hará el órgano administrativo que se estime incompetente, conforme a lo dispuesto en el artículo 14.1 de la Ley 40/2015, de 1 de octubre, de Régimen Jurídico del Sector Público, para la resolución de un asunto?

a) Remitirá el asunto al órgano que considere competente, debiendo notificar esta circunstancia a los interesados.
b) Abandonará el conocimiento del asunto.

c) Resolverá el asunto en todo caso y luego lo tramitará al órgano competente.

d) Directamente y sin dilación garantizará la protección de los datos de carácter personal, y facilitará preferentemente la prestación conjunta de servicios a los interesados.

26. Señala la respuesta correcta. En relación con las decisiones de competencia y a tenor de lo dispuesto en el artículo 14 de la Ley 40/2015, de 1 de octubre, de Régimen Jurídico del Sector Público:

a) Los interesados que sean parte en el procedimiento no podrán dirigirse al órgano que se encuentre conociendo de un asunto para que decline su competencia y remita las actuaciones al órgano competente.

b) Los interesados en un procedimiento no podrán dirigirse al órgano que estimen competente para que requiera de inhibición al que esté conociendo del asunto.

c) Los conflictos de atribuciones solo podrán suscitarse entre órganos de una misma Administración no relacionados jerárquicamente, y respecto a asuntos sobre los que no haya finalizado el procedimiento administrativo.

d) Los conflictos de atribuciones solo podrán suscitarse entre órganos de una misma Administración relacionados jerárquicamente, y respecto a asuntos sobre los que no haya finalizado el procedimiento administrativo.

27. Conforme a lo dispuesto en el artículo 6 de la Ley 40/2015, de 1 de octubre, de Régimen Jurídico del Sector Público, ¿cómo podrán dirigir los órganos administrativos las actividades de sus órganos jerárquicamente dependientes?

a) Mediante decretos, instrucciones y órdenes de servicio.

b) Mediante instrucciones y órdenes de servicio.

c) Mediante disposiciones que avalen la eficacia de los actos.

d) Mediante circulares y órdenes de servicio.

28. A tenor del artículo 6.1 de la Ley 40/2015, de 1 de octubre, de Régimen Jurídico del Sector Público, ¿dónde se publicarán las instrucciones y órdenes de servicio cuando una disposición específica así lo establezca?

a) En el Boletín Oficial que corresponda.

b) En el Diario de la Consejería correspondiente.

c) En el Diario de Sesiones de la Asamblea.

d) En el Boletín Oficial del Estado.

29. ¿Dónde se integrarán los órganos colegiados, según lo dispuesto en el artículo 15.2 de la Ley 40/2015, de 1 de octubre, de Régimen Jurídico del Sector Público?

a) Quedarán integrados en la Administración Pública de su elección.

b) Se integrarán en las normas de funcionamiento de la Administración Pública a la que pertenezcan.

c) Quedarán integrados en la Administración Pública que corresponda.

d) Quedarán integrados en la Administración instrumental.

30. Conforme a lo dispuesto en el artículo 19 de la Ley 40/2015, de 1 de octubre, de Régimen Jurídico del Sector Público, ¿quién dirime con su voto, en un órgano colegiado, los empates que puedan darse en un acuerdo?

a) El Presidente del Órgano Colegiado.
b) Cualquier miembro del Órgano Colegiado.
c) El Secretario del Órgano Colegiado.
d) El vocal de conflictos.

31. ¿Qué podrán formular los miembros de un órgano colegiado que discrepen del acuerdo mayoritario, conforme a lo dispuesto en el artículo 19 de la Ley 40/2015, de 1 de octubre, de Régimen Jurídico del Sector Público?

a) Una denuncia contra la adopción de ese acuerdo.
b) Un voto particular.
c) Una queja al superior jerárquico del órgano colegiado.
d) Su desacuerdo y posterior recusación.

32. ¿Cómo puede asistir a las reuniones el Secretario de un órgano colegiado, si es funcionario, de acuerdo con lo dispuesto en el artículo 19.4 de la Ley 40/2015, de 1 de octubre, de Régimen Jurídico del Sector Público?

a) Con voz, pero sin voto.
b) Con voto, exclusivamente.
c) Con voz y voto.
d) Igual que el Presidente, siempre que ejerza potestades administrativas.

33. Conforme a lo dispuesto en el artículo 17.6 de la Ley 40/2015, de 1 de octubre, de Régimen Jurídico del Sector Público, los miembros de un órgano colegiado que voten en contra de un acuerdo o se abstengan:

a) Quedarán sujetos a la responsabilidad que, en su caso, pueda derivarse de los acuerdos.
b) Quedará reflejado en el acta, la cual no podrá aprobarse en la misma sesión.
c) Quedarán exentos de la responsabilidad que, en su caso, pueda derivarse de los acuerdos.
d) Se hará constar expresamente tal circunstancia.

34. A tenor de lo dispuesto en el artículo 23 de la Ley 40/2015, de 1 de octubre, de Régimen Jurídico del Sector Público, ¿cuál de los siguientes supuestos es motivo de abstención?

a) El tener parentesco de afinidad dentro del primer grado.
b) El tener parentesco de afinidad dentro del segundo grado.
c) El tener parentesco de afinidad dentro del tercer grado.
d) El tener parentesco de afinidad dentro del cuarto grado.

35. De acuerdo con el artículo 23 de la Ley 40/2015, de 1 de octubre, de Régimen Jurídico del Sector Público, ¿cuál de los siguientes supuestos es motivo de abstención?

a) El tener parentesco de consanguinidad dentro del primer grado.
b) El tener parentesco de consanguinidad dentro del segundo grado.
c) El tener parentesco de consanguinidad dentro del tercer grado.
d) El tener parentesco de consanguinidad dentro del cuarto grado.

36. Conforme a lo dispuesto en el artículo 24.4 de la Ley 40/2015, de 1 de octubre, de Régimen Jurídico del Sector Público, ¿en cuánto tiempo resolverá el superior jerárquico del recusado en un procedimiento si este niega la causa de recusación?

a) En el plazo de dos días.
b) En el plazo de tres días.
c) En el plazo de seis días.
d) En el plazo de nueve días.

37. De conformidad con la Ley 40/2015, la constitución de un órgano administrativo no requerirá:

a) Sus funciones y competencias.
b) Dotación de los créditos necesarios.
c) Designación de su titular.
d) La forma de integración en su Administración Pública.

38. La Ley 40/2015, de 1 de octubre, de Régimen Jurídico del Sector Público, establece que, en todo caso, la avocación:

a) Se realizará mediante resolución motivada que deberá ser notificada a los interesados en el procedimiento, en todo caso, con anterioridad a la resolución final que se dicte.
b) Se realizará mediante acuerdo motivado que deberá ser notificado a los interesados en el procedimiento, si los hubiere, con anterioridad a la propuesta de resolución que se dicte.
c) Se realizará mediante acuerdo motivado que deberá ser notificado a los interesados en el procedimiento, si los hubiere, con anterioridad o simultáneamente a la resolución final que se dicte.
d) Se realizará mediante resolución motivada que deberá ser notificada a los interesados en el procedimiento, si los hubiere, con anterioridad a la resolución final que se dicte.

39. Un Mesa de Contratación ha sido constituida como órgano colegiado para el estudio de las diferentes ofertas presentadas en un procedimiento. ¿A quién corresponde visar las actas y certificaciones de los acuerdos de un órgano colegiado de la Administración Pública?

a) Al presidente.
b) Al secretario.

c) A los vocales.
d) Al interventor de fondos.

40. Una empresa presenta escrito de recusación contra un vocal de la Mesa de Contratación por entender que concurre uno de los motivos señalados en el artículo 24 de la Ley 40/2015, de 1 de octubre, de Régimen Jurídico del Sector Público. Según esta norma, el recusado manifestará a sus superiores si se da o no en él la causa alegada:

a) En el plazo de tres días.
b) Al día siguiente.
c) En el plazo de 10 días.
d) En el mismo día.

41. Contra la resolución adoptada en materia de recusación, conforme a la Ley 40/2015, de 1 de octubre, de Régimen Jurídico del Sector Público:

a) Cabrá recurso de alzada.
b) Cabrá recurso potestativo de reposición, en el caso de las corporaciones locales.
c) Cabrá cualquier tipo de recurso administrativo.
d) No cabrá recurso administrativo.

42. Según la Ley 40/2015, de 1 de octubre, de Régimen Jurídico del Sector Público, las normas definidoras de infracciones y sanciones:

a) No son susceptibles de aplicación analógica.
b) Son susceptibles de aplicación analógica.
c) Son susceptibles de aplicación analógica cuando lo establece la disposición expresamente.
d) Son susceptibles de aplicación analógica en cuanto favorezcan al presunto infractor.

43. Según la Ley 40/2015, de 1 de octubre, de Régimen Jurídico del Sector Público, respecto a las disposiciones sancionadoras:

a) No producirán efecto retroactivo en ningún caso.
b) Producirán efecto retroactivo cuando perjudique al presunto infractor.
c) Producirán efecto retroactivo en todo caso.
d) Producirán efecto retroactivo en cuanto favorezcan al presunto infractor.

44. Entre los principios de la potestad sancionadora establecidos en el Capítulo III del Título Preliminar de la Ley 40/2015, de 1 de octubre, de Régimen Jurídico del Sector Público, el artículo 27 regula el principio de tipicidad, siendo uno de sus presupuestos:

a) Las leyes reguladoras de los distintos regímenes sancionadores podrán tipificar como infracción el incumplimiento de la obligación de prevenir la comisión de infracciones administrativas por quienes se hallen sujetos a una relación de dependencia o vinculación.

b) El ejercicio de la potestad sancionadora corresponde a los órganos administrativos que la tengan expresamente atribuida, por disposición de rango legal o reglamentario.

c) Solo constituyen infracciones administrativas las vulneraciones del ordenamiento jurídico previstas como tales infracciones por una ley.

d) Solo constituyen infracciones administrativas las vulneraciones del ordenamiento jurídico previstas como tales infracciones por disposición de rango legal o reglamentario.

45. Según establece la Ley 40/2015, de 1 de octubre, de Régimen Jurídico del Sector Público, en lo relativo a las decisiones sobre competencia:

a) Los conflictos de atribuciones solo podrán suscitarse entre órganos de una misma Administración relacionados jerárquicamente.

b) El órgano administrativo que se estime incompetente para la resolución de un asunto remitirá directamente las actuaciones al órgano que considere competente, si este pertenece a distinta Administración Pública.

c) Los interesados que sean parte en el procedimiento podrán dirigirse al órgano que estimen competente para que requiera de inhibición al que esté conociendo del asunto.

d) Podrán suscitarse conflictos de atribuciones respecto a aquellos asuntos cuyo procedimiento administrativo ya haya finalizado.

46. Deberá publicarse en el Boletín Oficial correspondiente:

a) La revocación de una delegación de competencias.

b) La avocación del conocimiento de un asunto.

c) La delegación de firma.

d) Cualquier orden de servicio.

47. Según la Ley 40/2015, de 1 de octubre, de Régimen Jurídico del Sector Público, la encomienda de gestión, la delegación de firma y la suplencia:

a) Suponen, en algún caso, la renuncia a la competencia del órgano que la tiene asignada.

b) Suponen una alteración de la titularidad de la competencia.

c) Suponen una alteración temporal de la titularidad de la competencia.

d) No suponen alteración de la titularidad de la competencia.

48. Con carácter general, cuando el cumplimiento de una obligación establecida por una norma con rango de ley corresponda a varias personas conjuntamente, responderán de las infracciones que, en su caso, se cometan y de las sanciones que se impongan:

a) De forma solidaria.

b) De forma subsidiaria.

c) De forma individualizada.

d) De cualquiera de las formas anteriores, cuando así lo determine la resolución.

49. Las sanciones administrativas:

a) Podrán implicar subsidiariamente privación de libertad solo cuando sean de naturaleza pecuniaria.

b) Podrán implicar subsidiariamente privación de libertad, cuando sean de naturaleza no pecuniaria.

c) En ningún caso podrán implicar, directa o subsidiariamente, privación de libertad.

d) En todo caso, cuando sean de naturaleza pecuniaria, implicarán directamente, privación de libertad.

50. Las infracciones y sanciones prescribirán según lo dispuesto en las leyes que las establezcan. Si estas no fijan plazos de prescripción, las infracciones muy graves prescribirán:

a) A los quince años.

b) A los cinco años.

c) A los siete años.

d) A los tres años.

Solución al test n.º 14

1. c) Es irrenunciable y se ejercerá por los órganos administrativos que la tengan atribuida como propia, salvo los casos de delegación o avocación, en los términos previstos en la ley.

2. b) La adopción de disposiciones de carácter general.

3. a) Tener interés personal en el asunto de que se trate o en otro en cuya resolución pudiera influir la de aquel, ser administrador de sociedad o entidad interesada, o tener cuestión litigiosa pendiente con algún interesado.

4. c) El interesado.

5. c) Tener parentesco de afinidad dentro del cuarto grado, con cualquiera de los interesados, con los administradores de entidades o sociedades interesadas y también con los asesores, representantes legales o mandatarios que intervengan en el procedimiento.

6. c) Principio de legalidad, tipicidad y proporcionalidad.

7. a) Será revocable en cualquier momento por el órgano que la haya conferido.

8. c) Coordinación, descentralización, jerarquía, eficacia y desconcentración.

9. c) Participación, objetividad y transparencia de la actuación administrativa.

10. a) Buena fe, confianza legítima y lealtad institucional.

11. b) A través de medios electrónicos, que aseguren la interoperabilidad y seguridad de los sistemas y soluciones adoptadas por cada una de ellas, garantizando la protección de los datos de carácter personal, y facilitando preferentemente la prestación conjunta de servicios a los interesados.

12. a) Cada Administración Pública actúa para el cumplimiento de sus fines con personalidad jurídica única.

13. c) La dotación de los créditos necesarios para su puesta en marcha y funcionamiento.

14. b) Es irrenunciable.

15. d) Salvo los casos de avocación o delegación la competencia es irrenunciable.

16. b) No podrán ser objeto de delegación las competencias relativas a asuntos que se refieran a las relaciones con las Asambleas Legislativas de las Comunidades Autónomas.

17. d) El medio de publicación dependerá de la Administración a que pertenezca el órgano delegante y el ámbito territorial de competencia de este.

18. a) La delegación será revocable en cualquier momento por el órgano que la haya conferido.

19. c) La avocación se realizará mediante acuerdo motivado que deberá ser notificado a los interesados, si los hubiere, con anterioridad a la resolución final que se dicte.

20. d) Supone cesión de la realización de actividades de carácter material o técnico de la competencia de los órganos administrativos.

21. b) Se formalizará mediante firma del correspondiente convenio entre ellas.

22. a) No alterará la competencia del órgano delegante y para su validez no será necesaria su publicación.

23. b) No implicará alteración de la competencia.

24. b) Implica que los titulares de los órganos administrativos podrán ser suplidos temporalmente.

25. a) Remitirá el asunto al órgano que considere competente, debiendo notificar esta circunstancia a los interesados.

26. c) Los conflictos de atribuciones solo podrán suscitarse entre órganos de una misma Administración no relacionados jerárquicamente, y respecto a asuntos sobre los que no haya finalizado el procedimiento administrativo.

27. b) Mediante instrucciones y órdenes de servicio.

28. a) En el Boletín Oficial que corresponda.

29. c) Quedarán integrados en la Administración Pública que corresponda.

30. a) El Presidente del Órgano Colegiado.

31. b) Un voto particular.

32. a) Con voz, pero sin voto.

33. c) Quedarán exentos de la responsabilidad que, en su caso, pueda derivarse de los acuerdos.

34. b) El tener parentesco de afinidad dentro del segundo grado.

35. d) El tener parentesco de consanguinidad dentro del cuarto grado.

36. b) En el plazo de tres días.

37. c) Designación de su titular.

38. c) Se realizará mediante acuerdo motivado que deberá ser notificado a los interesados en el procedimiento, si los hubiere, con anterioridad o simultáneamente a la resolución final que se dicte.

39. a) Al presidente.

40. b) Al día siguiente.

41. d) No cabrá recurso administrativo.

42. a) No son susceptibles de aplicación analógica.

43. d) Producirán efecto retroactivo en cuanto favorezcan al presunto infractor.

44. c) Solo constituyen infracciones administrativas las vulneraciones del ordenamiento jurídico previstas como tales infracciones por una ley.

45. c) Los interesados que sean parte en el procedimiento podrán dirigirse al órgano que estimen competente para que requiera de inhibición al que esté conociendo del asunto.

46. a) La revocación de una delegación de competencias.

47. d) No suponen alteración de la titularidad de la competencia.

48. a) De forma solidaria.

49. c) En ningún caso podrán implicar, directa o subsidiariamente, privación de libertad.

50. d) A los tres años.

TEST N.º 15

Ley 40/2015, de 1 de octubre, de Régimen Jurídico del Sector Público (II). La responsabilidad patrimonial de las Administraciones Públicas (artículos 32 a 37). Funcionamiento electrónico del sector público (artículos 38 a 46)

1. Los particulares tendrán derecho a ser indemnizados por las Administraciones Públicas correspondientes, de toda lesión que sufran en cualquiera de sus bienes y derechos, siempre que la lesión sea consecuencia:

a) De sucesos que no hubieran podido preverse, o que, previstos, fueran inevitables.
b) De casos de fuerza mayor.
c) De daños que el particular tenga el deber jurídico de soportar de acuerdo con la ley.
d) Del funcionamiento normal o anormal de los servicios públicos.

2. La sentencia que declare la inconstitucionalidad de la norma con rango de ley producirá efectos:

a) Desde la fecha de notificación a las partes.
b) Desde la fecha de su publicación en el Boletín Oficial de la Comunidad Autónoma correspondiente.
c) Desde la fecha de su publicación en el Boletín Oficial del Estado.
d) Desde que se dicte.

3. En el caso de indemnizaciones que proceda abonar cuando el Tribunal Constitucional haya declarado, a instancia de parte interesada, la existencia de un funcionamiento anormal en la tramitación de los recursos de amparo o de las cuestiones de inconstitucionalidad, el procedimiento para fijar el importe de las indemnizaciones se tramitará por el Ministerio correspondiente, con audiencia:

a) Del Tribunal de Cuentas.
b) Del Tribunal de Constitucional.
c) Del Consejo Económico y Social.
d) Del Consejo de Estado.

4. En los supuestos de procedimientos en materia de responsabilidad patrimonial en los que exista una responsabilidad concurrente de varias Administraciones Públicas, la Administración Pública competente deberá consultar a las restantes Administraciones implicadas para que puedan exponer cuanto consideren procedente, en un plazo de:

a) Un mes.
b) Tres meses.
c) Quince días.
d) Diez días.

5. ¿Cuándo podrá sustituirse la indemnización procedente, en el procedimiento de responsabilidad patrimonial de las Administraciones Públicas, por una compensación en especie?

a) Cuando resulte más adecuado para lograr la reparación debida y convenga al interés público, siempre que así lo determine la Administración.
b) Cuando resulte más adecuado para lograr la reparación debida y convenga al interés público, siempre que exista acuerdo con el interesado.
c) Cuando resulte más adecuado para el interés público, siempre que lo autorice el Ministerio correspondiente.
d) En ningún caso podrá sustituirse por compensación en especie.

6. La Administración correspondiente, cuando hubiere indemnizado a los lesionados, exigirá de oficio en vía administrativa de sus autoridades y demás personal a su servicio la responsabilidad en que hubieran incurrido:

a) Por cualquier hecho en el ejercicio de sus funciones.
b) Por omisión inconsciente.
c) Por cualquier negligencia.
d) Por dolo, o culpa o negligencia graves.

7. El establecimiento de una sede electrónica por la Administración Pública conlleva la responsabilidad del titular respecto:

a) De la integridad, veracidad y actualización de la información y los servicios a los que pueda accederse a través de la misma.
b) De la seguridad del sistema y de los servicios a los que pueda accederse a través de la web de cualquier Ministerio.
c) Solo de la veracidad de la información.
d) De la seguridad en los servicios a los que pueda accederse a través de la información.

8. ¿Cómo denomina la Ley 40/2015 a cualquier acto o actuación realizada íntegramente a través de medios electrónicos por una Administración Pública en el marco de un procedimiento administrativo y en la que no haya intervenido de forma directa un empleado público?

a) Actuación administrativa técnica.
b) Actuación administrativa instantánea.
c) Actuación administrativa informatizada.
d) Actuación administrativa automatizada.

9. En los procedimientos para la exigencia de la responsabilidad patrimonial de las autoridades y personal al servicio de las Administraciones Públicas, el acuerdo de iniciación del órgano competente se notificará a los interesados y en él deberá constar, entre otros:

a) Que la práctica de las pruebas admitidas y cualesquiera otras que el órgano competente estime oportunas se realizarán durante un plazo de veinte días.
b) Que la práctica de las pruebas admitidas y cualesquiera otras que el interesado estime oportunas se realizarán durante un plazo de diez días.
c) Que la práctica de las pruebas admitidas y cualesquiera otras que el órgano competente estime oportunas se realizarán durante un plazo de quince días.
d) Que la práctica de las pruebas admitidas y cualesquiera otras que el interesado estime oportunas se realizarán durante un plazo de cinco días.

10. ¿Quién fijará el importe de las indemnizaciones que proceda abonar cuando el Tribunal Constitucional haya declarado, a instancia de parte interesada, la existencia de un funcionamiento anormal en la tramitación de los recursos de amparo o de las cuestiones de inconstitucionalidad?

a) El Ministerio de Hacienda.
b) El Consejo de Ministros.
c) El Tribunal de Cuentas.
d) El propio Tribunal Constitucional.

11. En los procedimientos de responsabilidad patrimonial de las Administraciones Públicas, en los casos de muerte o lesiones corporales se podrá tomar como referencia la valoración incluida en:

a) Los baremos de la normativa vigente en materia de Decesos.
b) Los baremos de la normativa vigente en materia de Seguros obligatorios y de la Seguridad Social.
c) Los baremos de la normativa establecida por Índice de Garantía de la Competitividad.
d) Los baremos fijados en la Ley 47/2003, de 26 de noviembre, General Presupuestaria, o, en su caso, a las normas presupuestarias de las Comunidades Autónomas.

12. Los medios o soportes en que se almacenen documentos utilizados en las actuaciones administrativas, deberán contar con medidas de seguridad, de acuerdo con lo previsto:

a) En el Código de Seguridad Nacional.
b) En la Ley de Seguridad Administrativa
c) En El Protocolo de Seguridad Nacional.
d) El Esquema Nacional de Seguridad.

13. La anulación en vía administrativa o por el orden jurisdiccional contencioso administrativo de los actos o disposiciones administrativas:

a) No presupone, por sí misma, la imposición de sanción.
b) Presupone, por sí misma, derecho a la indemnización.
c) No presupone, por sí misma, derecho a la indemnización.
d) Presupone, por sí misma, la imposición de sanción.

14. Salvo que en ella se establezca otra cosa, la sentencia que declare el carácter de norma contraria al Derecho de la Unión Europea, producirá efectos desde la fecha de su publicación en:

a) El Boletín Oficial del Estado.
b) El portal del Consejo General del Poder Judicial.
c) El Boletín Oficial de la Comunidad Autónoma al que pertenezca el Juzgado que dicta sentencia.
d) En el Diario Oficial de la Unión Europea.

15. En los procedimientos para la exigencia de la responsabilidad patrimonial de las autoridades y personal al servicio de las Administraciones Públicas, el acuerdo de iniciación del órgano competente se notificará a los interesados y en él deberá constar, entre otros:

a) Que se formulará propuesta de resolución en un plazo de cinco días a contar desde la finalización del trámite de audiencia.
b) Que se formulará propuesta de resolución en un plazo de diez días a contar desde la finalización del trámite de audiencia.
c) Que se formulará propuesta de resolución en un plazo de quince días a contar desde la finalización del trámite de alegaciones.
d) Que se formulará propuesta de resolución en un plazo de veinte días a contar desde la finalización del trámite de alegaciones.

16. En los supuestos de responsabilidad concurrente de las Administraciones Públicas, dichas Administraciones intervinientes responderán frente al particular:

a) En todo caso de forma solidaria.
b) En todo caso de forma subsidiaria.

c) De forma solidaria, excepcionalmente.

d) De forma subsidiaria, en los casos regulados.

17. La cuantía de la indemnización en los procedimientos de responsabilidad patrimonial de las Administraciones Públicas se calculará, sin perjuicio de su actualización a la fecha en que se ponga fin al procedimiento de responsabilidad, con referencia:

a) Al día de la firma del informe médico que certifica la lesión.

b) Al día en el que el interesado puso en conocimiento de la Administración la existencia de la lesión.

c) Al día en que se tuvo conocimiento de la lesión.

d) Al día en que la lesión efectivamente se produjo.

18. El procedimiento para la exigencia de la responsabilidad patrimonial de las autoridades y personal al servicio de las Administraciones Públicas, se iniciará por acuerdo del órgano competente que se notificará a los interesados y que constará, al menos de:

a) Alegaciones durante un plazo de veinte días.

b) Audiencia durante un plazo de veinte días.

c) Práctica de las pruebas admitidas y cualesquiera otras que el órgano competente estime oportunas durante un plazo de cinco días.

d) Resolución por el órgano competente en el plazo de cinco días, tras la propuesta de resolución.

19. En el procedimiento para la exigencia de la responsabilidad patrimonial de las autoridades y personal al servicio de las Administraciones Públicas, la resolución declaratoria de responsabilidad:

a) No pone fin a la vía administrativa.

b) Pondrá fin a la vía administrativa.

c) Permite reiniciar la vía administrativa.

d) No impide que se vuelva a intentar por vía administrativa.

20. La responsabilidad penal del personal al servicio de las Administraciones Públicas se exigirá de acuerdo con lo previsto en:

a) La legislación social.

b) La legislación administrativa.

c) La legislación civil.

d) La legislación penal.

21. Como regla general, la exigencia de responsabilidad penal del personal al servicio de las Administraciones Públicas:

a) No suspenderá los procedimientos de reconocimiento de responsabilidad patrimonial que se instruyan.

b) Suspenderá los procedimientos de reconocimiento de responsabilidad patrimonial que se instruyan.

211

c) Hará que se archiven por caducidad los procedimientos de reconocimiento de responsabilidad patrimonial que se instruyan.

d) Supondrá la prescripción de los procedimientos de reconocimiento de responsabilidad patrimonial que se instruyan.

22. Para hacer efectiva la responsabilidad patrimonial de las autoridades y personal al servicio de las Administraciones Públicas, los particulares exigirán las indemnizaciones por los daños y perjuicios causados:

a) Al personal que ha cometido la infracción.

b) Directamente a la Administración Pública correspondiente.

c) Al personal que ha cometido la infracción y subsidiariamente a la Administración Pública correspondiente.

d) Directamente al Ministerio de Hacienda.

23. Las sedes electrónicas del sector público utilizarán, para identificarse y garantizar una comunicación segura con las mismas:

a) Certificados validados por la Unión Europea de autenticación de sitio web.

b) Certificados validados por la Unión Europea de autenticación de blog o redes sociales.

c) Certificados reconocidos o cualificados de autenticación de sitio web o medio equivalente.

d) Certificados reconocidos de identificación de espacios virtuales.

24. La cuantía de la indemnización en los procedimientos de responsabilidad patrimonial de las Administraciones Públicas se actualizará a la fecha en que se ponga fin al procedimiento de responsabilidad, teniendo en cuenta:

a) El Índice de Inflación de la Unión Europea, fijado por el Banco Central Europeo.

b) El Índice de Precios de la Unión Europea, fijado por el Banco Central Europeo.

c) El Índice de Garantía de la Competitividad, fijado por el Instituto Nacional de Estadística.

d) El Índice de Precios de Consumo, fijado por el Instituto Nacional de Estadística.

25. Para la exigencia y cuantificación de la responsabilidad patrimonial de las autoridades y personal al servicio de las Administraciones Públicas, no se ponderarán:

a) El resultado no dañoso producido.

b) El grado de culpabilidad.

c) La responsabilidad profesional del personal al servicio de las Administraciones Públicas.

d) La relación de la responsabilidad profesional con la producción del resultado dañoso.

26. Señala la opción incorrecta. No serán indemnizables los daños que se deriven de hechos o circunstancias:

a) Que no se hubiesen podido prever.

b) Que no se hubiesen podido evitar según el estado de los conocimientos de la ciencia existentes en el momento de producción de aquellos.

c) Que no se hubiesen podido evitar según el estado de los conocimientos de la técnica existentes en el momento de producción de aquellos.

d) Que se hubiesen podido evitar según el estado de los conocimientos de la técnica existentes en el momento de producción de aquellos.

27. En el ejercicio de la competencia en la actuación administrativa automatizada, cada Administración Pública podrá determinar los supuestos de utilización de los sistemas de firma electrónica, pudiendo ser:

a) Código electrónico de verificación de la Administración Pública, órgano, organismo público o entidad de Derecho Público.

b) Código electrónico vinculado a la Administración Pública, órgano, organismo público o entidad de Derecho Público.

c) Sello seguro de verificación y código electrónico vinculados a la Administración Pública, órgano, organismo público o entidad de Derecho Público.

d) Sello electrónico y código seguro de verificación vinculados a la Administración Pública, órgano, organismo público o entidad de Derecho Público.

28. Los convenios interadministrativos suscritos entre dos o más Comunidades Autónomas para la gestión y prestación de servicios propios de las mismas se regirán, en cuanto a sus supuestos, requisitos y términos por lo previsto en:

a) La Ley de Contratos del Sector Público.

b) Sus respectivos Estatutos de autonomía.

c) La Ley 39/2015 de 1 de octubre, del Procedimiento Administrativo Común de las Administraciones Públicas.

d) Sus respectivas leyes de presupuestos autonómicas.

Solución al test n.º 15

1. d) Del funcionamiento normal o anormal de los servicios públicos.

2. c) Desde la fecha de su publicación en el Boletín Oficial del Estado.

3. d) Del Consejo de Estado.

4. c) Quince días.

5. b) Cuando resulte más adecuado para lograr la reparación debida y convenga al interés público, siempre que exista acuerdo con el interesado.

6. d) Por dolo, o culpa o negligencia graves.

7. a) De la integridad, veracidad y actualización de la información y los servicios a los que pueda accederse a través de la misma.

8. d) Actuación administrativa automatizada.

9. c) Que la práctica de las pruebas admitidas y cualesquiera otras que el órgano competente estime oportunas se realizarán durante un plazo de quince días.

10. b) El Consejo de Ministros.

11. b) Los baremos de la normativa vigente en materia de Seguros obligatorios y de la Seguridad Social.

12. d) El Esquema Nacional de Seguridad.

13. c) No presupone, por sí misma, derecho a la indemnización.

14. d) En el Diario Oficial de la Unión Europea.

15. a) Que se formulará propuesta de resolución en un plazo de cinco días a contar desde la finalización del trámite de audiencia.

16. a) En todo caso de forma solidaria.

17. d) Al día en que la lesión efectivamente se produjo.

18. d) Resolución por el órgano competente en el plazo de cinco días, tras la propuesta de resolución.

19. b) Pondrá fin a la vía administrativa.

20. d) La legislación penal.

21. a) No suspenderá los procedimientos de reconocimiento de responsabilidad patrimonial que se instruyan.

22. b) Directamente a la Administración Pública correspondiente.

23. c) Certificados reconocidos o cualificados de autenticación de sitio web o medio equivalente.

24. c) El Índice de Garantía de la Competitividad, fijado por el Instituto Nacional de Estadística.

25. a) El resultado no dañoso producido.

26. d) Que se hubiesen podido evitar según el estado de los conocimientos de la técnica existentes en el momento de producción de aquellos.

27. d) Sello electrónico y código seguro de verificación vinculados a la Administración Pública, órgano, organismo público o entidad de Derecho Público.

28. b) Sus respectivos Estatutos de autonomía.

TEST N.º 16

Ley 9/2017, de 8 de noviembre, de Contratos del Sector Público, por la que se transponen al ordenamiento jurídico español las Directivas del Parlamento Europeo y del Consejo 2014/23/UE y 2014/24/UE, de 26 de febrero de 2014 (I).
Contratos del sector público: Delimitación de los tipos contractuales (artículos 12 a 18).
Contratos sujetos a regulación armonizada (artículos 19 a 23).
Contratos administrativos y contratos privados (artículos 24 a 27)

1. La contratación administrativa en el sector público viene regulada por:

a) La Ley 9/2017, de 8 de noviembre.
b) La Ley 6/2017, de 24 de octubre.
c) La Ley 3/2017, de 27 de junio.
d) La Ley 4/2017, de 25 de septiembre.

2. Los contratos que tienen por objeto la adquisición, el arrendamiento financiero, o el arrendamiento, con o sin opción de compra, de productos o bienes muebles, son:

a) Contratos de servicios.
b) Contratos de suministro.
c) Contratos de obras.
d) Contratos de gestión de servicios públicos.

3. No se consideran contratos de suministros:

a) Aquellos en los que el empresario se obligue a entregar una pluralidad de bienes de forma sucesiva y por precio unitario sin que la cuantía total se defina con exactitud al tiempo de celebrar el contrato, por estar subordinadas las entregas a las necesidades del adquirente.
b) Los que tengan por objeto la adquisición y el arrendamiento de equipos y sistemas de telecomunicaciones o para el tratamiento de la información, sus dispositivos y programas, y la cesión del derecho de uso de estos últimos.

c) Los de adquisición de programas de ordenador desarrollados a medida.

d) Los de fabricación, por los que la cosa o cosas que hayan de ser entregadas por el empresario deban ser elaboradas con arreglo a características peculiares fijadas previamente por la entidad contratante, aun cuando esta se obligue a aportar, total o parcialmente, los materiales precisos.

4. Están sujetos a regulación armonizada los contratos de obras y los contratos de concesión de obras públicas cuyo valor estimado sea igual o superior a:

a) 5.538.000 euros.
b) 6.581.000 euros.
c) 8.615.000 euros.
d) 1.861.000 euros.

5. Están sujetos a regulación armonizada los contratos de suministro adjudicados por la Administración General del Estado, sus organismos autónomos, o las Entidades Gestoras y Servicios Comunes de la Seguridad Social, cuyo valor estimado sea igual o superior a:

a) 5.538.000 euros.
b) 143.000 euros.
c) 221.000 euros.
d) 80.000 euros.

6. De los siguientes, son contratos privados los contratos celebrados por una Administración Pública que tengan por objeto:

a) La suscripción a revistas, publicaciones periódicas y bases de datos.
b) La concesión de servicios públicos.
c) Los contratos de colaboración entre el sector público y el sector privado.
d) La adquisición de suministros.

7. Un conjunto de trabajos de construcción o de ingeniería civil, destinado a cumplir por sí mismo una función económica o técnica, que tenga por objeto un bien inmueble, es denominado por la Ley 9/2017:

a) Una infraestructura.
b) Patrimonio material.
c) Una obra.
d) Un servicio público.

8. En un contrato de concesión de obras, cuando no esté garantizado que, en condiciones normales de funcionamiento, el concesionario vaya a recuperar las inversiones realizadas ni a cubrir los costes en que hubiera incurrido como consecuencia de la explotación de las obras que sean objeto de la concesión, se considerará que el mismo asume un riesgo:

a) Operacional.
b) Virtual.

c) General.
d) Provisional.

9. Los contratos que tengan por objeto la adquisición de energía primaria o energía transformada se consideran:

a) Contratos de concesión de servicios.
b) Contratos de suministros.
c) Contratos privados.
d) Contratos de servicios.

10. Deberá elaborarse un proyecto y tramitarse como la Ley 9/2017 dispone para los contratos de obras, el contrato mixto en que un elemento del contrato sea una obra y esta supere:

a) Los 50.000 euros.
b) Los 100.000 euros.
c) Los 5.000 euros.
d) Los 10.000 euros.

11. No podrán ser objeto de los contratos de servicios:

a) Los que impliquen ejercicio de la autoridad inherente a los poderes públicos.
b) Los que impliquen el desarrollo o mantenimiento de aplicaciones informáticas.
c) Los que tengan por objeto el desarrollo y la puesta a disposición de productos protegidos por un derecho de propiedad intelectual o industrial.
d) Los que tengan por objeto la prestación de actividades docentes en centros del sector público desarrolladas en forma de cursos de formación o perfeccionamiento del personal al servicio de la Administración.

12. Se consideran sujetos a regulación armonizada los contratos:

a) Relativos al tiempo de radiodifusión o al suministro de programas que sean adjudicados a proveedores del servicio de comunicación audiovisual o radiofónica.
b) De concesión adjudicados para la puesta a disposición o la explotación de redes fijas destinadas a prestar un servicio al público en relación con la producción, el transporte o la distribución de agua potable;
c) De concesión de obras cuyo valor estimado sea igual o superior a 5.538.000 euros.
d) Que tengan por objeto los servicios de certificación y autenticación de documentos que deban ser prestados por un notario público.

13. Señalar la opción incorrecta. Algunos contratos de las Administraciones Públicas tienen naturaleza administrativa especial por:

a) Por estar vinculados al giro o tráfico específico de la Administración contratante.
b) Por satisfacer de forma directa o inmediata una finalidad pública de la específica competencia de aquella.

c) Por declararlo así una ley.
d) Por estar sometidos al derecho privado.

14. Los contratos celebrados por entidades del sector público que siendo poder adjudicador no reúnan la condición de Administraciones Públicas, tienen la consideración de:

a) Contratos administrativos.
b) Contratos privados.
c) Contratos administrativos especiales.
d) Contratos mixtos.

15. Los contratos celebrados por entidades del sector público que no reúnan la condición de poder adjudicador, tienen la consideración de:

a) Contratos administrativos.
b) Contratos privados.
c) Contratos administrativos especiales.
d) Contratos mixtos.

16. Para la Directiva 2014/23/UE, de 26 de febrero de 2014, relativa a la adjudicación de contratos de concesión, el criterio delimitador del contrato de concesión de servicios respecto del contrato de servicios es:

a) La cuantificación del coste.
b) Quién asume el riesgo operacional.
c) La exigencia o no de la clasificación del empresario.
d) La publicación en boletín oficial.

17. Según el art. 13.3 de la Ley 9/2017, de 8 de noviembre, de Contratos del Sector Público, los contratos de obras se referirán:

a) A una obra completa.
b) A una superficie acotada.
c) A un área concreta.
d) A un plan urbanístico determinado.

18. En los casos en que un elemento del contrato mixto sea una obra, deberá elaborarse un proyecto y tramitarse cómo para los contratos de obras, a partir de que la obra supere:

a) Los 20.000 euros.
b) Los 50.000 euros.
c) Los 100.000 euros.
d) Los 250.000 euros.

19. Los contratos de servicios se sujetarán a regulación armonizada cuando teniendo por objeto los servicios sociales superen la siguiente cantidad:

a) 144.000 euros.
b) 221.000 euros.
c) 475.000 euros.
d) 750.000 euros.

20. No se consideran sujetos a regulación armonizada, cualquiera que sea su valor estimado, los contratos siguientes:

a) Los contratos de obras que tengan por objeto la construcción de hospitales, centros deportivos, recreativos o de ocio, edificios escolares o universitarios y edificios de uso administrativo.
b) Aquellos que tengan por objeto la representación y defensa legal de un cliente por un procurador o un abogado, ya sea en un arbitraje o una conciliación celebrada en un Estado o ante una instancia internacional de conciliación o arbitraje, o ya sea en un procedimiento judicial ante los órganos jurisdiccionales o las autoridades públicas de un Estado o ante órganos jurisdiccionales o instituciones internacionales.
c) Los que tengan por objeto servicios sociales.
d) Los adjudicados por órganos de contratación que pertenezcan al sector de la defensa.

21. De acuerdo con el artículo 26 de la Ley 9/2017, de contratos del Sector Público, los contratos privados que celebren las administraciones públicas se regirán por el derecho privado, en cuanto a:

a) Su preparación y adjudicación.
b) Sus efectos, modificación y extinción.
c) Su preparación, adjudicación y extinción.
d) Ninguna de las anteriores respuestas es correcta ya que se regirán, en defecto de normas específicas, por la presente ley.

22. De conformidad con lo establecido en el artículo 16.1 de la Ley 9/2017, de 8 de noviembre, de Contratos del Sector Público. Indica qué tipo de contrato es el de arrendamiento, con y sin opción de compra, de productos o bienes muebles:

a) De Obras.
b) De Suministros.
c) De Servicios.
d) De concesión de Servicios.

23. Según la Ley 9/2017, de 8 de noviembre, de Contratos del Sector Público, ¿en qué tipo de contrato aparece la figura del riesgo operacional?

a) Contrato de obras.
b) Contrato de servicios.

c) Contrato de suministros.

d) Contrato de concesión de obras y de concesión de servicios.

24. De acuerdo al art. 13 de la Ley 9/2017, de 8 de noviembre, de Contratos del Sector Público, se entiende que una "obra" es:

a) El resultado de un conjunto de trabajos de construcción, destinado a cumplir por sí mismo una función técnica, que tenga por objeto un bien.

b) El resultado de un conjunto de trabajos de carácter técnico, destinado a cumplir por sí mismo una función habitacional o dotacional.

c) El resultado de un conjunto de trabajos de carácter técnico, que tienen por objeto la creación o modificación de un bien inmueble.

d) El resultado de un conjunto de trabajos de construcción o de ingeniería civil, destinado a cumplir por sí mismo una función económica o técnica, que tenga por objeto un bien inmueble.

25. Los contratos cuyo objeto son prestaciones de hacer consistentes en el desarrollo de una actividad o dirigidas a la obtención de un resultado distinto de una obra o un suministro, son los contratos de:

a) Concesión de obras.

b) Concesión de servicios.

c) Servicios.

d) Suministros.

Solución al test n.º 16

1. a) La Ley 9/2017, de 8 de noviembre.

2. b) Contratos de suministro.

3. c) Los de adquisición de programas de ordenador desarrollados a medida.

4. a) 5.538.000 euros.

5. b) 143.000 euros.

6. a) La suscripción a revistas, publicaciones periódicas y bases de datos.

7. c) Una obra.

8. a) Operacional.

9. b) Contratos de suministros.

10. a) Los 50.000 euros.

11. a) Los que impliquen ejercicio de la autoridad inherente a los poderes públicos.

12. c) De concesión de obras cuyo valor estimado sea igual o superior a 5.538.000 euros.

13. d) Por estar sometidos al derecho privado.

14. b) Contratos privados.

15. b) Contratos privados.

16. b) Quién asume el riesgo operacional.

17. a) A una obra completa.

18. b) Los 50.000 euros.

19. d) 750.000 euros.

20. b) Aquellos que tengan por objeto la representación y defensa legal de un cliente por un procurador o un abogado, ya sea en un arbitraje o una conciliación celebrada en un Estado o ante una instancia internacional de conciliación o arbitraje, o ya sea en un procedimiento judicial ante los órganos jurisdiccionales o las autoridades públicas de un Estado o ante órganos jurisdiccionales o instituciones internacionales.

21. b) Sus efectos, modificación y extinción.

22. b) De Suministros.

23. d) Contrato de concesión de obras y de concesión de servicios.

24. d) El resultado de un conjunto de trabajos de construcción o de ingeniería civil, destinado a cumplir por sí mismo una función económica o técnica, que tenga por objeto un bien inmueble.

25. c) Servicios.

TEST N.º 17

Ley 9/2017, de 8 de noviembre, de Contratos del Sector Público, por la que se transponen al ordenamiento jurídico español las Directivas del Parlamento Europeo y del Consejo 2014/23/UE y 2014/24/UE, de 26 de febrero de 2014 (II). Partes en el Contrato (artículos 61 a 71). Objeto, presupuesto base de licitación, valor estimado, precio del contrato y su revisión (artículos 99 a 105)

1. Serán objeto de publicación en el perfil de contratante los encargos que realicen las entidades del sector público a un ente calificado como medio propio personificado, y que sin tener la consideración jurídica de contrato su importe (IVA excluido) fuera superior a:

a) 5.000 euros.
b) 10.000 euros.
c) 25.000 euros.
d) 50.000 euros.

2. La publicación de la información relativa a los contratos menores en el perfil de contratante debe realizarse, al menos:

a) Mensualmente.
b) Trimestralmente.
c) Semestralmente.
d) Anualmente.

3. ¿En qué tipo de contratos las facultades del responsable del contrato serán ejercidas por el director facultativo?

a) En los contratos de obras.
b) En los contratos mixtos.
c) En los contratos sujetos a una regulación armonizada.
d) En los contratos de concesiones de obra pública y de concesiones de servicios.

4. Sin perjuicio de que se permita el acceso a expedientes anteriores ante solicitudes de información, toda la información contenida en los perfiles de contratante se publicará en formatos abiertos y reutilizables, y permanecerá accesible al público durante un periodo de tiempo no inferior a:

a) 2 años.
b) 3 años.
c) 4 años.
d) 5 años.

5. Por regla general, el acceso a la información del perfil de contratante:

a) Será libre, no requiriendo identificación previa.
b) Estará restringido.
c) Será libre, previa identificación.
d) Precisará previa solicitud motivada de acceso.

6. Los contratos menores cuya información se publica en el perfil de contratante, estarán ordenados:

a) Según la duración de los contratos.
b) Por importe de adjudicación.
c) Por el objeto de los contratos.
d) Por la identidad del adjudicatario.

7. Siempre que el sistema de pago utilizado por los poderes adjudicadores fuera el de anticipo de caja fija u otro sistema similar para realizar pagos menores, no se publicará en el perfil de contratante la información de los contratos menores cuando su valor estimado fuera inferior a (a partir de):

a) Mil euros.
b) Cinco mil euros.
c) Veinte mil euros.
d) Treinta mil euros.

8. Señala la opción incorrecta. Sólo podrán contratar con el sector público las personas naturales o jurídicas:

a) Que tengan plena capacidad de obrar.
b) Que no estén incursas en una prohibición de contratar.
c) Que tengan la nacionalidad española.
d) Que acrediten su solvencia económica, financiera y técnica o profesional o se encuentren debidamente clasificadas.

9. De conformidad con lo establecido en el artículo 63 de la Ley de Contratos del Sector Público, en el perfil del contratante deberá publicarse la formalización de los encargos a medios propios cuyo importe fuera superior a:

a) 18.000 euros, IVA excluido. La información relativa a los encargos de importe superior a 6.000 euros deberá publicarse al menos trimestralmente.

b) 18.000 euros, IVA incluido. La información relativa a los encargos de importe superior a 5.000 euros deberá publicarse al menos trimestralmente.

c) 50.000 euros, IVA excluido. La información relativa a los encargos de importe superior a 5.000 euros deberá publicarse al menos cuatrimestralmente.

d) 50.000 euros, IVA excluido. La información relativa a los encargos de importe superior a 5.000 euros deberá publicarse al menos trimestralmente.

10. Conforme a la Ley 9/2017, de 8 de noviembre, de Contratos del Sector Público, podrán contratar con el sector público las uniones de empresarios que se constituyan temporalmente al efecto

a) Sin que sea necesaria la indicación de la participación de cada uno de los integrantes hasta que se haya efectuado la adjudicación del contrato a su favor.

b) Sin que sea necesaria la formalización de las mismas en escritura pública hasta que se haya efectuado la adjudicación del contrato a su favor.

c) Siendo necesaria la formalización de las mismas en escritura pública antes de que se haya efectuado la adjudicación del contrato a su favor.

d) Siendo necesaria colusión entre ellas.

11. Conforme a la Ley 9/2017, de 8 de noviembre, de Contratos del Sector Público, en uniones de empresarios, para los casos en que sea exigible la clasificación y concurran en la unión empresarios nacionales, extranjeros que no sean nacionales de un Estado miembro de la Unión Europea ni de un Estado signatario del Acuerdo sobre el Espacio Económico Europeo yextranjeros que sean nacionales de un Estado miembro de la Unión Europea o de un Estado signatario del Acuerdo sobre el Espacio Económico Europeo, los que pertenezcan

a) Al primer grupo deberán acreditar su clasificación, y los restantes su solvencia económica, financiera y técnica o profesional.

b) A los dos primeros grupos deberán acreditar su clasificación, y estos últimos su solvencia económica, financiera y técnica o profesional.

c) Al primer grupo deberán acreditar su solvencia económica, financiera y técnica, y los restantes su clasificación.

d) A los dos primeros grupos deberán acreditar su solvencia económica, financiera y técnica o profesional, y estos últimos su clasificación.

12. De acuerdo al art. 62 de la Ley 9/2017, de 8 de noviembre, de Contratos del Sector Público, en los contratos de obra las facultades del responsable del contrato serán ejercidas por:

a) Una persona designada por el órgano de contratación.
b) El director facultativo.
c) Una persona designada por el adjudicatario.
d) El técnico redactor del proyecto.

13. Previa justificación en el expediente, podrá llevarse a cabo la revisión periódica y predeterminada de precios en aquellos contratos en los que el período de recuperación de la inversión sea igual o superior a:

a) 3 años.
b) 4 años.
c) 5 años.
d) 1 año.

14. Conforme al artículo 99 de la Ley 9/2017, el objeto de los contratos del sector público deberá ser:

a) Determinado.
b) Fraccionado.
c) Motivado.
d) Concertado.

15. En relación al objeto del contrato, NO es cierto que:

a) En los contratos adjudicados por lotes, sólo se constituye un único contrato por todo el conjunto.
b) Cuando el órgano de contratación proceda a la división en lotes del objeto del contrato, podrá limitar el número de lotes para los que un mismo candidato o licitador puede presentar oferta.
c) Siempre que la naturaleza o el objeto del contrato lo permitan, deberá preverse la realización independiente de cada una de sus partes mediante su división en lotes.
d) El objeto del contrato se podrá definir en atención a las necesidades o funcionalidades concretas que se pretenden satisfacer, sin cerrar el objeto del contrato a una solución única.

16. El límite máximo de gasto que en virtud del contrato puede comprometer el órgano de contratación, incluido el Impuesto sobre el Valor Añadido, constituye:

a) El valor estimado del contrato.
b) El precio del contrato.
c) El presupuesto base de licitación.
d) El objeto del contrato.

17. ¿En cuál de los siguientes contratos el valor estimado será determinado por el órgano de contratación a partir del importe neto de la cifra de negocios que estima generará la empresa contratista durante la ejecución del mismo como contraprestación?

a) Contrato de Servicios.
b) Contrato de Obras.
c) Contrato de Suministros.
d) Contrato de Concesión de Obras.

18. En relación al valor estimado de los contratos, es cierto que:

a) En el cálculo del valor estimado, únicamente deberán tenerse en cuenta los costes derivados de la aplicación de las normativas laborales vigentes.
b) En la determinación del valor estimado se ha de incluir el impuesto sobre el valor añadido.
c) En el cálculo del valor estimado deberá tenerse en cuenta cualquier forma de opción eventual y las eventuales prórrogas del contrato.
d) El método de cálculo aplicado por el órgano de contratación para calcular el valor estimado no podrá figurar en los pliegos de cláusulas administrativas particulares.

19. Los contratos del sector público tendrán siempre un precio:

a) Justo.
b) Cierto.
c) Aproximado.
d) Mínimo.

20. En relación al precio de los contratos del sector público, es cierto que:

a) Por regla general, el precio en los contratos de las Administraciones Públicas puede ser aplazado.
b) El coste económico principal no pueden ser los costes laborales.
c) En los contratos celebrados con precios provisionales el precio se determinará, dentro de los límites fijados para el precio máximo, en función de los costes en que realmente incurra el contratista y del beneficio que se haya acordado.
d) Los contratos celebrados con precios provisionales son susceptibles de revisión de precios.

21. Previa justificación en el expediente, la revisión periódica y predeterminada de precios se podrá llevar a cabo en todos los contratos del siguiente tipo:

a) En los contratos de obra.
b) En los contratos de concesión de obra.
c) En los contratos de suministros.
d) En los contratos de servicios.

22. ¿Cuál de los siguientes costes en un contrato puede ser revisable en algunos casos?

a) Los costes asociados a las amortizaciones.
b) El beneficio industrial.
c) Los gastos generales.
d) Los costes de mano de obra.

23. Salvo en los contratos de suministro de energía, cuando proceda, la revisión periódica y predeterminada de precios en los contratos del sector público tendrá lugar cuando el contrato se hubiese ejecutado, al menos, en el 20 por ciento de su importe y hubiese transcurrido desde su formalización:

a) 1 año.
b) 6 meses.
c) 2 años.
d) 3 años.

24. La condición relativa al porcentaje del 20% de ejecución del contrato no será exigible a efectos de proceder a la revisión periódica y predeterminada en los contratos:

a) De obras.
b) De servicios.
c) De suministros.
d) De concesión de servicios.

25. En el cálculo del valor estimado de los contratos deberán tenerse en cuenta

a) Cuando se haya previsto abonar primas o efectuar pagos a los candidatos o licitadores, la cuantía de los mismos.
b) Los costes derivados de la aplicación de las normativas laborales vigentes, otros costes que se deriven de la ejecución material de los servicios, los gastos generales de estructura y el beneficio industrial, así como cualquier forma de opción eventual y las eventuales prórrogas del contrato.
c) En el caso de que, de conformidad con lo dispuesto en el artículo 204, se haya previsto en el pliego de cláusulas administrativas particulares o en el anuncio de licitación la posibilidad de que el contrato sea modificado, la totalidad de las modificaciones al alza previstas.
d) Todas las respuestas son correctas.

26. Conforme a la Ley 9/2017, de 8 de noviembre, de Contratos del Sector Público, se entenderá el límite máximo de gasto que en virtud del contrato puede comprometer el órgano de contratación, incluido el Impuesto sobre el Valor Añadido, salvo disposición en contrario, como

a) Presupuesto protegible.
b) Presupuesto base de licitación.

c) Valor estimado.
d) Precio del contrato.

27. Conforme al artículo 101.5 de la Ley 9/2017, el método de cálculo aplicado por el órgano de contratación para calcular el valor estimado en todo caso deberá figurar en:
a) Los pliegos de cláusulas administrativas particulares.
b) Los pliegos de cláusulas administrativas generales.
c) Los pliegos de prescripciones técnicas generales.
d) Los pliegos de prescripciones técnicas particulares.

28. Conforme a la Ley 9/2017, de 8 de noviembre, de Contratos del Sector Público, ¿es posible establecer el sistema de retribución a tanto alzado, sin existencia de precios unitarios?
a) No, en ningún caso.
b) Sí.
c) Sí, solo cuando el criterio de retribución se configure como de precio cerrado.
d) Sí, en cualquier caso.

29. De conformidad con el artículo 101 de la LCSP, ¿cuál de los siguientes costes NO deberá tenerse en cuenta para el cálculo del valor estimado del contrato?

a) Gastos generales de estructura.
b) Impuesto sobre el Valor Añadido.
c) Beneficio industrial.
d) Eventuales prórrogas del contrato.

30. Para calcular el valor estimado de un contrato, ¿qué elemento de los siguientes deberá contemplarse, de acuerdo con lo dispuesto en el artículo 101 de la LCSP?

a) El impuesto de valor añadido.
b) Las eventuales prórrogas.
c) El presupuesto base.
d) Todos los impuestos aplicables al mismo.

Solución al test n.º 17

1. d) 50.000 euros.

2. b) Trimestralmente.

3. a) En los contratos de obras.

4. d) 5 años.

5. a) Será libre, no requiriendo identificación previa.

6. d) Por la identidad del adjudicatario.

7. b) Cinco mil euros.

8. c) Que tengan la nacionalidad española.

9. d) 50.000 euros, IVA excluido. La información relativa a los encargos de importe superior a 5.000 euros deberá publicarse al menos trimestralmente.

10. b) Sin que sea necesaria la formalización de las mismas en escritura pública hasta que se haya efectuado la adjudicación del contrato a su favor.

11. b) A los dos primeros grupos deberán acreditar su clasificación, y estos últimos su solvencia económica, financiera y técnica o profesional.

12. b) El director facultativo.

13. c) 5 años.

14. a) Determinado.

15. a) En los contratos adjudicados por lotes, sólo se constituye un único contrato por todo el conjunto.

16. c) El presupuesto base de licitación.

17. d) Contrato de Concesión de Obras.

18. c) En el cálculo del valor estimado deberá tenerse en cuenta cualquier forma de opción eventual y las eventuales prórrogas del contrato.

19. b) Cierto.

20. c) En los contratos celebrados con precios provisionales el precio se determinará, dentro de los límites fijados para el precio máximo, en función de los costes en que realmente incurra el contratista y del beneficio que se haya acordado.

21. a) En los contratos de obra.

22. d) Los costes de mano de obra.

23. a) 1 año.

24. d) De concesión de servicios.

25. d) Todas las respuestas son correctas.

26. b) Presupuesto base de licitación.

27. a) Los pliegos de cláusulas administrativas particulares.

28. b) Sí.

29. b) Impuesto sobre el Valor Añadido.

30. b) Las eventuales prórrogas.

TEST N.º 18

Ley 9/2017, de 8 de noviembre, de Contratos del Sector Público, por la que se transponen al ordenamiento jurídico español las Directivas del Parlamento Europeo y del Consejo 2014/23/UE y 2014/24/UE, de 26 de febrero de 2014 (III). Preparación de los contratos de las Administraciones Públicas (artículos 115 a 124)

1. En relación al expediente de contratación, NO es cierto que:

a) El expediente deba referirse a la totalidad del objeto del contrato.

b) En todo caso, se han de incorporar al expediente el pliego de cláusulas administrativas particulares y el de prescripciones generales.

c) Debe incorporarse al expediente el certificado de existencia de crédito.

d) El expediente se iniciará por el órgano de contratación, que ha de motivar la necesidad del contrato.

2. En qué tipo de contratos se ha de justificar adecuadamente en el expediente el informe de insuficiencia de medios:

a) En los contratos de servicios.

b) En los contratos de suministros.

c) En los contratos de concesión de obras.

d) En los contratos de obras.

3. En relación a la resolución de aprobación del expediente de contratación, NO es cierto que:

a) Será una resolución motivada dictada por el órgano de contratación.

b) En ella se dispone la apertura del procedimiento de ejecución.

c) Generalmente, implicará la aprobación del gasto.

d) Debe ser objeto de publicación en el perfil de contratante.

4. Las prescripciones técnicas de los contratos:

a) Proporcionarán a los empresarios acceso en condiciones de igualdad al procedimiento de contratación.

b) Tienen por efecto la creación de obstáculos, justificados o no, a la apertura de la contratación pública a la competencia.

c) Son especificaciones de cumplimiento voluntario aprobadas por organismos de normalización.

d) Son documentos elaborados por los organismos europeos de normalización, distintos de las normas europeas, con arreglo a procedimientos adaptados a la evolución de las necesidades del mercado.

5. En relación a las consultas preliminares del mercado para la preparación del contrato, es cierto que:

a) De las consultas realizadas se ha de intentar obtener un objeto contractual tan concreto y delimitado que únicamente se ajuste a las características técnicas de uno de los consultados.

b) Las consultas realizadas podrán comportar ventajas respecto de la adjudicación del contrato para las empresas participantes en aquellas.

c) Durante el proceso de consultas, el órgano de contratación podrá revelar a los participantes en el mismo las soluciones propuestas por los otros participantes.

d) Con carácter general, el órgano de contratación al elaborar los pliegos deberá tener en cuenta los resultados de las consultas realizadas.

6. Completado el expediente de contratación el órgano de contratación dictará resolución aprobando el expediente. No es cierto que:

a) Dicha resolución tenga que ser motivada.

b) En dicha resolución se tenga que disponer la apertura del procedimiento de adjudicación.

c) La resolución deba ser objeto de publicación en el perfil de contratante.

d) Dicha resolución implique, en todo caso, la aprobación del gasto.

7. En los contratos menores de más de 5.000 euros, la tramitación del expediente exigirá la emisión de un informe del órgano de contratación justificando de manera motivada la necesidad del contrato y que no se está alterando su objeto con el fin de evitar la aplicación de los umbrales de este tipo de contratos. Asimismo, se requerirá la aprobación del gasto y la incorporación al mismo de la factura correspondiente. ¿En qué contrato menor deberá añadirse, además, el presupuesto?

a) En el de obras.

b) En el de suministros.

c) En el de servicios.

d) En el de concesión de servicios.

8. El plazo de inicio de la ejecución de un contrato calificado de urgente, no podrá exceder, a contar desde la formalización, de:

a) 10 días.
b) 20 días.
c) Un mes.
d) Tres meses.

9. Cuando la Administración tenga que actuar de manera inmediata a causa de acontecimientos catastróficos, de situaciones que supongan grave peligro o de necesidades que afecten a la defensa nacional:

a) El órgano de contratación, sin obligación de tramitar expediente administrativo, podrá ordenar la ejecución de lo necesario para remediar el acontecimiento producido o satisfacer la necesidad sobrevenida, o contratar libremente su objeto, en todo o en parte, sin sujetarse a los requisitos formales establecidos en la Ley de Contratos del Sector Público, incluso el de la existencia de crédito suficiente.

b) El órgano de contratación, podrá ordenar la ejecución de lo necesario para remediar el acontecimiento producido o satisfacer la necesidad sobrevenida, o contratar libremente su objeto, en todo o en parte, una vez tramite el correspondiente expediente administrativo.

c) El órgano de contratación, sin obligación de tramitar expediente administrativo, ordenará la ejecución de lo necesario para remediar el acontecimiento producido o satisfacer la necesidad sobrevenida, o contratar libremente su objeto, en todo o en parte, con sujeción a los requisitos formales establecidos en la Ley de Contratos del Sector Público.

d) El órgano de contratación, sin obligación de tramitar expediente administrativo, podrá ordenar la ejecución de lo necesario para remediar el acontecimiento producido o satisfacer la necesidad sobrevenida, o contratar libremente su objeto, en todo o en parte, sin sujetarse a los requisitos formales establecidos en la Ley de Contratos del Sector Público, salvo el de la existencia de crédito suficiente.

10. En el caso de contratos tramitados a causa de emergencia, celebrados por la Administración General del Estado, sus Organismos autónomos, entidades gestoras y servicios comunes de la Seguridad Social o demás entidades públicas estatales, se dará cuenta de los acuerdos al Consejo de Ministros en el plazo máximo de:

a) 15 días.
b) 20 días.
c) 30 días.
d) 60 días.

11. En relación a la formalización del contrato, ¿pueden las entidades del sector público contratar verbalmente?

a) No, en ningún caso.
b) Solo cuando se trate de contratos menores.
c) Solo cuando el contrato tenga carácter de emergencia.
d) Solo en caso de contratos de suministros no sujetos a regulación armonizada.

12. Los pliegos de cláusulas administrativas particulares deberán aprobarse:

a) En todo caso, previamente a la autorización del gasto, conjuntamente a la licitación del contrato.

b) Una vez adjudicado el contrato.

c) Conjuntamente con la autorización del gasto y la licitación del contrato.

d) Previamente a la autorización del gasto o conjuntamente con ella, y siempre antes de la licitación del contrato, o de no existir esta, antes de su adjudicación.

13. En los expedientes calificados de urgentes, los expedientes gozarán de preferencia para su despacho por los distintos órganos que intervengan en la tramitación, que dispondrán de un plazo para emitir los respectivos informes o cumplimentar los trámites correspondientes, de:

a) 5 días.

b) 7 días.

c) 10 días.

d) 15 días.

14. Una vez adjudicado el contrato ¿puede modificarse el pliego de prescripciones técnicas particulares?

a) No, en ningún caso.

b) Sólo por error material, de hecho o aritmético.

c) Sólo cuando no afecte al precio.

d) Sí, siempre que se motive la modificación.

15. Según el artículo 119 de la Ley 9/2017, de 8 de noviembre, de Contratos del Sector Público, podrán ser objeto de tramitación urgente aquellos expedientes de contratos cuya celebración responda a una necesidad inaplazable o cuya adjudicación sea preciso acelerar por razones:

a) De urgencia debidamente motivada.

b) De necesidad del órgano de contratación.

c) De interés de la Administración Pública correspondiente.

d) De interés público.

16. En relación a la tramitación de los contratos menores, señala la respuesta incorrecta:

a) En los contratos menores de obras no es necesario en ningún caso el informe de supervisión recogido en el art. 235 de la Ley de Contratos del Sector Público.

b) La información de los contratos menores deberá publicarse trimestralmente en el perfil del contratante.

c) Se exige la emisión de un informe del órgano de contratación justificando de manera motivada la necesidad del contrato y que no se está alterando su objeto con el fin de evitar la aplicación de los importes máximos fijados en el art. 118.1 de la Ley de Contratos del Sector Público.

d) En los contratos cuyo pago se verifique a través del sistema de anticipos de caja fija u otro similar para realizar pagos menores, siempre y cuando el valor estimado del contrato no exceda de 5.000 euros, no se requerirá el informe del órgano de contratación del art. 118.2 de la Ley de Contratos del Sector Público.

17. Indica qué respuesta es correcta, según el artículo 118 de la Ley 9/2017, de 8 de noviembre, de Contratos del Sector Público, serán contratos menores de suministros aquellos de valor estimado inferior a la siguiente cantidad:

a) 18.000,00 Euros.
b) 15.000,00 Euros.
c) 18.001,00 Euros.
d) 15.001,00 Euros.

18. Conforme a la Ley 9/2017, de 8 de noviembre, de Contratos del Sector Público, deberán aprobarse previamente a la autorización del gasto o conjuntamente con ella, y siempre antes de la licitación del contrato, o de no existir esta, antes de su adjudicación, y solo podrán ser modificados con posterioridad por error material, de hecho o aritmético:

a) Los proyectos técnicos y el plan de trabajos
b) Sólo los pliegos de cláusulas administrativas particulares.
c) Sólo los pliegos y documentos que contengan las prescripciones técnicas particulares.
d) Tanto los pliegos de cláusulas administrativas particulares, como los pliegos y documentos que contengan las prescripciones técnicas particulares.

19. De acuerdo con la Ley 9/2017, de 8 de noviembre, de Contratos del Sector Público (en adelante LCSP), la aprobación de aquellos pliegos de prescripciones técnicas generales a que deba ajustarse el conjunto de Administración General de Estado se llevará a cabo:

a) Por el Consejo de Ministros, previo informe de la Junta Consultiva de Contratación y a propuesta del ministro competente.
b) Por el órgano de contratación, con anterioridad a la autorización del gasto, o conjuntamente con ella.
c) Por la Ministra de Hacienda y Función Pública, previo informe de la Dirección General de Racionalización y Centralización de la Contratación.
d) Por la Junta Consultiva de Contratación, a propuesta del ministro competente.

20. De conformidad con el artículo 120 de la LCSP, señala la respuesta correcta respecto a la tramitación de emergencia de los contratos en el sector público:

a) En caso de que no exista crédito adecuado y suficiente, una vez adoptado el acuerdo, se procederá a su dotación de conformidad con lo establecido en la Ley General Presupuestaria.

b) Si el contrato ha sido celebrado por la Administración General del Estado o demás entidades públicas estatales, se dará cuenta de dichos acuerdos al Ministerio de Hacienda y Función Pública en el plazo máximo de veinte días.

c) Ejecutadas las actuaciones objeto de este régimen excepcional, se excluirán las mismas de lo dispuesto en esta Ley sobre cumplimiento de los contratos, recepción y liquidación de la prestación.

d) El plazo de inicio de la ejecución de las prestaciones no podrá ser superior a quince días, contados desde la adopción del acuerdo de iniciación del órgano de contratación.

21. De acuerdo al art. 122 de la Ley 9/2017, de 8 de noviembre, de Contratos del Sector Público, los Pliegos de Cláusulas Administrativas Particulares deberán aprobarse:

a) Tras la autorización del gasto y siempre antes de la licitación del contrato.

b) Previamente a la autorización del gasto o conjuntamente con ella, y siempre antes de la licitación del contrato, o de no existir esta, antes de su adjudicación.

c) Conjuntamente con la autorización del gasto.

d) Con licitación del contrato.

22. A tenor de lo dispuesto en la Ley 9/2017, de 8 de noviembre de Contratos del Sector Público, la tramitación de los expedientes de contratación puede ser:

a) Ordinaria y extraordinaria.

b) Ordinaria, urgente o de emergencia.

c) Abierta, restringido o negociada.

d) Centralizada o descentralizada.

23. Una vez completado el expediente de contratación, según la Ley 9/2017, de 8 de noviembre de Contratos del Sector Público ¿a quién corresponde aprobarlo y disponer la apertura del procedimiento de adjudicación?

a) En todo caso, a los Consejeros.

b) En todo caso, a los Secretarios Generales Técnicos.

c) En todo caso, al órgano de contratación.

d) Al órgano de supervisión.

24. Según la Ley 9/2017, de 8 de noviembre de Contratos del Sector Público, ¿cuándo se aprueban los Pliegos de Cláusulas Administrativas Particulares?

a) Previa o conjuntamente a la autorización del gasto y siempre antes de la adjudicación del contrato.

b) Siempre con carácter previo a la autorización del gasto y antes de la perfección y, en su caso, licitación del contrato.

c) Siempre conjuntamente a la autorización del gasto y antes de la licitación del contrato.

d) Posteriormente a la autorización del gasto o conjuntamente con ella.

25. Un expediente de contratación, según la Ley 9/2017, de 8 de noviembre de Contratos del Sector Público se puede tramitar de forma abreviada mediante:

a) La tramitación urgente del expediente.
b) La tramitación de un contrato menor.
c) La tramitación de un negociado sin publicidad.
d) En ningún caso se podrán tramitar los expedientes de forma abreviada.

Solución al test n.º 18

1. b) En todo caso, se han de incorporar al expediente el pliego de cláusulas administrativas particulares y el de prescripciones generales.

2. a) En los contratos de servicios.

3. b) En ella se dispone la apertura del procedimiento de ejecución.

4. a) Proporcionarán a los empresarios acceso en condiciones de igualdad al procedimiento de contratación.

5. d) Con carácter general, el órgano de contratación al elaborar los pliegos deberá tener en cuenta los resultados de las consultas realizadas.

6. d) Dicha resolución implique, en todo caso, la aprobación del gasto.

7. a) En el de obras.

8. c) Un mes.

9. a) El órgano de contratación, sin obligación de tramitar expediente administrativo, podrá ordenar la ejecución de lo necesario para remediar el acontecimiento producido o satisfacer la necesidad sobrevenida, o contratar libremente su objeto, en todo o en parte, sin sujetarse a los requisitos formales establecidos en la Ley de Contratos del Sector Público, incluso el de la existencia de crédito suficiente.

10. c) 30 días.

11. c) Solo cuando el contrato tenga carácter de emergencia.

12. d) Previamente a la autorización del gasto o conjuntamente con ella, y siempre antes de la licitación del contrato, o de no existir esta, antes de su adjudicación.

13. a) 5 días.

14. b) Sólo por error material, de hecho o aritmético.

15. d) De interés público.

16. a) En los contratos menores de obras no es necesario en ningún caso el informe de supervisión recogido en el art. 235 de la Ley de Contratos del Sector Público.

17. b) 15.000,00 Euros.

18. d) Tanto los pliegos de cláusulas administrativas particulares, como los pliegos y documentos que contengan las prescripciones técnicas particulares.

19. a) Por el Consejo de Ministros, previo informe de la Junta Consultiva de Contratación y a propuesta del ministro competente.

20. a) En caso de que no exista crédito adecuado y suficiente, una vez adoptado el acuerdo, se procederá a su dotación de conformidad con lo establecido en la Ley General Presupuestaria.

21. b) Previamente a la autorización del gasto o conjuntamente con ella, y siempre antes de la licitación del contrato, o de no existir esta, antes de su adjudicación.

22. b) Ordinaria, urgente o de emergencia.

23. c) En todo caso, al órgano de contratación.

24. a) Previa o conjuntamente a la autorización del gasto y siempre antes de la adjudicación del contrato.

25. a) La tramitación urgente del expediente.

TEST N.º 19

Ley 9/2017, de 8 de noviembre, de Contratos del Sector Público, por la que se transponen al ordenamiento jurídico español las Directivas del Parlamento Europeo y del Consejo 2014/23/UE y 2014/24/UE, de 26 de febrero de 2014 (IV).
Adjudicación de los contratos de las Administraciones Públicas (artículos 131 a 155)

1. Según el artículo 131.4 de la LCSP, para proceder a la adjudicación de los contratos relativos a la prestación de asistencia sanitaria en supuestos de urgencia, bastará con que, además de justificarse la urgencia, se determine el objeto de la prestación, se fije el precio a satisfacer por la asistencia y se designe por el órgano de contratación la empresa a la que corresponderá la ejecución. Todo ello siempre que el valor estimado del contrato sea inferior a:

a) 30.000 euros.
b) 50.000 euros.
c) 80.000 euros.
d) 100.000 euros.

2. De acuerdo al artículo 132 de la Ley 9/2017, de 8 de noviembre, de Contratos del Sector Público, los órganos de contratación darán a los licitadores y candidatos un tratamiento igualitario y no discriminatorio y ajustarán su actuación a los principios de:

a) Solvencia y capacidad.
b) Transparencia y proporcionalidad.
c) Igualdad y meritocracia.
d) Eficacia y eficiencia.

3. Salvo que los pliegos o el contrato establezcan un plazo mayor, el contratista deberá respetar el carácter confidencial de aquella información a la que tenga acceso con ocasión de la ejecución del contrato a la que se le hubiese dado el referido carácter en los pliegos o en el contrato, o que por su propia naturaleza deba ser tratada como tal, durante un plazo desde el conocimiento de esa información de:

a) 3 años.
b) 5 años.

c) 7 años.
d) 10 años.

4. Los órganos de contratación podrán publicar un anuncio de información previa con el fin de dar a conocer aquellos contratos de obras, suministros o servicios que, estando sujetos a regulación armonizada, tengan proyectado adjudicar. El periodo cubierto por el anuncio de información previa, a contar desde la fecha de envío del citado anuncio a la Oficina de Publicaciones de la Unión Europea o, en su caso, a partir de la fecha de envío también a esta última, del anuncio de publicación en el perfil de contratante, será de un máximo de:

a) 12 meses.
b) 15 meses.
c) 18 meses.
d) 24 meses.

5. Según el artículo 135.2 de la LCSP, los procedimientos de las Administraciones Públicas para la adjudicación de contratos de obras, suministros, servicios, concesiones de obras y concesiones de servicios no sujetos a regulación armonizada:

a) Deberán publicarse en el «Diario Oficial de la Unión Europea», debiendo los poderes adjudicadores poder demostrar la fecha de envío del anuncio de licitación.
b) Solo se publicarán en el perfil de contratante.
c) Deberán publicarse, en todo caso, en el «Boletín Oficial del Estado».
d) Podrán ser anunciados en el «Diario Oficial de la Unión Europea», si el órgano de contratación lo estima conveniente.

6. Según el artículo 136.2 de la LCSP, en el caso en que se introduzcan modificaciones significativas en los pliegos de la contratación, los órganos de contratación deberán ampliar el plazo inicial de presentación de las ofertas y solicitudes de participación:

a) Por un plazo igual al transcurrido hasta la publicación de la modificación.
b) La duración de la prórroga no podrá ser superior a 20 días hábiles.
c) Por un plazo de un mes.
d) La duración de la prórroga en todo caso será proporcional a la importancia de la información solicitada por el interesado.

7. Según el artículo 138 de la Ley 9/2017, en cuál de los siguientes casos estará justificado el acceso electrónico a los pliegos y demás documentación complementaria a la licitación:

a) En el caso de los contratos de suministros.
b) En el caso de contratos menores.
c) En el caso de contratos de obras y de servicios, cuando se vayan a adjudicar por procedimiento abierto.
d) En el caso de concesiones de obras y de servicios, por motivos de seguridad excepcionales.

8. Los órganos de contratación proporcionarán a todos los interesados en el procedimiento de licitación, a más tardar 6 días antes de que finalice el plazo fijado para la presentación de ofertas, aquella información adicional sobre los pliegos y demás documentación complementaria que estos soliciten, a condición de que la hubieren pedido al menos (art. 138.3):

a) 10 días antes del transcurso del plazo de presentación de las proposiciones o de las solicitudes de participación, salvo que en los pliegos que rigen la licitación se estableciera otro plazo distinto.

b) 12 días antes del transcurso del plazo de presentación de las proposiciones o de las solicitudes de participación, salvo que en los pliegos que rigen la licitación se estableciera otro plazo distinto.

c) 15 días antes del transcurso del plazo de presentación de las proposiciones o de las solicitudes de participación, salvo que en los pliegos que rigen la licitación se estableciera otro plazo distinto.

d) 20 días antes del transcurso del plazo de presentación de las proposiciones o de las solicitudes de participación, salvo que en los pliegos que rigen la licitación se estableciera otro plazo distinto.

9. El artículo 141.2 de la Ley de Contratos del Sector Público establece que en los casos en que se establezca la intervención de mesa de contratación, ésta calificará la declaración responsable y la documentación acreditativa del cumplimiento de los requisitos previos. Cuando ésta aprecie defectos subsanables, dará un plazo de tres días al empresario para que los corrija. Este plazo de tres días:

a) Son días hábiles en aplicación de la Ley 39/2015, de 1 de octubre, del procedimiento administrativo común de las Administraciones públicas.

b) Son días hábiles en aplicación de la Ley 40/2015, de 1 de octubre, de Régimen Jurídico del Sector Público.

c) Son días naturales por aplicación de la Ley de Contratos del Sector Público.

d) Son días hábiles por aplicación de la Ley de Contratos del Sector Público.

10. En relación a la admisibilidad de variantes regulada en el artículo 142 de la LCSP, es cierto que:

a) Cuando en la adjudicación hayan de tenerse en cuenta criterios distintos del precio, el órgano de contratación podrá tomar en consideración las variantes que ofrezcan los licitadores, siempre que las variantes no se hubieran rechazado de forma expresa en los pliegos.

b) Las precisiones de las variantes que se puedan admitir podrán hacer referencia a determinadas funcionalidades que puedan tener los bienes, obras o servicios objeto del contrato, o a la satisfacción adecuada de determinadas necesidades.

c) En los procedimientos de adjudicación de contratos de servicios o de concesión de servicios, los órganos de contratación que hayan autorizado la presentación de variantes no podrán rechazar una de ellas por el único motivo de que, de ser elegida, daría lugar a un contrato de servicios en vez de a un contrato de concesión de servicios o a un contrato de concesión de servicios en vez de a un contrato de servicios.

d) La posibilidad de que los licitadores ofrezcan variantes se indicará en el anuncio de licitación del contrato, sin limitación en cuanto a qué elementos pueden ser objeto de variación.

11. No se adjudicarán mediante subasta electrónica:

a) Los contratos tramitados por procedimientos abiertos.
b) Los contratos tramitados por procedimientos restringidos.
c) Aquellos contratos en que la adjudicación se base únicamente en los precios.
d) Los contratos cuyo objeto tenga relación con la calidad alimentaria.

12. A efectos de la adjudicación del contrato NO podrá celebrarse una subasta electrónica, en casos:

a) De procedimientos abiertos.
b) De procedimientos restringidos.
c) De procedimientos negociados.
d) En que las prestaciones que constituyen su objeto tengan carácter intelectual.

13. El artículo 145 de la Ley 9/2017, de 8 de noviembre, de Contratos del Sector Público establece sobre la adjudicación de los contratos que:

a) Se realizará atendiendo a la oferta económica más ventajosa, sin necesidad de justificarlo en el expediente.
b) Se realizará utilizando una pluralidad de criterios de adjudicación en base a la mejor relación calidad-precio.
c) Se realizará atendiendo exclusivamente a criterios cualitativos.
d) Se realizará atendiendo exclusivamente a criterios cuantitativos.

14. Cuando solo se utilice un criterio de adjudicación, este ha de relacionarse, necesariamente con:

a) La calidad.
b) Las características vinculadas con la satisfacción de exigencias sociales que respondan a necesidades, definidas en las especificaciones del contrato, propias de las categorías de población especialmente desfavorecidas a las que pertenezcan los usuarios o beneficiarios de las prestaciones a contratar.
c) El plazo de ejecución o entrega de la prestación.
d) Los costes.

15. En los contratos que tengan por objeto prestaciones de carácter intelectual, los criterios relacionados con la calidad deberán representar, al menos:

a) El 40% de la puntuación asignable en la valoración de las ofertas.
b) El 50% de la puntuación asignable en la valoración de las ofertas.

c) El 51% de la puntuación asignable en la valoración de las ofertas.

d) El 60% de la puntuación asignable en la valoración de las ofertas.

16. En relación a las mejoras como criterio de adjudicación, NO es cierto que:

a) Las mejoras propuestas por el adjudicatario pasarán a formar parte del contrato.

b) Podrán ser objeto de modificación.

c) En el caso de que se establezcan las mejoras como criterio de adjudicación, estas deberán estar suficientemente especificadas.

d) Se entiende por mejoras, las prestaciones adicionales a las que figuraban definidas en el proyecto y en el pliego de prescripciones técnicas, sin que aquellas puedan alterar la naturaleza de dichas prestaciones, ni del objeto del contrato.

17. En los procedimientos de adjudicación, abierto o restringido, celebrados por los órganos de las Administraciones Públicas, la valoración de los criterios cuya cuantificación dependa de un juicio de valor corresponderá, en los casos en los que tengan atribuida una ponderación mayor que la correspondiente a los criterios evaluables de forma automática (art. 146 LCSP):

a) A un comité formado por expertos con cualificación apropiada, que cuente con un mínimo de tres miembros, que podrán pertenecer a los servicios dependientes del órgano de contratación, pero en ningún caso podrán estar adscritos al órgano proponente del contrato.

b) A un comité formado por expertos con cualificación apropiada, que cuente con un mínimo de dos miembros, que podrán pertenecer a los servicios dependientes del órgano proponente del contrato, pero en ningún caso podrán estar adscritos al órgano de contratación.

c) A un comité formado por expertos con cualificación apropiada, que cuente con un mínimo de tres miembros, que podrán pertenecer a los servicios dependientes del órgano proponente del contrato, pero en ningún caso podrán estar adscritos al órgano de contratación.

d) A un comité formado por expertos con cualificación apropiada, que cuente con un mínimo de dos miembros, que deberán estar adscritos a un órgano independiente.

18. La valoración de más de un criterio de adjudicación procederá, en particular, en la adjudicación de los siguientes contratos:

a) En cualquier contrato de suministros.

b) Aquellos cuyos proyectos o presupuestos hayan podido ser establecidos previamente.

c) Aquellos que requieran el empleo de tecnología especialmente avanzada o cuya ejecución sea particularmente compleja.

d) Contratos de servicios en que las prestaciones estén perfectamente definidas técnicamente y no sea posible variar los plazos de entrega ni introducir modificaciones de ninguna clase en el contrato.

19. Salvo que se hubiese establecido otro plazo en el pliego de cláusulas administrativas particulares, cuando para la adjudicación del contrato en el procedimiento abierto deban tenerse en cuenta una pluralidad de criterios, el plazo máximo para efectuar la adjudicación, a contar desde la apertura de las proposiciones, será de:

a) 15 días.
b) 20 días.
c) 1 mes.
d) 2 meses.

20. Señalar la opción incorrecta. Podrá establecerse la preferencia en la adjudicación de contratos, en igualdad de condiciones con las que sean económicamente más ventajosas, por:

a) Empresas que tengan en su plantilla un número de trabajadores con discapacidad superior a un porcentaje concreto.
b) Empresas de inserción.
c) Entidades reconocidas como Organizaciones de Comercio Justo.
d) Empresas de implantación nacional.

21. Según la Ley 9/2017, de 8 de noviembre, de Contratos del Sector Público, los órganos de contratación podrán establecer en los pliegos de cláusulas administrativas particulares criterios de adjudicación específicos para el desempate en los casos en que, tras la aplicación de los criterios de adjudicación, se produzca un empate entre dos o más ofertas. En defecto de la previsión en los pliegos, el primer criterio de desempate será (art. 147.2):

a) Mayor porcentaje de mujeres empleadas en la plantilla de cada una de las empresas.
b) El sorteo.
c) Menor porcentaje de contratos temporales en la plantilla de cada una de las empresas.
d) Mayor porcentaje de trabajadores con discapacidad o en situación de exclusión social en la plantilla de cada una de las empresas.

22. De acuerdo con la Ley 9/2017, de 8 de noviembre, de Contratos del Sector Público, el licitador que hubiese presentado la mejor oferta deberá acreditar la constitución de la garantía definitiva en el plazo de (art. 150.2 LCSP):

a) 10 días hábiles.
b) 10 días naturales.
c) 15 días hábiles.
d) 15 días naturales.

23. El artículo 151 de la Ley de Contratos del Sector Público obliga a motivar la resolución de adjudicación y a notificarla a los candidatos y licitadores, debiendo ser publicada en el perfil de contratante en el plazo de:

a) 5 días.
b) 10 días.
c) 15 días.
d) 20 días.

24. El desistimiento de un contrato:

a) Puede acordarse por el órgano de contratación antes de la formalización del contrato, debiendo estar fundado en una infracción no subsanable de las normas de preparación del contrato o de las reguladoras del procedimiento de adjudicación, no impidiendo la iniciación inmediata de un procedimiento de licitación.

b) Puede acordarse por el órgano de contratación antes de la adjudicación del contrato, debiendo estar fundado en una infracción no subsanable de las normas de preparación del contrato o de las reguladoras del procedimiento de adjudicación, y se compensará a los candidatos aptos para participar en la licitación o licitadores por los gastos en que hubiesen incurrido.

c) Puede acordarse por el órgano de contratación antes de la adjudicación del contrato, debiendo estar fundado en una infracción no subsanable de las normas de preparación del contrato o de las reguladoras del procedimiento de adjudicación.

d) Puede acordarse por el órgano de contratación antes de la formalización del contrato, debiendo estar fundado en una infracción no subsanable de las normas de preparación del contrato o de las reguladoras del procedimiento de adjudicación, impidiendo la iniciación inmediata de un procedimiento de licitación.

25. Por regla general, si el contrato es susceptible de recurso especial en materia de contratación, la formalización no podrá efectuarse antes de que transcurran desde que se remita la notificación de la adjudicación a los licitadores y candidatos (art. 153.3 LCSP):

a) 10 días hábiles.
b) 15 días hábiles.
c) 20 días naturales.
d) 20 días hábiles.

Solución al test n.º 19

1. a) 30.000 euros.

2. b) Transparencia y proporcionalidad.

3. b) 5 años.

4. a) 12 meses.

5. d) Podrán ser anunciados en el «Diario Oficial de la Unión Europea», si el órgano de contratación lo estima conveniente.

6. d) La duración de la prórroga en todo caso será proporcional a la importancia de la información solicitada por el interesado.

7. d) En el caso de concesiones de obras y de servicios, por motivos de seguridad excepcionales.

8. b) 12 días antes del transcurso del plazo de presentación de las proposiciones o de las solicitudes de participación, salvo que en los pliegos que rigen la licitación se estableciera otro plazo distinto.

9. c) Son días naturales por aplicación de la Ley de Contratos del Sector Público.

10. b) Las precisiones de las variantes que se puedan admitir podrán hacer referencia a determinadas funcionalidades que puedan tener los bienes, obras o servicios objeto del contrato, o a la satisfacción adecuada de determinadas necesidades.

11. d) Los contratos cuyo objeto tenga relación con la calidad alimentaria.

12. d) En que las prestaciones que constituyen su objeto tengan carácter intelectual.

13. b) Se realizará utilizando una pluralidad de criterios de adjudicación en base a la mejor relación calidad-precio.

14. d) Los costes.

15. c) El 51% de la puntuación asignable en la valoración de las ofertas.

16. b) Podrán ser objeto de modificación.

17. a) A un comité formado por expertos con cualificación apropiada, que cuente con un mínimo de tres miembros, que podrán pertenecer a los servicios dependientes del órgano de contratación, pero en ningún caso podrán estar adscritos al órgano proponente del contrato.

18. c) Aquellos que requieran el empleo de tecnología especialmente avanzada o cuya ejecución sea particularmente compleja.

19. d) 2 meses.

20. d) Empresas de implantación nacional.

21. d) Mayor porcentaje de trabajadores con discapacidad o en situación de exclusión social en la plantilla de cada una de las empresas.

22. a) 10 días hábiles.

23. c) 15 días.

24. a) Puede acordarse por el órgano de contratación antes de la formalización del contrato, debiendo estar fundado en una infracción no subsanable de las normas de preparación del contrato o de las reguladoras del procedimiento de adjudicación, no impidiendo la iniciación inmediata de un procedimiento de licitación.

25. b) 15 días hábiles.

TEST N.º 20

Ley 9/2017, de 8 de noviembre, de Contratos del Sector Público, por la que se transponen al ordenamiento jurídico español las Directivas del Parlamento Europeo y del Consejo 2014/23/UE y 2014/24/UE, de 26 de febrero de 2014 (V). Efectos, cumplimiento y extinción de los contratos administrativos (artículos 188 a 202)

1. Según el artículo 189 de la LCSP, los contratos deberán cumplirse a tenor de:

a) Las prerrogativas establecidas por la legislación en favor de las Administraciones Públicas o de los interesados, sin perjuicio de sus cláusulas y prescripciones técnicas o particulares.

b) Los pactos que firmen las partes a lo largo del procedimiento de ejecución.

c) Sus cláusulas, sin perjuicio de las prerrogativas establecidas por la legislación en favor de los contratistas.

d) Sus cláusulas, sin perjuicio de las prerrogativas establecidas por la legislación en favor de las Administraciones Públicas.

2. Según el artículo 190 de la Ley 9/2017, el órgano de contratación ostenta, entre otras, la siguiente prerrogativa en relación a los contratos administrativos:

a) El derecho general del órgano de contratación a inspeccionar las instalaciones, oficinas y demás emplazamientos en los que el contratista desarrolle sus actividades.

b) La revisión periódica no predeterminada o no periódica de los precios de los contratos.

c) Suspender la ejecución del contrato.

d) La prórroga del contrato sin necesidad de preaviso.

3. Será preceptivo el dictamen del Consejo de Estado u órgano consultivo equivalente de la Comunidad Autónoma respectiva en las modificaciones de los contratos cuando no estuvieran previstas en el pliego de cláusulas administrativas particulares y su cuantía, aislada o conjuntamente, sea superior a un 20 por ciento del precio inicial del contrato, IVA excluido, y su precio sea igual o superior a (art. 191.3 LCSP):

a) 300.000 euros.

b) 600.000 euros.

c) 1.000.000 euros.
d) 6.000.000 de euros.

4. En relación a las prerrogativas de la Administración Pública en los contratos administrativos, es cierto que (art. 191.4 LCSP):

a) Las facultades de inspección implican un derecho general del órgano de contratación a inspeccionar las instalaciones, oficinas y demás emplazamientos en los que el contratista desarrolle sus actividades.

b) Los acuerdos que adopte el órgano de contratación pondrán fin a la vía administrativa y serán inmediatamente ejecutivos.

c) En los procedimientos que se instruyan para la adopción de acuerdos relativos a las prerrogativas no es obligatoria la audiencia al contratista.

d) El contratista tiene derecho a declarar la responsabilidad imputable al órgano de contratación a raíz de la ejecución del contrato.

5. Los pliegos o el documento descriptivo podrán prever penalidades para el caso de cumplimiento defectuoso de la prestación objeto del mismo, no pudiendo su cuantía ser superior a (art. 192 LCSP):

a) Al 10 por 100 del precio del contrato.
b) Al 20 por 100 del precio del contrato.
c) Al 30 por 100 del precio del contrato.
d) Al 40 por 100 del precio del contrato.

6. Cuando el contratista, por causas imputables al mismo, hubiere incurrido en demora respecto al cumplimiento del plazo total, la administración podrá optar indistintamente por la resolución del contrato o por la imposición de las penalidades diarias en la proporción de (art. 193.2 LCSP):

a) 0,10 euros por cada 1.000 euros del precio del contrato.
b) 0,20 euros por cada 1.000 euros del precio del contrato.
c) 0,50 euros por cada 1.000 euros del precio del contrato.
d) 0,60 euros por cada 1.000 euros del precio del contrato.

7. De conformidad con la LCSP, en el supuesto de demora en el plazo total de ejecución del contrato (art. 193.3 LCSP):

a) La Administración procederá a la resolución del contrato, que implicará la imposición de penalidades diarias en la proporción de 0,60 euros por cada 1.000 euros del precio del contrato, IVA excluido, siempre y cuando la demora se haya producido por causas imputables al contratista.

b) La Administración podrá optar entre la resolución del contrato o la imposición de penalidades, siempre y cuando la demora se haya producido por causas imputables al contratista.

c) La Administración procederá, previa y necesaria intimación al contratista, a la resolución del contrato, que implicará la imposición de penalidades diarias en la proporción de 0,60 € por cada 1.000 € del precio del contrato, IVA excluido, siempre y cuando la demora se haya producido por causas imputables al contratista.

d) La Administración podrá optar entre la resolución del contrato o la imposición de penalidades, independientemente de que la demora sea o no imputable al contratista.

8. En virtud del art. 193 de la Ley de Contratos del Sector Público, el órgano de contratación estará facultado para proceder a la resolución del mismo o acordar la continuidad de su ejecución con imposición de nuevas penalidades, cada vez que las penalidades por demora alcancen:

a) Sumas de 10.000 euros.
b) Un múltiplo del 10 por 100 del precio del contrato.
c) Sumas de 25.000 euros.
d) Un múltiplo del 5 por 100 del precio del contrato.

9. Conforme al artículo 194 de la Ley 9/2017, de 8 de noviembre, de Contratos del Sector Público (en adelante LCSP), la imposición de penalidades en los supuestos de incumplimiento parcial de un contrato administrativo por parte de un contratista se impondrá por acuerdo de:

a) El responsable del contrato.
b) La mesa de contratación.
c) La Junta Consultiva de Contratación Administrativa.
d) El órgano de contratación.

10. Según el artículo 195 de la LCSP, si el retraso en la ejecución del contrato fuese producido por motivos no imputables al contratista y este ofreciera cumplir sus compromisos si se le amplía el plazo inicial de ejecución, ¿cómo deberá actuar el órgano de contratación?

a) Estará obligado a un nuevo plazo de presentación de solicitudes de participación.
b) Deberá solicitar dictamen preceptivo y vinculante del Consejo de Estado u órgano consultivo equivalente de la Comunidad Autónoma respectiva.
c) El órgano de contratación le concederá un plazo igual al tiempo perdido.
d) El órgano de contratación se lo concederá dándosele un plazo que será, por lo menos, igual al tiempo perdido, a no ser que el contratista pidiese otro menor.

11. En relación a la ejecución de los contratos, es cierto que (art. 196 LCSP):

a) Cuando el contratista, por causas imputables al mismo, hubiere incumplido parcialmente la ejecución de las prestaciones definidas en el contrato, la Administración deberá resolver el contrato.
b) La constitución en mora del contratista precisará intimación previa por parte de la Administración.

c) Será obligación del contratista indemnizar todos los daños y perjuicios que se causen a terceros como consecuencia de las operaciones que requiera la ejecución del contrato.

d) Los contratistas que tengan derecho de cobro frente a la Administración, no podrán ceder el mismo.

12. Conforme al art. 197 del Texto Refundido de la Ley de Contratos del Sector Público, la ejecución del contrato se realizará a riesgo y .... del contratista, sin perjuicio de lo establecido para el contrato de obras en casos de fuerza mayor. Señalar la palabra correcta que falta en la anterior frase:

a) Responsabilidad.
b) Cuenta.
c) Fortuna.
d) Ventura.

13. Conforme al artículo 198.5 de la Ley 9/2017, el contratista podrá proceder, en su caso, a la suspensión del cumplimiento del contrato, debiendo comunicar a la Administración, con un mes de antelación, tal circunstancia, a efectos del reconocimiento de los derechos que puedan derivarse de dicha suspensión, por demora en el pago superior a (a partir de):

a) 3 meses.
b) 4 meses.
c) 6 meses.
d) 9 meses.

14. Según el artículo 198.6 del Texto Refundido de la Ley de Contratos del Sector Público, el contratista tendrá derecho a resolver el contrato y al resarcimiento de los perjuicios que se le originen, cuando la demora de la Administración en la obligación de abonar el precio, sea superior a (a partir de):

a) 3 meses.
b) 4 meses.
c) 6 meses.
d) 12 meses.

15. Con carácter general y de acuerdo con el artículo 198.4 de la Ley 9/2017, de 8 de noviembre, de Contratos del Sector Público, la Administración tiene la obligación de abonar el precio de las prestaciones convenidas dentro de:

a) Los treinta días siguientes a la fecha de aprobación de las certificaciones de obra o de los documentos de conformidad con lo dispuesto en el contrato.

b) Los sesenta días siguientes a la fecha de aprobación de las certificaciones de obra o de los documentos de conformidad con lo dispuesto en el contrato.

c) Los noventa días siguientes a la fecha de aprobación de las certificaciones de obra o de los documentos de conformidad con lo dispuesto en el contrato.

d) Los veinte días siguientes a la fecha de aprobación de las certificaciones de obra o de los documentos de conformidad con lo dispuesto en el contrato.

16. Según el artículo 199 de la LCSP, en el caso que la Administración no abone el precio convenido dentro del plazo señalado, los contratistas podrán reclamar por escrito a la Administración contratante el cumplimiento de la obligación de pago y, en su caso, de los intereses de demora. Los interesados podrán formular recurso contencioso-administrativo contra la inactividad de la Administración si ésta no responde a la reclamación en un plazo de:

a) 20 días.
b) 1 mes.
c) 2 meses.
d) 3 meses.

17. ¿Pueden los contratistas ceder los derechos de cobro frente a la Administración?

a) No, en ningún caso.

b) Sí, siempre que la cesión fuera anterior al nacimiento de la relación jurídica de la que deriva el derecho de cobro.

c) Sí, siempre que se haga conforme a derecho.

d) Únicamente cuando la posibilidad de transmisión de derechos de cobro venga recogida en las cláusulas del contrato.

18. ¿Es obligatorio el establecimiento en el pliego de cláusulas administrativas de condiciones especiales de ejecución (art. 202 LCSP)?

a) Sí, al menos de una condición referida a consideraciones económicas, relacionadas con la innovación, de tipo medioambiental o de tipo social, debiendo consignarse en el pliego de cláusulas administrativas particulares las penalidades para el supuesto de su incumplimiento.

b) No es obligatorio, sin perjuicio de que el órgano de contratación pueda establecerlas en el pliego, siempre que estén vinculadas al objeto del contrato, no sean directa o indirectamente discriminatorias, sean compatibles con el derecho comunitario y se indiquen en el anuncio de licitación y en los pliegos.

c) Sí, al menos de una condición referida a consideraciones económicas, relacionadas con la innovación, de tipo medioambiental o de tipo social, debiendo consignarse en el pliego de cláusulas administrativas particulares su carácter de obligación contractual esencial a los efectos señalados en el artículo 211. F) LCSP.

d) Sí, al menos de una condición referida a consideraciones económicas, relacionadas con la innovación, de tipo medioambiental o de tipo social, exigiéndose además a los subcontratistas que participen en la ejecución del contrato.

19. Señalar la opción incorrecta: Los órganos de contratación podrán establecer condiciones especiales en relación con la ejecución del contrato, siempre que (art. 202 LCSP):

a) Estén vinculadas al objeto del contrato.
b) No sean directamente discriminatorias.
c) Sean compatibles con el derecho comunitario
d) Se indiquen en el anuncio de licitación y en los pliegos.

20. De conformidad con el artículo 202.3 de la LCSP, el incumplimiento de las condiciones especiales de ejecución:

a) No puede dar lugar al establecimiento de penalidades.
b) Supondrá la resolución del contrato.
c) Podrá ser considerado en los pliegos como infracción grave, a efectos de la prohibición de contratar.
d) No puede dar lugar a la resolución del contrato.

Solución al test n.º 20

1. d) Sus cláusulas, sin perjuicio de las prerrogativas establecidas por la legislación en favor de las Administraciones Públicas.

2. c) Suspender la ejecución del contrato.

3. d) 6.000.000 de euros.

4. b) Los acuerdos que adopte el órgano de contratación pondrán fin a la vía administrativa y serán inmediatamente ejecutivos.

5. a) Al 10 por 100 del precio del contrato.

6. d) 0,60 euros por cada 1.000 euros del precio del contrato.

7. b) La Administración podrá optar entre la resolución del contrato o la imposición de penalidades, siempre y cuando la demora se haya producido por causas imputables al contratista.

8. d) Un múltiplo del 5 por 100 del precio del contrato.

9. d) El órgano de contratación.

10. d) El órgano de contratación se lo concederá dándosele un plazo que será, por lo menos, igual al tiempo perdido, a no ser que el contratista pidiese otro menor.

11. c) Será obligación del contratista indemnizar todos los danos y perjuicios que se causen a terceros como consecuencia de las operaciones que requiera la ejecución del contrato.

12. d) Ventura.

13. b) 4 meses.

14. c) 6 meses.

15. a) Los treinta días siguientes a la fecha de aprobación de las certificaciones de obra o de los documentos de conformidad con lo dispuesto en el contrato.

16. b) 1 mes.

17. c) Sí, siempre que se haga conforme a derecho.

18. d) Sí, al menos de una condición referida a consideraciones económicas, relacionadas con la innovación, de tipo medioambiental o de tipo social, exigiéndose además a los subcontratistas que participen en la ejecución del contrato.

19. b) No sean directamente discriminatorias.

20. c) Podrá ser considerado en los pliegos como infracción grave, a efectos de la prohibición de contratar.

TEST N.º 21

Ley 9/2017, de 8 de noviembre, de Contratos del Sector Público, por la que se transponen al ordenamiento jurídico español las Directivas del Parlamento Europeo y del Consejo 2014/23/UE y 2014/24/UE, de 26 de febrero de 2014 (VI).
Ejecución, modificación, cumplimiento y resolución del contrato de obras (artículos 237 a 246).
Contrato de suministro (artículos 300 a 302 y 304 a 307).
Contrato de servicios (artículos 308 a 315)

1. En un contrato de obras, ¿en qué momento comienza la ejecución del contrato?

a) Con el acta de comprobación del replanteo.
b) Desde la fecha de formalización del contrato.
c) Con la aprobación de proyecto.
d) Ninguna de las anteriores es correcta.

2. Es causa de resolución del contrato de obras la suspensión de las obras por parte de la Administración por plazo superior a:

a) 4 meses.
b) 6 meses.
c) 8 meses.
d) 10 meses.

3. Es causa de resolución del contrato de obras la suspensión de la iniciación de las obras por plazo superior a:

a) 3 meses.
b) 4 meses.
c) 6 meses.
d) 8 meses.

4. Salvo prevención en contrario en el pliego de cláusulas administrativas particulares, la Administración expedirá mensualmente certificaciones que comprendan la obra ejecutada conforme a proyecto durante dicho período de tiempo, en:

a) Los primeros 10 días siguientes al mes al que correspondan.
b) Los primeros 20 días siguientes al mes al que correspondan.
c) El siguiente mes al que correspondan.
d) Los siguientes 3 meses al que correspondan.

5. El órgano de contratación deberá aprobar la certificación final de las obras ejecutadas dentro del plazo, a contar a partir de la recepción, de:

a) 1 mes.
b) 2 meses.
c) 3 meses.
d) 5 meses.

6. El plazo de garantía se establecerá en el pliego de cláusulas administrativas particulares atendiendo a la naturaleza y complejidad de la obra y no podrá ser inferior, salvo casos especiales, a:

a) 6 meses.
b) 1 año.
c) 2 años.
d) 3 años.

7. Conforme a la Ley 9/2017, de 8 de noviembre, de Contratos del Sector Público, no tendrán la consideración de modificaciones del contrato de obras el exceso de mediciones, entendiendo por tal, la variación que durante la correcta ejecución de la obra se produzca exclusivamente en el número de unidades realmente ejecutadas sobre las previstas en las mediciones del proyecto, siempre que en global no representen un incremento del gasto superior al 10 por ciento

a) De las unidades de obra modificadas.
b) Del valor estimado del contrato.
c) Del precio del contrato inicial.
d) Del presupuesto de licitación.

8. Conforme a la Ley 9/2017, de 8 de noviembre, de Contratos del Sector Público, no tendrán la consideración de modificaciones del contrato de obras, la inclusión de precios nuevos fijados contradictoriamente, siempre que no supongan incremento del precio global del contrato ni afecten a unidades de obra que en su conjunto exceda del

a) 5 por ciento del presupuesto de licitación.
b) 5 por ciento del presupuesto primitivo del mismo.
c) 3 por ciento del presupuesto de licitación.
d) 3 por ciento del presupuesto primitivo del mismo.

9. Conforme al art. 242 de la Ley 9/2017, de 8 de noviembre, de Contratos del Sector Público, en caso de modificación del contrato de obras, el expediente de continuación provisional de la ejecución de las obras a tramitar al efecto exigirá:

a) Conformidad de la Intervención General.
b) Conformidad de las subcontratas afectadas.
c) Conformidad del director de las obras.
d) Conformidad del órgano de contratación.

10. Conforme a la Ley 9/2017, de 8 de noviembre, de Contratos del Sector Público, en caso de modificación del contrato de obras, ¿en qué plazo contado desde el acuerdo de autorización provisional de las obras deberá estar aprobado técnicamente el proyecto y el expediente de la modificación del contrato?

a) Ocho meses y diez meses respectivamente.
b) Seis meses y diez meses respectivamente.
c) Cuatro meses y seis meses respectivamente.
d) Seis meses y ocho meses respectivamente.

11. Conforme a la Ley 9/2017, de 8 de noviembre, de Contratos del Sector Público, cuando las obras no se hallen en estado de ser recibidas se hará constar así en el acta y el Director de las mismas señalará los defectos observados y detallará las instrucciones precisas fijando un plazo para remediar aquellos:

a) De 2 meses como máximo.
b) De 3 meses como máximo.
c) No lo establece la Ley.
d) No establecerá plazo alguno.

12. Conforme a la Ley 9/2017, de 8 de noviembre, de Contratos del Sector Público, ¿dentro de qué plazo anterior al cumplimiento del plazo de garantía, el director facultativo de la obra, de oficio o a instancia del contratista, redactará un informe sobre el estado de las obras?

a) En el menor plazo posible.
b) Diez días.
c) Quince días.
d) La Ley no establece plazo para ello.

13. Si la obra se arruina o sufre deterioros graves incompatibles con su función con posterioridad a la expiración del plazo de garantía por vicios ocultos de la construcción, debido a incumplimiento del contrato por parte del contratista, responderá este de los daños y perjuicios que se produzcan o se manifiesten durante un plazo, a contar desde la recepción, de:

a) 5 años.
b) 10 años.
c) 15 años.
d) 20 años.

14. De acuerdo al art. 242 de la Ley 9/2017, de 8 de noviembre, de Contratos del Sector Público, cuando se considere necesaria una modificación del proyecto y se cumplan los requisitos que a tal efecto regula dicha Ley, se solicitará al órgano de contratación la autorización del inicio del correspondiente expediente, por parte del:

a) Director facultativo de la obra.
b) Contratista.
c) Promotor.
d) Director de la ejecución de la obra.

15. En caso de desistimiento una vez iniciada la ejecución de las obras, o de suspensión de las obras iniciadas por plazo superior a ocho meses, el contratista tendrá derecho en concepto de beneficio industrial:

a) Al 2 por cien del precio de adjudicación del contrato de las obras dejadas de realizar IVA excluido.
b) Al 3 por cien del precio de adjudicación del contrato de las obras dejadas de realizar IVA excluido.
c) Al 4 por cien del precio de adjudicación del contrato de las obras dejadas de realizar IVA excluido.
d) Al 6 por cien del precio de adjudicación del contrato de las obras dejadas de realizar IVA excluido.

16. Según lo establecido en el artículo 245 de la Ley 9/2017, de Contratos del Sector Público, son causas de resolución del contrato de obras:

a) La demora injustificada en la comprobación del replanteo.
b) La suspensión de la iniciación de las obras por plazo superior a tres meses.
c) La suspensión de las obras por un plazo superior a seis meses por parte de la Administración.
d) El desacuerdo entre la Administración y el contratista.

17. Conforme a la Ley 9/2017, de 8 de noviembre, de Contratos del Sector Público, ¿podrán ser objeto de recepción parcial partes de las obras?

a) Nunca.
b) Aquellas susceptibles de ser ejecutadas por fases que puedan ser entregadas al uso público, según lo establecido en el contrato.
c) Aquellas cuya ejecución haya quedado oculta.
d) Siempre que el contratista lo autorice.

18. Conforme a la Ley 9/2017, de 8 de noviembre, de Contratos del Sector Público, es causa de resolución del contrato de obras, además de las generales de la Ley:

a) La modificación del contrato.
b) La suspensión de las obras por plazo superior a seis meses por parte de la Administración.
c) La suspensión de la iniciación de las obras por plazo superior a dos meses.
d) El desistimiento.

19. Conforme a la Ley 9/2017, de 8 de noviembre, de Contratos del Sector Público, si se demorase injustificadamente la comprobación del replanteo, dando lugar a la resolución del contrato, el contratista solo tendrá derecho por todos los conceptos a una indemnización equivalente al:

a) 2 por cien del precio de la adjudicación, IVA excluido.
b) 2 por cien del precio de la adjudicación, IVA incluido.
c) 2 por cien del presupuesto de licitación, IVA excluido.
d) 2 por cien del presupuesto de licitación, IVA incluido.

20. Conforme a la Ley 9/2017, de 8 de noviembre, de Contratos del Sector Público, en caso de suspensión de las obras iniciadas por plazo superior al establecido en la Ley, el contratista tendrá derecho por todos los conceptos al por cien del:

a) Precio de adjudicación del contrato de las obras dejadas de realizar, IVA excluido.
b) Precio de adjudicación del contrato de las obras dejadas de realizar, IVA incluido.
c) Presupuesto de licitación del contrato de las obras dejadas de realizar, IVA excluido.
d) Presupuesto de licitación del contrato de las obras dejadas de realizar, IVA incluido.

21. Conforme a la Ley 9/2017, de 8 de noviembre, de Contratos del Sector Público, cuando el Director facultativo de la obra considere necesaria una modificación del proyecto y se cumplan los requisitos que a tal efecto regula dicha Ley, recabará del órgano de contratación autorización para iniciar el correspondiente expediente, que se sustanciará, entre otras, con audiencia del contratista y del redactor del proyecto, por plazo mínimo de:

a) Tres días.
b) Cinco días.
c) Seis días.
d) Ocho días.

22. Cuando razones técnicas o económicas debidamente justificadas en el expediente lo aconsejen, podrá establecerse en el pliego de cláusulas administrativas particulares de los contratos de suministros que el pago del precio total de los bienes a suministrar consista parte en dinero y parte en la entrega de otros bienes de la misma clase, sin que, en ningún caso, el importe de estos pueda superar:

a) El 10% del precio total.
b) El 20% del precio total.
c) El 30% del precio total.
d) El 50% del precio total.

23. Es causa de resolución del contrato de suministro el desistimiento una vez iniciada la ejecución del suministro o la suspensión del suministro, acordada por la Administración, por un plazo superior a:

a) 4 meses.
b) 6 meses.

c) 8 meses.
d) 10 meses.

24. En el supuesto de resolución del contrato de servicios por desistimiento antes de iniciar la prestación del servicio o la suspensión por causa imputable al órgano de contratación, el contratista solo tendrá derecho a percibir, por todos los conceptos, una indemnización del:

a) 2 por ciento del precio de adjudicación del contrato, IVA excluido.
b) 3 por ciento del precio de adjudicación del contrato, IVA excluido.
c) 5 por ciento del precio de adjudicación del contrato, IVA excluido.
d) 7 por ciento del precio de adjudicación del contrato, IVA excluido.

25. Según el artículo 308 de la Ley 9/2017 ¿puede la entidad contratante instrumentar la contratación de personal a través del contrato de servicios?

a) Sí, en cualquier caso.
b) No, salvo que el contrato se tramite como contrato menor.
c) Sí, siempre que el contrato no se tramite como contrato menor.
d) No, en ningún caso.

26. Señala la respuesta incorrecta respecto a los contratos de servicios que conlleven prestaciones directas a favor de la ciudadanía:

a) En su régimen jurídico deberá declararse expresamente que la actividad de que se trata queda asumida por la Administración respectiva como propia de la misma.
b) La Administración podrá acordar el secuestro o la intervención del servicio en caso de perturbación grave y no reparable por otros medios.
c) El adjudicatario debe cuidar del buen orden del servicio.
d) Con carácter general, la prestación de los servicios que conlleven prestaciones directas a favor de la ciudadanía se efectuará en las dependencias o instalaciones de la propia Administración contratante.

27. Conforme a la Ley 9/2017, de 8 de noviembre, de Contratos del Sector Público, cuando el contrato de servicios consista en la elaboración íntegra de un proyecto de obra, el órgano de contratación exigirá la subsanación por el contratista de los defectos, insuficiencias técnicas, errores materiales, omisiones e infracciones de preceptos legales o reglamentarios que le sean imputables, otorgándole al efecto:

a) Un plazo improrrogable, que no podrá exceder de dos meses.
b) El correspondiente plazo que no podrá exceder de dos meses.
c) El correspondiente plazo que no podrá exceder de un mes.
d) Un plazo que será de un mes improrrogable.

Solución al test n.º 21

1. a) Con el acta de comprobación del replanteo.

2. c) 8 meses.

3. b) 4 meses.

4. a) Los primeros 10 días siguientes al mes al que correspondan.

5. c) 3 meses.

6. b) 1 año.

7. c) Del precio del contrato inicial.

8. d) 3 por ciento del presupuesto primitivo del mismo.

9. d) Conformidad del órgano de contratación.

10. d) Seis meses y ocho meses respectivamente.

11. c) No lo establece la Ley.

12. c) Quince días.

13. c) 15 años.

14. a) Director facultativo de la obra.

15. d) Al 6 por cien del precio de adjudicación del contrato de las obras dejadas de realizar IVA excluido.

16. a) La demora injustificada en la comprobación del replanteo.

17. b) Aquellas susceptibles de ser ejecutadas por fases que puedan ser entregadas al uso público, según lo establecido en el contrato.

18. d) El desistimiento.

19. a) 2 por cien del precio de la adjudicación, IVA excluido.

20. a) Precio de adjudicación del contrato de las obras dejadas de realizar, IVA excluido.

21. a) Tres días.

22. d) El 50% del precio total.

23. c) 8 meses.

24. b) 3 por ciento del precio de adjudicación del contrato, IVA excluido.

25. d) No, en ningún caso.

26. d) Con carácter general, la prestación de los servicios que conlleven prestaciones directas a favor de la ciudadanía se efectuará en las dependencias o instalaciones de la propia Administración contratante.

27. b) El correspondiente plazo que no podrá exceder de dos meses.

TEST N.º 22

**Real Decreto Legislativo 5/2015, de 30 de octubre,
por el que se aprueba el texto refundido de la Ley del Estatuto Básico
del Empleado Público: Acceso al empleo público y adquisición de la
relación de servicios (artículos 55 a 62).
Pérdida de la relación de servicio (artículos 63 a 68).
Ley 11/2022, de 1 de diciembre, de Empleo Público Vasco.
Adquisición y pérdida de la relación de servicio (artículos 63 a 67)**

1. Señala la opción incorrecta. El acceso al empleo público se efectuará de acuerdo con los principios constitucionales de:

a) Capacidad.
b) Mérito.
c) Igualdad.
d) Participación.

2. Según el artículo 59 del Estatuto Básico del Empleado Público, en las ofertas de empleo público se reservará un cupo para ser cubierto entre personas con discapacidad:

a) No inferior al 5% de las vacantes.
b) No superior al 5% de las vacantes.
c) No superior al 7% de las vacantes.
d) No inferior al 7% de las vacantes.

3. Los órganos de selección serán colegiados y su composición deberá ajustarse a los principios de:

a) Imparcialidad y profesionalidad de sus miembros.
b) Representatividad y homogeneidad.
c) Publicidad y transparencia.
d) Eficacia, participación y economía.

4. ¿Cuál de los siguientes no es un sistema de selección de personal laboral fijo en la Administración Pública?

a) Transferencia o cesión.
b) Oposición.
c) Concurso-oposición.
d) Concurso de valoración de méritos.

5. ¿Cuál es la edad mínima para poder participar en los procesos selectivos de acceso al empleo público?

a) 14 años.
b) 16 años.
c) 17 años.
d) 18 años.

6. Podrá/n formar parte de los órganos de selección:

a) El personal eventual.
b) Los funcionarios interinos.
c) El personal de designación política.
d) El personal laboral.

7. ¿Puede utilizarse el sistema de concurso de valoración de méritos para la selección de personal funcionario de carrera?

a) No, solo se permiten los sistemas de oposición y concurso-oposición.
b) Excepcionalmente, en virtud de ley.
c) Sí, es uno de los sistemas permitidos.
d) Únicamente para la consolidación de empleo.

8. Señala la opción incorrecta en relación con los órganos de selección:

a) La pertenencia a los órganos de selección será a título representativo, ya sea de la administración o de las organizaciones sindicales.
b) Los órganos de selección serán colegiados.
c) El personal de elección o de designación política, los funcionarios interinos y el personal eventual no podrán formar parte de los órganos de selección.
d) En la composición de los órganos de selección se tenderá a la paridad entre mujer y hombre.

9. ¿Pueden los órganos de selección proponer el acceso a la condición de funcionario de un número superior de aprobados al de plazas convocadas?

a) No, en ningún caso.
b) Sí, siempre que no sobrepasen el 10 % de las plazas convocadas, con objeto de cubrir posibles renuncias de los aspirantes seleccionados.

c) Sí, si así lo prevé la propia convocatoria.

d) Sí, a efectos de creación de listas de reserva.

10. Según el artículo 55.2 del EBEP, en la actuación de los órganos de selección se garantizará el cumplimiento del principio de independencia y:

a) Discreción técnica.

b) Imparcialidad.

c) Transparencia.

d) Agilidad.

11. La renuncia voluntaria a la condición de funcionario:

a) Inhabilita para ingresar de nuevo en la Administración Pública.

b) No requiere aceptación expresa por la Administración.

c) Será aceptada expresamente cuando el funcionario esté sujeto a expediente disciplinario o haya sido dictado en su contra auto de procesamiento o de apertura de juicio oral por la comisión de algún delito.

d) Debe ser manifestada por escrito.

12. Actualmente, la jubilación forzosa se declara de oficio al cumplir el funcionario:

a) Los 60 años de edad.

b) Los 65 años de edad.

c) Los 67 años de edad.

d) Los 70 años de edad.

13. La jubilación de un funcionario al cumplir la edad legalmente establecida, es:

a) Jubilación forzosa.

b) Jubilación voluntaria.

c) Jubilación absoluta.

d) Jubilación parcial.

14. El funcionario que haya perdido su condición por cambio de nacionalidad, si recupera la nacionalidad:

a) Volverá automáticamente al puesto de trabajo que ocupaba.

b) No podrá volver a ejercer como funcionario.

c) Podrá solicitar la rehabilitación.

d) Podrá acceder a la función pública superando un nuevo proceso selectivo.

15. La pena principal o accesoria, a un funcionario público, de inhabilitación absoluta cuando hubiere adquirido firmeza la sentencia que la imponga, produce:

a) La suspensión de todas sus funciones públicas.

b) La pérdida de la condición de funcionario respecto a todos los empleos o cargos que tuviere.

c) La pérdida de la condición de funcionario respecto a todos los empleos o cargos que tuviere, excepto los cargos electivos.

d) La excedencia forzosa.

16. ¿Supone la superación de las pruebas selectivas, por sí misma, la adquisición de la condición de funcionario de carrera?

a) No.

b) Sí, si así lo prevé la propia convocatoria.

c) Sí, si la lista definitiva de aprobados ha sido publicada en el correspondiente Diario Oficial.

d) Sí, si se trata del sistema de oposición.

17. Superado el proceso selectivo, para adquirir la condición de funcionario:

a) No es necesario acreditar que se reúnen los requisitos y condiciones exigidos en la convocatoria; ya que dichas acreditaciones son previas a la superación del proceso selectivo.

b) Solo queda el nombramiento por parte del órgano o autoridad competente y tomar posesión del puesto.

c) Únicamente se precisa la acreditación de que se reúnen los requisitos y condiciones exigidos en la convocatoria para ser nombrado funcionario.

d) Debe acreditarse que se reúnen los requisitos y condiciones exigidos en la convocatoria; si no fuera así el nombramiento no surtiría efecto.

18. No es una causa de pérdida de la condición de funcionario:

a) La sanción disciplinaria de suspensión firme de funciones.

b) La pena principal o accesoria de inhabilitación absoluta o especial para cargo público que tuviere carácter firme.

c) La renuncia a la condición de funcionario.

d) La pérdida de la nacionalidad.

19. La pérdida de la nacionalidad española supone la pérdida de la condición de funcionario:

a) En todo caso.

b) Salvo que simultáneamente se adquiera la nacionalidad de cualquier otro Estado miembro de la Unión Europea o la de aquellos Estados a los que, en virtud de tratados internacionales celebrados por la Unión Europea y ratificados por España, les sea de aplicación la libre circulación de trabajadores.

c) En ningún caso.

d) La nacionalidad española no se puede perder.

20. Será aceptada expresamente por la Administración la renuncia voluntaria a la condición de funcionario en el siguiente caso:

a) Cuando el funcionario esté sujeto a expediente disciplinario.

b) Cuando contra el funcionario haya sido dictado auto de procesamiento por la comisión de algún delito.

c) Cuando el funcionario se encuentre en la situación de excedencia forzosa.

d) Cuando contra el funcionario haya sido dictado auto de apertura de juicio oral por la comisión de algún delito.

21. La pena principal o accesoria de inhabilitación especial cuando hubiere adquirido firmeza la sentencia que la imponga produce la pérdida de la condición de funcionario respecto a:

a) Todos los empleos o cargos que tuviere.

b) Aquellos empleos o cargos especificados en la sentencia.

c) El empleo o cargo que estuviera desempeñando desde el que se cometió la falta o delito.

d) El empleo o cargo de mayor nivel de los que tuviere.

22. ¿Pueden los órganos de gobierno de las Administraciones Públicas conceder la rehabilitación de quien hubiera perdido la condición de funcionario por haber sido condenado a la pena principal o accesoria de inhabilitación?

a) No, en ningún caso.

b) Excepcionalmente, atendiendo a las circunstancias y entidad del delito cometido.

c) Solo cuando se trate de una inhabilitación provisional.

d) Sí, cuando la inhabilitación se tratara de una pena accesoria.

23. Según el artículo 59 del EBEP, en las ofertas de empleo público se reservará un cupo de plazas para ser cubiertas entre personas con discapacidad, no inferior al siguiente porcentaje:

a) 2% de las vacantes.

b) 3% de las vacantes.

c) 5% de las vacantes.

d) 7% de las vacantes.

24. Según el artículo 56 del EBEP, ¿puede establecerse otra edad máxima, distinta de la edad de jubilación forzosa, para el acceso al empleo público?

a) No, en ningún caso.

b) Sí, si así lo establece una ley.

c) Sólo para el acceso a empleos que requieran ciertas aptitudes físicas.

d) Sólo para el personal laboral.

25. Además de los requisitos generales recogidos en el artículo 56.1 del EBEP para el acceso al empleo público, podrá exigirse el cumplimiento de otros requisitos específicos que guarden relación objetiva y proporcionada con las funciones asumidas y las tareas a desempeñar. En todo caso, habrán de establecerse de manera abstracta y:

a) Ocasional.
b) No excluyente.
c) General.
d) Motivada.

26. En caso de extinción de la relación de servicios como consecuencia de pérdida de la nacionalidad o jubilación por incapacidad permanente para el servicio del personal funcionario de carrera en el ámbito de aplicación de la Ley de Empleo Público Vasco, ¿el personal interesado podrá solicitar la rehabilitación de dicha condición?

a) No.
b) No, pero, con carácter general, se podrá conceder la rehabilitación en el caso de la pérdida de la condición de personal funcionario por haber sido condenado a la pena principal o accesoria de inhabilitación.
c) Sí, una vez desaparecida la causa objetiva que la motivó.
d) Sí, una vez desaparecida la causa objetiva que la motivó, pero sólo para el caso de pérdida de la nacionalidad.

27. En el ámbito de aplicación de la Ley de Empleo Público Vasco, la condición de personal funcionario de carrera de las administraciones públicas vascas se adquiere mediante el cumplimiento sucesivo de:

a) Dos requisitos.
b) Tres requisitos.
c) Cuatro requisitos.
d) Cinco requisitos.

28. Es falso que sea causa de pérdida de la condición de personal funcionario de carrera, en el ámbito de aplicación de la Ley de Empleo Público Vasco, la:

a) Renuncia oral del interesado.
b) Jubilación total forzosa de la persona funcionaria.
c) Pena principal o accesoria de inhabilitación absoluta o especial para cargo público que tuviere carácter firme.
d) Sanción disciplinaria de separación del servicio que tuviera carácter firme.

29. Es uno de los requisitos a cumplir para la adquisición de la condición de funcionario de carrera en el ámbito de aplicación de la Ley de Empleo Público Vasco:

a) Superación del proceso selectivo, incluidos, en su caso, los correspondientes períodos de prácticas o pruebas.
b) Nombramiento por el órgano o la autoridad competente.

c) Toma de posesión dentro del plazo que se establezca o, en su caso, formalización del contrato laboral fijo por el órgano o autoridad competente.

d) Las tres respuestas anteriores son ciertas.

30. La Ley 11/2022, de 1 de diciembre, se denomina:

a) Ley de Empleo Público Vasco.

b) Ley del Estatuto Básico del Empleado Público Vasco.

c) Ley de la Función Pública Vasca.

d) Texto refundido de la Ley del Estatuto Básico del Empleado Público.

31. La renuncia voluntaria a la condición de personal funcionario de carrera en el ámbito de aplicación de la Ley de Empleo Público Vasco:

a) Habrá de ser manifestada por escrito, y será aceptada expresamente por la Administración en todos los casos.

b) No inhabilita para ingresar de nuevo en la Administración pública a través del procedimiento de selección establecido.

c) Podrá ser aceptada cuando la persona funcionaria esté sujeta a expediente disciplinario.

d) Podrá ser aceptada cuando la persona funcionaria o haya sido dictado en su contra auto de procesamiento o de apertura de juicio oral por la presunta comisión de algún delito.

32. En cuanto a una de las causas de pérdida de la condición de personal funcionario de carrera en el ámbito de aplicación de la Ley de Empleo Público Vasco, ¿qué nacionalidad, que haya sido exigida como requisito para el nombramiento, ha de perderse?

a) La española.

b) La de cualquier estado miembro de la Unión Europea.

c) La de aquellos estados a los que, en virtud de tratados internacionales celebrados por la Unión Europea y ratificados por España, les sea de aplicación la libre circulación de trabajadoras y trabajadores.

d) Las tres opciones anteriores son ciertas, siempre que simultáneamente no se adquiera la nacionalidad de alguno de dichos estados.

33. Es falso, en relación a la jubilación del personal funcionario de las administraciones públicas vascas en el ámbito de aplicación de la Ley 11/2022, que podrá ser por la declaración de:

a) Incapacidad temporal.

b) Incapacidad permanente, cualquiera que sea su grado.

c) Incapacidad permanente, en el grado que imposibilite el ejercicio de las funciones propias de su cuerpo o escala.

d) Incapacidad permanente, siempre que sea absoluta.

Solución al test n.º 22

1. d) Participación.

2. d) No inferior al 7% de las vacantes.

3. a) Imparcialidad y profesionalidad de sus miembros.

4. a) Transferencia o cesión.

5. b) 16 años.

6. d) El personal laboral.

7. b) Excepcionalmente, en virtud de ley.

8. a) La pertenencia a los órganos de selección será a título representativo, ya sea de la administración o de las organizaciones sindicales.

9. c) Sí, si así lo prevé la propia convocatoria.

10. a) Discreción técnica.

11. d) Debe ser manifestada por escrito.

12. b) Los 65 años de edad.

13. a) Jubilación forzosa.

14. c) Podrá solicitar la rehabilitación.

15. b) La pérdida de la condición de funcionario respecto a todos los empleos o cargos que tuviere.

16. a) No.

17. d) Debe acreditarse que se reúnen los requisitos y condiciones exigidos en la convocatoria; si no fuera así el nombramiento no surtiría efecto.

18. a) La sanción disciplinaria de suspensión firme de funciones.

19. b) Salvo que simultáneamente se adquiera la nacionalidad de cualquier otro Estado miembro de la Unión Europea o la de aquellos Estados a los que, en virtud de tratados internacionales celebrados por la Unión Europea y ratificados por España, les sea de aplicación la libre circulación de trabajadores.

20. c) Cuando el funcionario se encuentre en la situación de excedencia forzosa.

21. b) Aquellos empleos o cargos especificados en la sentencia.

22. b) Excepcionalmente, atendiendo a las circunstancias y entidad del delito cometido.

23. d) 7% de las vacantes.

24. b) Sí, si así lo establece una ley.

25. c) General.

26. c) Sí, una vez desaparecida la causa objetiva que la motivó.

27. b) Tres requisitos.

28. a) Renuncia oral del interesado.

29. d) Las tres respuestas anteriores son ciertas.

30. a) Ley de Empleo Público Vasco.

31. b) No inhabilita para ingresar de nuevo en la Administración pública a través del procedimiento de selección establecido.

32. d) Las tres opciones anteriores son ciertas, siempre que simultáneamente no se adquiera la nacionalidad de alguno de dichos estados.

33. c) Incapacidad permanente, en el grado que imposibilite el ejercicio de las funciones propias de su cuerpo o escala.

TEST N.º 23

Real Decreto Legislativo 5/2015, de 30 de octubre, por el que se aprueba el texto refundido de la Ley del Estatuto Básico del Empleado Público (artículos 47 a 54). Ley 11/2022, de 1 de diciembre, de Empleo Público Vasco. Derechos del personal empleado público vasco. Permisos, vacaciones y régimen de jornada laboral (artículos 161 a 165). Código ético y de conducta del personal empleado público vasco (artículos 166). Responsabilidad y régimen de incompatibilidades (artículo 167 a 171)

1. Conforme al EBEP, los funcionarios públicos tendrán un permiso por enfermedad grave de un familiar dentro del primer grado de consanguinidad o afinidad, de:

a) Dos días hábiles.
b) Tres días hábiles.
c) Cuatro días hábiles.
d) Cinco días hábiles.

2. Los funcionarios públicos tendrán un permiso por matrimonio de:

a) 10 días.
b) 15 dias.
c) 20 días.
d) 30 días.

3. Por regla general, el permiso a la funcionaria por parto, tiene una duración de:

a) 8 semanas.
b) 14 semanas.
c) 16 semanas.
d) 20 semanas.

4. Por ser preciso atender el cuidado de un familiar de primer grado, por razones de enfermedad muy grave y por el plazo máximo de un mes, el funcionario tendrá derecho a solicitar, con carácter retribuido, una reducción de:

a) Hasta el 50 % de la jornada laboral.
b) 2 horas diarias.
c) 4 horas diarias.
d) Hasta 5 horas diarias.

5. Según el artículo 48 del EBEP, los funcionarios públicos disponen de un permiso por fallecimiento de un familiar dentro del primer grado de consanguinidad o afinidad, cuando el suceso se produzca en distinta localidad, de:

a) 2 días hábiles.
b) 3 días hábiles.
c) 4 días hábiles.
d) 5 días hábiles.

6. Por lactancia de un hijo menor de doce meses los funcionarios públicos tendrán derecho, según el EBEP, a:

a) 30 minutos de ausencia del trabajo, al inicio o al final de la jornada.
b) 1 hora de ausencia del trabajo, infraccionable.
c) 1 hora de ausencia del trabajo que podrá dividir en dos fracciones.
d) 2 horas de ausencia del trabajo que podrá dividir en dos fracciones de una hora cada una.

7. Según el EBEP, por nacimiento de hijos prematuros o que por cualquier otra causa deban permanecer hospitalizados a continuación del parto, la funcionaria o el funcionario tendrá derecho a ausentarse del trabajo durante:

a) Un máximo de 2 horas diarias percibiendo las retribuciones íntegras.
b) Al menos 2 horas diarias, con la disminución proporcional de sus retribuciones.
c) 1 hora diaria, percibiendo las retribuciones íntegras.
d) Un máximo de 1 hora diaria, con la disminución proporcional de sus retribuciones.

8. En el permiso de 16 semanas del progenitor diferente de la madre biológica por nacimiento, guarda con fines de adopción, acogimiento o adopción de un hijo o hija, serán en todo caso de descanso obligatorio:

a) Las seis semanas inmediatas posteriores al hecho causante.
b) Las tres semanas inmediatas posteriores al hecho causante.
c) Los quince días inmediatos posteriores al hecho causante.
d) Las cuatro semanas inmediatas posteriores al hecho causante.

9. Por accidente o enfermedad grave de un familiar de segundo grado de consanguinidad o afinidad los funcionarios públicos tendrán derecho a un permiso de:

a) 2 días hábiles.
b) 3 días hábiles.
c) 4 días hábiles.
d) 5 días hábiles.

10. Señala la opción incorrecta. Por razones de guarda legal, el funcionario tendrá derecho a la reducción de su jornada de trabajo, con la disminución de sus retribuciones que corresponda, cuando tenga el cuidado directo de:

a) Algún menor de doce años.
b) Hijo prematuro o que por cualquier causa deba permanecer hospitalizado a continuación del parto.
c) Persona con discapacidad que no desempeñe actividad retribuida.
d) Persona mayor que requiera especial dedicación.

11. Por acogimiento temporal de un menor discapacitado, el funcionario tendrá derecho a un permiso de una duración de:

a) Cuatro semanas.
b) Diez semanas.
c) Dieciséis semanas.
d) Dieciocho semanas.

12. Tal y como señala el artículo 50 del EBEP, los funcionarios públicos tendrán derecho a disfrutar, durante cada año natural, de unas vacaciones retribuidas de:

a) 1 mes.
b) 30 días naturales.
c) 22 días hábiles.
d) 30 días hábiles.

13. La disposición adicional 71.ª de la Ley 2/2012, de 29 de junio, de Presupuestos Generales del Estado para el año 2012, dispuso con carácter básico que la jornada general de trabajo efectivo, de promedio en cómputo anual, del personal del Sector Público no podrá ser inferior a:

a) 35 horas semanales.
b) 37,5 horas semanales.
c) 30 horas semanales.
d) 40 horas semanales.

14. Según el artículo 47 del EBEP, la jornada de trabajo de los funcionarios públicos podrá ser:

a) Ordinaria o extraordinaria.
b) Continua o partida.
c) En turno de mañana, en turno de tarde o en turno de noche.
d) A tiempo completo o a tiempo parcial.

15. Los Empleados Públicos:

a) Podrán voluntariamente acatar la Constitución y el resto de normas que integran el ordenamiento jurídico.
b) Podrán abstenerse en aquellos asuntos en los que tengan un interés personal.
c) Su actuación perseguirá la satisfacción de los intereses del Gobierno.
d) Guardarán secreto de las materias clasificadas.

16. Según el artículo 53 del EBEP, es un principio del código ético de los empleados públicos:

a) El desempeño de las tareas correspondientes a su puesto de trabajo se realizará de forma diligente y cumpliendo la jornada y el horario establecidos.
b) Honradez.
c) Respeto a la igualdad entre mujeres y hombres.
d) Ajustar su actuación a los principios de lealtad y buena fe con la Administración en la que presten sus servicios, y con sus superiores, compañeros, subordinados y con los ciudadanos.

17. Según el Estatuto Básico del Empleado Público, la actuación de éste perseguirá la satisfacción de los intereses generales de los ciudadanos y se fundamentará en consideraciones objetivas orientadas hacia la imparcialidad y:

a) El interés común.
b) La transparencia.
c) La eficacia.
d) La economía.

18. Según los principios de conducta establecidos en el EBEP, los empleados públicos deberán mantener actualizados:

a) Los estándares de calidad.
b) Los medios de comunicación con los ciudadanos.
c) Su formación y cualificación.
d) Sus certificados de competencia.

19. Según el artículo 52 del EBEP, los empleados públicos deben desempeñar las tareas que tienen asignadas con:

a) Rapidez.
b) Prontitud.
c) Diligencia.
d) Esmero.

20. Según el artículo 52 del EBEP, los empleados públicos deberán velar por los intereses generales con sujeción y observancia:

a) De la Constitución y del resto del ordenamiento jurídico.
b) Del EBEP y de sus normas de desarrollo.
c) Del Derecho.
d) De los principios generales.

21. Según el artículo 52 del EBEP, los empleados públicos deberán actuar con arreglo a una serie de principios, entre los que figura:

a) Productividad.
b) Eficiencia.
c) Ejemplaridad.
d) Compatibilidad.

22. Según el artículo 52 del EBEP, los empleados públicos deberán actuar con arreglo a una serie de principios, entre los que NO figura:

a) Austeridad.
b) Promoción del entorno cultural y medioambiental.
c) Accesibilidad.
d) Prevención de los riesgos laborales.

23. Según el artículo 52 del EBEP, los empleados públicos deberán actuar con arreglo a una serie de principios, entre los que NO figura:

a) Integridad.
b) Honradez.
c) Neutralidad.
d) Autoridad.

24. Según el artículo 53.1 del EBEP, los empleados públicos deben a la Constitución y al resto de normas que integran el ordenamiento jurídico:

a) Obediencia.
b) Sometimiento.

c) Respeto.
d) Protección.

25. Los empleados públicos ajustarán su actuación, con respecto a la Administración en la que presten sus servicios, sus superiores, compañeros, subordinados y con los ciudadanos, a los principios de lealtad y:

a) Cordialidad.
b) Buena fe.
c) Servicio.
d) Disciplina.

26. En aquellos asuntos en los que tengan un interés personal, así como de toda actividad privada o interés que pueda suponer un riesgo de plantear conflictos de intereses con su puesto público, los empleados públicos deberán:

a) Retirarse.
b) Dimitir.
c) Renunciar.
d) Abstenerse.

27. Los empleados públicos no podrán contraer obligaciones económicas ni intervenir en operaciones financieras, obligaciones patrimoniales o negocios jurídicos con personas o entidades cuando, respecto a las obligaciones de su puesto público, puedan suponer:

a) Un conflicto de intereses.
b) Una segunda ocupación.
c) Una distracción de sus intereses.
d) Un cambio de actividad.

28. Por parte de personas físicas o entidades privadas, los empleados públicos no deberán aceptar ningún trato de favor o situación que implique privilegio o:

a) Amistad interesada.
b) Tentación de renuncia de su condición de funcionario.
c) Ventaja injustificada.
d) Recompensa.

29. Según el artículo 53.8 del EBEP, los empleados públicos vigilarán la consecución del interés general y el cumplimiento de los objetivos de la organización, y actuarán de acuerdo con los principios de eficacia, eficiencia y:

a) Economía.
b) Efectividad.

c) Efusividad.
d) Excelencia.

30. Los empleados públicos no podrán influir en la agilización o resolución de trámite o procedimiento cuando:

a) Comporte un beneficio de los intereses de terceros.
b) No exista justa causa.
c) En ningún caso.
d) No esté claro el interés general.

31. Según el artículo 53.12 del EBEP, los empleados públicos, respecto a aquellos asuntos que conozcan por razón de su cargo:

a) Mantendrán la debida discreción.
b) Son los únicos autorizados para hacer uso de la información obtenida.
c) Podrán hacer uso de la información obtenida siempre que no sea para beneficio propio.
d) Deberán jurar secreto profesional.

32. ¿Cuál de los siguientes es un principio de conducta de los empleados públicos?

a) Cumplir con diligencia las tareas que les correspondan o se les encomienden y, en su caso, resolver dentro de plazo los procedimientos o expedientes de su competencia.
b) No aceptar ningún trato de favor o situación que implique privilegio o ventaja injustificada, por parte de personas físicas o entidades privadas.
c) Realizar el desempeño de las tareas correspondientes a su puesto de trabajo de forma diligente y cumpliendo la jornada y el horario establecidos.
d) Basar su conducta en el respeto de los derechos fundamentales y libertades públicas, evitando toda actuación que pueda producir discriminación alguna por razón de nacimiento, origen racial o étnico, género, sexo, orientación sexual, religión o convicciones, opinión, discapacidad, edad o cualquier otra condición o circunstancia personal o social.

33. Conforme al artículo 54.5 del EBEP, los empleados públicos administrarán los recursos y bienes públicos con:

a) Responsabilidad.
b) Generosidad.
c) Subjetividad.
d) Austeridad.

34. ¿Deben garantizar los empleados públicos la atención al ciudadano en la lengua que éste solicite?

a) Sí, en todo caso y en cualquier territorio.
b) No, el empleado público es libre de elegir la lengua en la que atender a los ciudadanos.

c) Sí, siempre que sea oficial en el territorio.

d) Sólo se puede garantizar el uso del castellano.

35. ¿Cuál de los siguientes es un principio ético del Código de Conducta de los empleados públicos?

a) Tratar con atención y respeto a los ciudadanos, a sus superiores y a los restantes empleados públicos.

b) Informar a los ciudadanos sobre aquellas materias o asuntos que tengan derecho a conocer, y facilitar el ejercicio de sus derechos y el cumplimiento de sus obligaciones.

c) Ejercer sus atribuciones según el principio de dedicación al servicio público absteniéndose no solo de conductas contrarias al mismo, sino también de cualesquiera otras que comprometan la neutralidad en el ejercicio de los servicios públicos.

d) Garantizar la constancia y permanencia de los documentos para su transmisión y entrega a sus posteriores responsables.

36. La Ley de Empleo Público Vasco es la:

a) Ley 12/2002, de 23 de mayo.

b) Ley 11/2022, de 1 de diciembre.

c) Ley 6/1989, de 6 de julio.

d) Ley 5/2015, de 30 de octubre.

37. De acuerdo con la Ley 11/2022, de 1 de diciembre, el personal empleado público vasco:

a) No puede desempeñar otra actividad en el sector público o privado.

b) Puede desempeñar cualquier actividad en el sector público, pero requerirá previa y expresa evaluación y, en su caso, la correspondiente autorización de compatibilidad.

c) Puede desempeñar cualquier actividad en el sector privado con una tácita autorización de compatibilidad.

d) Puede desempeñar cualquier actividad en el sector privado, en cualquier caso.

38. El personal funcionario, en el ámbito de aplicación de la Ley de Empleo Público Vasco, tendrá derecho a disfrutar, durante cada año natural, de unas vacaciones retribuidas de:

a) Veintidós días hábiles, o de los días que correspondan proporcionalmente si el tiempo de servicio durante el año fue menor.

b) Veinticuatro días hábiles.

c) Veinte días hábiles, o de los días que correspondan proporcionalmente si el tiempo de servicio durante el año fue menor.

d) Treinta días hábiles.

39. Es falso decir que personal empleado público en el ámbito de aplicación de la Ley 11/2022, de 1 de diciembre, tiene derecho de carácter individual:

a) A la inamovilidad en la condición de funcionario de carrera.

b) A ser informado por sus jefes inmediatos de los fines, organización y funcionamiento de la unidad administrativa correspondiente y, en especial, de su dependencia jerárquica y de las atribuciones, deberes y responsabilidades que le incumben.

c) Al desempeño efectivo de las funciones y de las tareas propias de su condición profesional y de acuerdo con la progresión alcanzada en su carrera profesional.

d) A la formación continua y a la actualización permanente de sus conocimientos y capacidades profesionales, obligatoriamente en horario laboral.

40. Es falso decir que el personal empleado público, en el ámbito de aplicación de la Ley 11/2022, de 1 de diciembre, que tendrá el siguiente derecho individual ejercido colectivamente:

a) Derecho a la negociación colectiva.

b) Derecho a la participación institucional en la determinación de las condiciones de trabajo.

c) Derecho a la libre asociación profesional.

d) Derecho de huelga, con la garantía del mantenimiento de los servicios esenciales de la comunidad.

41. La Ley 11/2022, de 1 de diciembre, afirma, en relación al personal empleado público vasco en su ámbito de aplicación, que:

a) Dispondrá de los permisos regulados en la legislación básica de empleo público, en las leyes y reglamentos aplicables.

b) Las condiciones y períodos de disfrute de los permisos de que dispongan deberán garantizar las necesidades de prestación del servicio público.

c) Al que sea personal laboral le serán de aplicación los permisos que se prevén en la legislación laboral, en los convenios colectivos y, en su caso, los previstos en la legislación básica de empleo público.

d) Las tres opciones anteriores son ciertas.

42. Al personal funcionario de carrera o interino de las administraciones públicas vascas que sea nombrado personal funcionario en prácticas en cualquier otra administración pública se le concederá un permiso:

a) Retribuido durante el tiempo que dure el curso selectivo o el período de prácticas.

b) Sin retribución durante el tiempo que dure el curso selectivo o el período de prácticas y sin derecho a percibir en ningún caso retribuciones con cargo a la administración en la que aspire ingresar.

c) Sin retribución durante el tiempo que dure el curso selectivo o el período de prácticas, sin perjuicio de las retribuciones que tenga derecho a percibir con cargo a la administración en la que aspire ingresar, de acuerdo con la normativa aplicable en dicha administración.

d) Ninguna de las opciones anteriores es cierta.

43. En cuanto al régimen de incompatibilidades del personal empleado público vasco, es cierto que el desempeño de cualquier actividad en el sector público o privado:

a) No está autorizado.

b) Requerirá, en todo caso, la previa y expresa evaluación.

c) Requerirá, en su caso, la correspondiente autorización de compatibilidad.

d) Las respuestas b) y c) son ciertas.

44. Las personas empleadas públicas en el ámbito de aplicación de la Ley 11/2022, de 1 de diciembre, en relación a la buena gestión de los servicios encomendados:

a) No son responsables.

b) Son únicos responsables.

c) Son responsables, sin perjuicio de la responsabilidad que corresponde a sus superiores jerárquicos.

d) Son responsables y también sus superiores jerárquicos.

45. Es falso decir, en relación a la jornada de trabajo del personal empleado público en el ámbito de aplicación de la Ley 11/2022, de 1 de diciembre, que:

a) Es el tiempo durante el cual el personal empleado público debe permanecer en el trabajo a disposición de la entidad correspondiente y en el ejercicio de su actividad y de sus funciones.

b) Las administraciones públicas vascas establecerán la jornada general y las especiales de trabajo de su personal, previa negociación colectiva al efecto.

c) Será a tiempo completo.

d) La jornada del personal laboral se regirá por lo previsto en el artículo 165 de la Ley de Empleo Público Vasco y por la legislación laboral que sea de aplicación.

46. La actuación profesional del personal empleado público vasco en el ámbito de aplicación de la Ley 11/2022 se llevará a cabo:

a) Desde el respeto a los principios de integridad y transparencia.

b) Con plena observancia de los principios de conducta individual, de calidad institucional y de relación con la ciudadanía recogidos en la Ley 1/2014, de 26 de junio.

c) Con plena observancia de los principios de conducta individual, de calidad institucional y de relación con la ciudadanía recogidos en la Ley 53/1984, de 26 de diciembre.

d) Las opciones a) y b) son ciertas.

47. Se aprobará un código ético y de conducta para el personal de administraciones públicas vascas, en el ámbito de aplicación de la Ley 11/2022, por:

a) El Gobierno Vasco, a propuesta de la Inspección General de Personal y Servicios.
b) Las propias administraciones públicas vascas.
c) La Inspección General de Personal y Servicios.
d) La Comisión de Ética Pública.

Solución al test n.º 23

1. d) Cinco días hábiles.

2. b) 15 días.

3. c) 16 semanas.

4. a) Hasta el 50 % de la jornada laboral.

5. d) 5 días hábiles.

6. c) 1 hora de ausencia del trabajo que podrá dividir en dos fracciones.

7. a) Un máximo de 2 horas diarias percibiendo las retribuciones íntegras.

8. a) Las seis semanas inmediatas posteriores al hecho causante.

9. c) 4 días hábiles.

10. b) Hijo prematuro o que por cualquier causa deba permanecer hospitalizado a continuación del parto.

11. d) Dieciocho semanas.

12. c) 22 días hábiles.

13. b) 37,5 horas semanales.

14. d) A tiempo completo o a tiempo parcial.

15. d) Guardarán secreto de las materias clasificadas.

16. d) Ajustar su actuación a los principios de lealtad y buena fe con la Administración en la que presten sus servicios, y con sus superiores, compañeros, subordinados y con los ciudadanos.

17. a) El interés común.

18. c) Su formación y cualificación.

19. c) Diligencia.

20. a) De la Constitución y del resto del ordenamiento jurídico.

21. c) Ejemplaridad.

22. d) Prevención de los riesgos laborales.

23. d) Autoridad.

24. c) Respeto.

25. b) Buena fe.

26. d) Abstenerse.

27. a) Un conflicto de intereses.

28. c) Ventaja injustificada.

29. a) Economía.

30. b) No exista justa causa.

31. a) Mantendrán la debida discreción.

32. c) Realizar el desempeño de las tareas correspondientes a su puesto de trabajo de forma diligente y cumpliendo la jornada y el horario establecidos.

33. d) Austeridad.

34. c) Sí, siempre que sea oficial en el territorio.

35. c) Ejercer sus atribuciones según el principio de dedicación al servicio público absteniéndose no solo de conductas contrarias al mismo, sino también de cualesquiera otras que comprometan la neutralidad en el ejercicio de los servicios públicos.

36. b) Ley 11/2022, de 1 de diciembre

37. b) Puede desempeñar cualquier actividad en el sector público, pero requerirá previa y expresa evaluación y, en su caso, la correspondiente autorización de compatibilidad.

38. a) Veintidós días hábiles, o de los días que correspondan proporcionalmente si el tiempo de servicio durante el año fue menor.

39. d) A la formación continua y a la actualización permanente de sus conocimientos y capacidades profesionales, obligatoriamente en horario laboral.

40. c) Derecho a la libre asociación profesional.

41. d) Las tres opciones anteriores son ciertas.

42. c) Sin retribución durante el tiempo que dure el curso selectivo o el período de prácticas, sin perjuicio de las retribuciones que tenga derecho a percibir con cargo a la administración en la que aspire ingresar, de acuerdo con la normativa aplicable en dicha administración.

43. d) Las respuestas b) y c) son ciertas.

44. c) Son responsables, sin perjuicio de la responsabilidad que corresponde a sus superiores jerárquicos.

45. c) Será a tiempo completo.

46. d) Las opciones a) y b) son ciertas.

47. b) Las propias administraciones públicas vascas.

TEST N.º 24

Real Decreto Legislativo 5/2015, de 30 de octubre, por el que se aprueba el texto refundido de la Ley del Estatuto Básico del Empleado Público (artículos 93 a 98).
Ley 11/2022, de 1 de diciembre, de Empleo Público Vasco.
Disposiciones generales y principios del régimen disciplinario (artículo 172 a 176).
Infracciones disciplinarias (artículos 177 a 181).
Sanciones disciplinarias (artículos 182 a 184)

1. La potestad disciplinaria se ejercerá de acuerdo, entre otros, con el principio de:

a) Irretroactividad de las disposiciones sancionadoras favorables al presunto infractor.
b) Proporcionalidad aplicable a las sanciones pero no a la clasificación de las faltas.
c) Presunción de culpabilidad en el caso del personal directivo.
d) Legalidad y tipicidad de las faltas y sanciones, a través de la predeterminación normativa y, en el caso del personal laboral, de los convenios colectivos.

2. Se considera falta muy grave de los empleados públicos:

a) El incumplimiento del deber de respeto a la Constitución y a los respectivos Estatutos de Autonomía de las Comunidades Autónomas en el ejercicio de la función pública.
b) El abuso de autoridad en el desempeño de sus funciones.
c) La tolerancia por los superiores jerárquicos de la comisión de faltas muy graves del personal bajo su dependencia.
d) Las acciones u omisiones dirigidas a evadir los sistemas de control de horarios o a impedir que sean detectados los incumplimientos injustificados de la jornada de trabajo.

3. Se considera falta grave de los empleados públicos:

a) El descuido o negligencia en el ejercicio de sus funciones.
b) La falta de obediencia debida a los superiores y autoridades.
c) La incorrección con otros empleados públicos o con los ciudadanos con los que se relacione en el ejercicio de sus funciones.
d) El acoso laboral.

4. Las faltas disciplinarias muy graves prescriben:

a) Al año.
b) A los 3 años.
c) A los 5 años.
d) No prescriben mientras no se extinga la condición de personal funcionario de carrera.

5. El abandono del servicio, así como no hacerse cargo voluntariamente de las tareas o funciones que tienen encomendadas se considerará:

a) Falta leve.
b) Falta grave.
c) Falta muy grave.
d) Falta grave o muy grave.

6. Según el artículo 97 del EBEP, las sanciones impuestas por faltas leves prescribirán:

a) A los 6 meses.
b) Al año.
c) A los 2 años.
d) A los 3 años.

7. Según el artículo 98 del EBEP, el procedimiento disciplinario que se establezca en el desarrollo del Estatuto se estructurará atendiendo a los principios de eficacia, celeridad y:

a) Transparencia.
b) Presunción de inocencia.
c) Legalidad.
d) Economía procesal.

8. La suspensión provisional como medida cautelar en la tramitación de un expediente disciplinario no podrá exceder, salvo en caso de paralización del procedimiento imputable al interesado, de:

a) 6 meses.
b) 12 meses.
c) 18 meses.
d) 2 años.

9. En relación con la suspensión provisional como medida cautelar en la tramitación de un expediente disciplinario, no es cierto que:

a) El funcionario suspenso provisional no tendrá derecho a percibir durante la suspensión retribución alguna.
b) El tiempo de permanencia en suspensión provisional será de abono para el cumplimiento de la suspensión firme.

c) Cuando la suspensión no sea declarada firme, el tiempo de duración de la misma se computará como de servicio activo.

d) El funcionario suspenso provisional tendrá derecho a percibir durante la suspensión las prestaciones familiares por hijo a cargo.

10. Las sanciones disciplinarias se ejecutarán según los términos de la resolución en que se impongan, y en el plazo máximo, salvo que, cuando por causas justificadas, se establezca otro distinto en dicha resolución, de:

a) 15 días.
b) 1 mes.
c) 3 meses.
d) 6 meses.

11. El incumplimiento de lo dispuesto en las normas sobre compatibilidad cuando ello dé lugar a una situación de incompatibilidad se considerará:

a) Falta leve.
b) Falta grave.
c) Falta muy grave.
d) Falta grave o muy grave.

12. La violación de la imparcialidad, utilizando las facultades atribuidas para influir en procesos electorales de cualquier naturaleza y ámbito, se considera una falta:

a) Muy grave.
b) Grave.
c) Leve.
d) No se considera una falta disciplinaria sino un delito.

13. Las sanciones impuestas a los funcionarios por la comisión de faltas graves prescribirán, a contar desde la firmeza de la resolución sancionadora:

a) Al ano.
b) A los dos años.
c) A los tres años.
d) A los cuatro años.

14. Qué principio de la potestad disciplinaria de las Administraciones Públicas se ejerce a través de la predeterminación normativa o, en el caso del personal laboral, de los convenios colectivos:

a) Principio de presunción de inocencia.
b) Principio de culpabilidad.

c) Principio de proporcionalidad.
d) Principio de legalidad y tipicidad de las faltas y sanciones.

15. La incomparecencia injustificada en las Comisiones de Investigación de las Cortes Generales y de las asambleas legislativas de las comunidades autónomas:

a) Es una falta muy grave.
b) Es una falta grave.
c) Es una falta leve.
d) Es un delito, pero no una falta administrativa.

16. Según el EBEP, las infracciones graves prescriben, a contarse desde que se hubieran cometido, y desde el cese de su comisión cuando se trate de faltas continuadas:

a) A los 3 años.
b) A los 2 años.
c) Al año.
d) A los 6 meses.

17. La sanción de despido disciplinario del personal laboral:

a) Sancionará la comisión de faltas graves y muy graves.
b) Tendrá una duración máxima de 6 años.
c) Comportará la inhabilitación para ser titular de un nuevo contrato de trabajo con funciones similares a las que desempeñaban.
d) Comportará la inhabilitación para ser titular de cualquier contrato de trabajo con una Administración Pública, con carácter permanente.

18. Las sanciones impuestas a los funcionarios por la comisión de faltas muy graves prescribirán, a contar desde la firmeza de la resolución sancionadora:

a) A los 6 años.
b) A los 4 años.
c) A los 3 años.
d) A los 2 años.

19. Respecto al ámbito de aplicación de la Ley de Empleo Público Vasco, se aplicarán el título sobre régimen disciplinario y las normas reglamentarias que lo desarrollen:

a) Al personal funcionario.
b) Al personal directivo público profesional, y, en lo no previsto, por la normativa básica del empleo público.
c) Al personal laboral y, en lo no previsto, por la normativa básica del empleo público.
d) Las tres opciones anteriores son ciertas.

20. De acuerdo con la Ley de Empleo Público Vasco, las faltas muy graves prescribirán:

a) A los tres años.
b) A los dos años.
c) Al año.
d) A los seis meses.

21. ¿De acuerdo con qué principio del régimen disciplinario de la Ley de Empleo Público Vasco, las normas definidoras de las infracciones y de las sanciones no son susceptibles de aplicación analógica?

a) El principio de proporcionalidad.
b) El principio de presunción de inocencia.
c) El principio de *non bis in idem*.
d) El principio de legalidad y de tipicidad de faltas y sanciones.

22. Es un principio del régimen disciplinario de la Ley de Empleo Público Vasco el de:

a) Retroactividad de las disposiciones sancionadoras no favorables a la persona presunta infractora.
b) Irretroactividad de las disposiciones sancionadoras favorables a la persona presunta infractora.
c) Irretroactividad de las disposiciones sancionadoras no favorables a la persona presunta infractora.
d) Irretroactividad de las disposiciones sancionadoras favorables o no favorables a la persona presunta infractora.

23. Es falso decir que la responsabilidad disciplinaria, de acuerdo con la Ley de Empleo Público Vaso, se extingue por:

a) Cancelación de la anotación de la sanción disciplinaria en el expediente personal.
b) Fallecimiento.
c) Prescripción de la falta.
d) Prescripción de la sanción.

24. Es falta grave en la Ley de Empleo Público Vasco:

a) El incumplimiento del deber de respeto al ordenamiento jurídico vigente, en el ejercicio de funciones públicas.
b) El incumplimiento del deber de discreción profesional y de reserva respecto de los asuntos que conozcan por razón del puesto de trabajo cuando causen perjuicio a la Administración o se utilicen en provecho propio.
c) El acoso por razón de origen racial o étnico, religión o convicciones, discapacidad, edad u orientación sexual.
d) El acoso moral, sexual o por razón de sexo.

25. Es falta muy grave en la Ley de Empleo Público Vasco:

a) El notorio incumplimiento de las funciones esenciales inherentes al puesto de trabajo o de las funciones encomendadas.

b) La adopción de acuerdos manifiestamente ilegales que causen perjuicio grave a la Administración o a la ciudadanía.

c) El acoso laboral.

d) La tolerancia de las personas responsables de la unidad o del personal directivo público ante la comisión de faltas por el personal subordinado.

26. Es falso decir, en relación a la responsabilidad disciplinaria regulada en la Ley de Empleo Público Vasco, que:

a) Los hechos declarados probados por resoluciones judiciales firmes vinculan a la Administración.

b) El personal funcionario que induzca a otras personas a la realización de actos o conductas constitutivos de falta disciplinaria incurrirá en mayor responsabilidad que estas.

c) Incurrirá en responsabilidad el personal funcionario que encubriere las faltas consumadas muy graves o graves.

d) Las administraciones públicas vascas corregirán disciplinariamente las infracciones del personal a su servicio cometidas en el ejercicio de sus funciones y cargos.

27. El plazo de prescripción de las faltas a las que se refiere la Ley de Empleo Público Vasco comenzará a contarse:

a) Desde que se hubiere cometido.

b) Desde la firmeza en vía administrativa de la resolución sancionadora.

c) Cuando se trate de falta continuada, desde el cese de su comisión.

d) Las respuestas a) y c) son ciertas.

28. De acuerdo con la Ley de Empleo Público Vasco, la anotación en el expediente personal de la persona funcionaria de las sanciones disciplinarias firmes impuestas por faltas graves se cancelará conforme al siguiente período, computado desde el cumplimiento de la sanción:

a) Seis meses.

b) Un año.

c) Dos años.

d) Tres años.

29. De acuerdo con la Ley de Empleo Público Vasco, por la comisión de faltas graves podrá imponerse la sanción de:

a) La pérdida de un nivel de desarrollo profesional ya acreditado.

b) Traslado forzoso a otro puesto y destino, con o sin cambio de centro orgánico, por un período como mínimo de un año y un día y máximo de tres años.

c) Suspensión firme de funciones por un período entre treinta y un días y dos años.

d) La suspensión de funciones y retribuciones por un período de uno a treinta días.

30. De acuerdo con la Ley de Empleo Público Vasco, las sanciones impuestas por faltas leves prescriben:

a) A los tres años.

b) A los dos años.

c) Al año.

d) A los seis meses.

31. De acuerdo con el régimen disciplinario de la Ley de Empleo Público Vasco, hay reiteración cuando, al cometer la falta disciplinaria, la persona responsable ya ha sido sancionada por otra falta:

a) De mayor gravedad.

b) De igual gravedad.

c) De inferior gravedad.

d) Las tres respuestas anteriores son ciertas.

Solución al test n.º 24

1. d) Legalidad y tipicidad de las faltas y sanciones, a través de la predeterminación normativa y, en el caso del personal laboral, de los convenios colectivos.

2. a) El incumplimiento del deber de respeto a la Constitución y a los respectivos Estatutos de Autonomía de las Comunidades Autónomas en el ejercicio de la función pública.

3. b) La falta de obediencia debida a los superiores y autoridades.

4. b) A los 3 años.

5. c) Falta muy grave.

6. b) Al año.

7. d) Economía procesal.

8. a) 6 meses.

9. a) El funcionario suspenso provisional no tendrá derecho a percibir durante la suspensión retribución alguna.

10. b) 1 mes.

11. c) Falta muy grave.

12. a) Muy grave.

13. b) A los dos años.

14. d) Principio de legalidad y tipicidad de las faltas y sanciones.

15. a) Es una falta muy grave.

16. b) A los 2 años.

17. c) Comportará la inhabilitación para ser titular de un nuevo contrato de trabajo con funciones similares a las que desempeñaban.

18. c) A los 3 años.

19. a) Al personal funcionario.

20. a) A los tres años.

21. d) El principio de legalidad y de tipicidad de faltas y sanciones:

22. c) Irretroactividad de las disposiciones sancionadoras no favorables a la persona presunta infractora.

23. a) Cancelación de la anotación de la sanción disciplinaria en el expediente personal.

24. b) El incumplimiento del deber de discreción profesional y de reserva respecto de los asuntos que conozcan por razón del puesto de trabajo cuando causen perjuicio a la Administración o se utilicen en provecho propio.

25. d) La tolerancia de las personas responsables de la unidad o del personal directivo público ante la comisión de faltas por el personal subordinado.

26. b) El personal funcionario que induzca a otras personas a la realización de actos o conductas constitutivos de falta disciplinaria incurrirá en mayor responsabilidad que estas.

27. d) Las respuestas a) y c) son ciertas.

28. c) Dos años.

29. c) Suspensión firme de funciones por un período entre treinta y un días y dos años.

30. c) Al año.

31. d) Las tres respuestas anteriores son ciertas.

TEST N.º 25

**Real Decreto Legislativo 5/2015, de 30 de octubre, por el que se aprueba el texto refundido de la Ley del Estatuto Básico del Empleado Público (artículos 69 a 84).
Ley 11/2022, de 1 de diciembre, de Empleo Público Vasco.
Relaciones de puestos de trabajo (artículos 45 y 46).
Plantillas presupuestarias, oferta de empleo público, registro de personal y gestión integrada de recursos humanos (artículos 51 a 53).
Procesos y sistemas de selección de personal empleado en el sector público vasco (76 a 79)**

1. Conforme al artículo 69 del EBEP, un objetivo de la planificación de los recursos humanos en las Administraciones Públicas es contribuir a la consecución de la eficacia:

a) En la utilización de los recursos económicos disponibles.
b) En la prestación de los servicios.
c) En la organización del trabajo.
d) En la distribución de los efectivos.

2. La Oferta de empleo público o instrumento similar comportará la obligación de convocar los correspondientes procesos selectivos para las plazas comprometidas y hasta:

a) Un 10 % adicional.
b) Un 15 % adicional.
c) Un 20 % adicional.
d) Un 30 % adicional.

3. En todo caso, la ejecución de la oferta de empleo público o instrumento similar deberá desarrollarse dentro del plazo improrrogable de:

a) 12 meses.
b) 2 años.

c) 3 años.
d) 4 años.

4. Según el artículo 59 del EBEP, en las ofertas de empleo público se reservará un cupo no inferior al siguiente porcentaje de las vacantes para ser cubiertas entre personas con discapacidad:

a) 2%.
b) 3%.
c) 5%.
d) 7%.

5. El objetivo de la planificación de los recursos humanos en las Administraciones Públicas es contribuir a la consecución de la .... en la prestación de los servicios y de la .... en la utilización de los recursos económicos disponibles. ¿Qué dos palabras completan, según el artículo 69 del EBEP, la anterior frase?

a) Eficacia y eficiencia.
b) Excelencia y austeridad.
c) Modernización y transparencia.
d) Mejora y optimización.

6. Según el EBEP (RDL 5/2015, de 30 de octubre), para el acceso a los cuerpos o escalas del Grupo B se exigirá estar en posesión del título de:

a) Grado universitario.
b) Diplomado universitario.
c) Técnico superior.
d) Bachiller o Técnico.

7. Los cuerpos y escalas de funcionarios se crean, modifican y suprimen por:

a) Ley de las Cortes Generales o de las asambleas legislativas de las Comunidades Autónomas.
b) Real Decreto del Consejo de Ministros o Decreto de los Consejos de Gobierno de las Comunidades Autónomas.
c) Real Decreto del Presidente del Gobierno o Decreto de los Presidentes de los Gobiernos de las Comunidades Autónomas.
d) Orden ministerial u Orden del titular del Departamento competente en materia de Función Pública.

8. Señala la opción correcta:

a) Los funcionarios del Subgrupo C1 que reúnan la titulación exigida podrán promocionar al Grupo A sin necesidad de pasar por el nuevo Grupo B.
b) Los funcionarios del Grupo C aunque reúnan la titulación exigida no podrán promocionar al Grupo A sin pasar por el nuevo Grupo B.

c) Los funcionarios del Grupo C que reúnan la titulación exigida podrán promocionar al Grupo A sin necesidad de pasar por el nuevo Grupo B.

d) Los funcionarios del Subgrupo C2 que reúnan la titulación exigida podrán promocionar al Subgrupo A2 sin necesidad de pasar por el nuevo Grupo B.

9. Se requiere la titulación de Bachiller o Técnico para el acceso al:

a) Grupo C.
b) Subgrupo C2.
c) Grupo B.
d) Subgrupo C1.

10. El artículo 71.3 del EBEP señala que los contenidos mínimos comunes de los Registros de personal y los criterios que permitan el intercambio homogéneo de la información entre Administraciones, con respeto a lo establecido en la legislación de protección de datos de carácter personal, se establecerán por:

a) Ley.
b) Real Decreto.
c) Convenio de Conferencia Sectorial.
d) Acuerdo entre las Administraciones.

11. Según el artículo 79.1 del EBEP, el procedimiento normal de provisión de los puestos de trabajo del personal funcionario de carrera es:

a) El concurso-oposición.
b) La libre designación.
c) La oposición.
d) El concurso.

12. Cuando por motivos excepcionales los planes de ordenación de recursos impliquen cambio de lugar de residencia se dará prioridad a:

a) La reagrupación familiar.
b) La voluntariedad de los traslados.
c) La antigüedad.
d) Las cargas familiares.

13. La provisión de puestos de trabajo en cada Administración Pública se llevará a cabo por los procedimientos de:

a) Oposición y concurso-oposición.
b) Concurso, oposición y concurso-oposición.
c) Concurso y de libre designación con convocatoria pública.
d) Traslado forzoso y movilidad.

14. Las funcionarias víctimas de violencia de género que se vean obligadas a abandonar el puesto de trabajo en la localidad donde venían prestando sus servicios, para hacer efectiva su protección o el derecho a la asistencia social integral, tendrán derecho al traslado a otro puesto de trabajo propio de su cuerpo, escala o categoría profesional, de análogas características, sin necesidad de que sea vacante de necesaria cobertura. Este traslado tendrá la consideración de:

a) Traslado voluntario.
b) Traslado forzoso.
c) Traslado definitivo.
d) Permuta.

15. Los funcionarios de carrera que obtengan destino en otra Administración Pública a través de los procedimientos de movilidad quedarán, respecto de su Administración de origen, en la situación administrativa de:

a) Servicio en otras Administraciones Públicas.
b) Servicios especiales.
c) Excedencia forzosa.
d) Servicio activo.

16. Las funcionarias víctimas de violencia de género tendrán derecho a la reserva del puesto de trabajo que desempeñaran:

a) Durante los 2 primeros meses.
b) Durante los 3 primeros meses.
c) Durante los 6 primeros meses.
d) Durante todo el tiempo que dure esta situación de excedencia.

17. En virtud del artículo 81.2 del EBEP, la Administración General del Estado podrá trasladar a sus funcionarios, por necesidades de servicio o funcionales, a unidades, departamentos u organismos públicos o entidades distintos a los de su destino, respetando sus retribuciones, condiciones esenciales de trabajo, modificando, en su caso, la adscripción de los puestos de trabajo de los que sean titulares:

a) Por ley.
b) Por Real Decreto.
c) Por Orden ministerial.
d) Motivadamente.

18. En el supuesto de cese del puesto obtenido por libre designación, la Administración de destino, en el plazo máximo de un mes a contar desde el día siguiente al del cese, podrá acordar la adscripción del funcionario a otro puesto de la misma o le comunicará que no va a hacer efectiva dicha adscripción. En todo caso, durante este periodo se entenderá que continúa a todos los efectos en dicha Administración en situación de:

a) Servicio activo.
b) Servicios especiales.

c) Excedencia forzosa.

d) Excedencia voluntaria por interés particular.

19. Es falso decir, sobre las relaciones de puestos de trabajo a las que se refiera la Ley de Empleo Público Vasco, que:

a) Incluirán, conjunta o separadamente, la totalidad de los puestos de trabajo de naturaleza estructural que se hallen dotados presupuestariamente reservados a personal funcionario, personal laboral y personal eventual.

b) Se publicarán en el «Boletín Oficial del País Vasco», o en el del territorio histórico respectivo cuando correspondan a diputaciones forales o entidades locales.

c) Deberán estar expuestas en la sede electrónica de cada administración de manera consolidada, transparente y permanentemente actualizada.

d) Podrán contener puestos cuya dotación no pueda ser atendida con los créditos contemplados en las plantillas presupuestarias para el ejercicio correspondiente.

20. Es falso decir, sobre las relaciones de puestos de trabajo a las que se refiere la Ley de Empleo Público Vasco, que indicarán necesariamente para cada uno de ellos:

a) El sistema de provisión, ya sea oposición, concurso o concurso oposición.

b) Las retribuciones complementarias vinculadas al puesto de trabajo.

c) El carácter singularizado o normalizado del puesto de trabajo.

d) El perfil lingüístico del puesto de trabajo y, en su caso, la fecha de preceptividad.

21. Es falso decir, sobre las relaciones de puestos de trabajo a las que se refiere la Ley de Empleo Público Vasco, que indicarán necesariamente para cada uno de ellos:

a) La denominación del puesto y las dotaciones que existan de cada uno de ellos.

b) La duración del período de prácticas o de prueba, en su caso.

c) El departamento o centro orgánico al que se halle adscrito.

d) El régimen de dedicación.

22. En las relaciones de puestos de trabajo a las que se refiere la Ley de Empleo Público Vasco se concretarán:

a) La determinación del cupo de plazas que se reserva para el turno de promoción interna y, en su caso, para su provisión por personas con discapacidad.

b) La determinación de medidas de acción positiva en el acceso al empleo público para las personas víctimas de violencia de género y víctimas del terrorismo.

c) Los requisitos específicos que, en su caso, se exijan para el desempeño de un determinado puesto de trabajo.

d) Los instrumentos de selección que se utilizarán para acreditar la idoneidad de las personas aspirantes.

23. Los sistemas ordinarios de selección para el acceso al empleo público serán:

a) La oposición, el concurso y el concurso-oposición.
b) La oposición y el concurso-oposición.
c) La oposición y la libre designación.
d) El concurso y la libre designación.

24. La selección de personal funcionario interino y del personal laboral temporal en el ámbito de aplicación de la Ley de Empleo Público Vasco se llevará a cabo mediante procedimientos ágiles en los que se garanticen:

a) Los principios de igualdad, mérito y capacidad.
b) La publicidad.
c) La libre concurrencia.
d) Las tres opciones anteriores son ciertas.

25. Según la Ley de Empleo Público Vasco, ¿se podrá incrementar el número de plazas comprometidas en la oferta de empleo público cuando existan vacantes que se hayan generado desde su aprobación?

a) No.
b) Sí, hasta un diez por cien adicional.
c) Sí, hasta un veinte por cien adicional.
d) Sí, hasta un cincuenta por cien adicional.

26. Es falso decir que las bases de convocatoria de los procesos selectivos a los que se refiere la Ley de Empleo Público Vasco han de incluir:

a) La determinación del número de personas miembros que integran el órgano de selección y su condición.
b) Las retribuciones complementarias vinculadas a los puestos de trabajo convocados.
c) Siempre que proceda, el importe de la tasa y el hecho imponible correspondiente.
d) Los sistemas a través de los cuales se va a otorgar publicidad a las diferentes fases del proceso selectivo.

27. Es falso decir que las bases de convocatoria de los procesos selectivos a los que se refiere la Ley de Empleo Público Vasco han de incluir:

a) Las titulaciones académicas y los conocimientos exigidos para el desempeño de los puestos de trabajo o agrupación de puestos de trabajo que correspondan a cada cuerpo, escala o grupo profesional laboral convocado.
b) El perfil lingüístico de las plazas convocadas.
c) El calendario del proceso y de sus distintas fases.
d) El modelo de solicitud a formalizar, o la dirección o sede electrónica correspondiente para su tramitación electrónica.

Solución al test n.º 25

1. b) En la prestación de los servicios.

2. a) Un 10 % adicional.

3. c) 3 años.

4. d) 7%.

5. a) Eficacia y eficiencia.

6. c) Técnico superior.

7. a) Ley de las Cortes Generales o de las asambleas legislativas de las Comunidades Autónomas.

8. a) Los funcionarios del Subgrupo C1 que reúnan la titulación exigida podrán promocionar al Grupo A sin necesidad de pasar por el nuevo Grupo B.

9. d) Subgrupo C1.

10. c) Convenio de Conferencia Sectorial.

11. d) El concurso.

12. b) La voluntariedad de los traslados.

13. c) Concurso y de libre designación con convocatoria pública.

14. b) Traslado forzoso.

15. a) Servicio en otras Administraciones Públicas.

16. c) Durante los 6 primeros meses.

17. d) Motivadamente.

18. a) Servicio activo.

19. d) Podrán contener puestos cuya dotación no pueda ser atendida con los créditos contemplados en las plantillas presupuestarias para el ejercicio correspondiente.

20. a) El sistema de provisión, ya sea oposición, concurso o concurso oposición.

21. b) La duración del período de prácticas o de prueba, en su caso.

22. c) Los requisitos específicos que, en su caso, se exijan para el desempeño de un determinado puesto de trabajo.

23. b) La oposición y el concurso-oposición.

24. d) Las tres opciones anteriores son ciertas.

25. b) Sí, hasta un diez por cien adicional.

26. b) Las retribuciones complementarias vinculadas a los puestos de trabajo convocados.

27. c) El calendario del proceso y de sus distintas fases.

TEST N.º 26

Real Decreto Legislativo 5/2015, de 30 de octubre, por el que se aprueba el texto refundido de la Ley del Estatuto Básico del Empleado Público (artículos 85 a 92).
Ley 11/2022, de 1 de diciembre, de Empleo Público Vasco.
Situaciones administrativas (artículo 136 a 160)

1. ¿Cuál de los siguientes títulos del Estatuto Básico del Empleado Público trata de las situaciones administrativas?

a) Título III.
b) Título V.
c) Título VI.
d) Título VII.

2. Cuando adquieran la condición de funcionarios al servicio de organizaciones internacionales, los funcionarios de carrera serán declarados en situación de:

a) Excedencia.
b) Servicios especiales.
c) Servicio en otras Administraciones Públicas.
d) Servicio activo.

3. A tenor del artículo 89 del EBEP no es una modalidad de excedencia de los funcionarios de carrera:

a) Excedencia por nacimiento o adopción de un hijo.
b) Excedencia por razón de violencia de género o de violencia sexual.
c) Excedencia voluntaria por agrupación familiar.
d) Excedencia por razón de violencia terrorista.

4. Cuando finalizada la causa que determinó el pase a una situación distinta a la de servicio activo se incumpla la obligación de solicitar el reingreso al servicio activo en el plazo en que se determine reglamentariamente:

a) El interesado perderá la condición de funcionario.
b) Procederá declarar de oficio la excedencia voluntaria por interés particular.

c) Procederá declarar de oficio la suspensión de funciones.
d) Se entenderá que renuncia a la condición de funcionario.

5. En relación con la excedencia voluntaria por razones de interés particular, de los funcionarios de carrera, es cierto que:

a) Les será computable el tiempo que permanezcan en tal situación a efectos de derechos en el régimen de Seguridad Social que les sea de aplicación.
b) Podrá declararse cuando al funcionario público se le instruya expediente disciplinario.
c) La concesión de excedencia voluntaria por interés particular quedará subordinada a las necesidades del servicio debidamente motivadas.
d) Su duración no podrá ser superior a tres años.

6. En relación con la excedencia por cuidado de familiares, es cierto que:

a) En el caso de que dos funcionarios generasen el derecho a disfrutarla por el mismo sujeto causante, no se les podrá limitar el uso íntegro y simultáneo de la misma.
b) El tiempo de permanencia en esta situación no será computable a efectos de trienios, carrera y derechos en el régimen de Seguridad Social que sea de aplicación.
c) Los funcionarios en esta situación no podrán participar en los cursos de formación que convoque la Administración.
d) El período de excedencia será único por cada sujeto causante. Cuando un nuevo sujeto causante diera origen a una nueva excedencia, el inicio del período de la misma pondrá fin al que se viniera disfrutando.

7. La funcionaria en excedencia por razón de violencia de género o de violencia sexual tendrá derecho a percibir las retribuciones íntegras:

a) Sí, durante todo el tiempo de la excedencia.
b) No, sólo tiene derecho a percibir las prestaciones familiares por hijo a cargo.
c) Durante el primer año de la excedencia.
d) Durante los dos primeros meses.

8. La suspensión firme por sanción disciplinaria no podrá exceder de:

a) 2 años.
b) 3 años.
c) 6 años.
d) 10 años.

9. Las leyes de Función Pública que se dicten en desarrollo del EBEP podrán regular otras situaciones administrativas de los funcionarios de carrera, cuando concurra, entre otras, una de las circunstancias siguientes:

a) Cuando los funcionarios pasen a prestar servicios en organismos o entidades del sector público en régimen de funcionario de carrera.
b) Cuando por razones organizativas, de reestructuración interna o exceso de personal, resulte una imposibilidad permanente de asignar un puesto de trabajo.

c) Cuando por razones organizativas, de reestructuración interna o falta de personal, resulte la conveniencia de desmotivar la cesación en el servicio activo.

d) Cuando los funcionarios accedan, bien por promoción interna o por otros sistemas de acceso, a otros cuerpos o escalas y no les corresponda quedar en alguna de las situaciones previstas en el EBEP.

10. Quienes prestan servicios en su condición de funcionarios públicos cualquiera que sea la Administración u organismo público o entidad en el que se encuentren destinados y no les corresponda quedar en otra situación, es que se hallan en situación de:

a) Excedencia forzosa.
b) Servicio activo.
c) Excedencia voluntaria.
d) Comisión de servicios.

11. Los funcionarios que sean adscritos a los servicios del Tribunal Constitucional o del Defensor del Pueblo serán declarados en situación de:

a) Servicio activo.
b) Excedencia.
c) Servicios especiales.
d) Servicio en otra Administración Pública.

12. Los funcionarios que habiendo accedido a la condición de Diputado o Senador de las Cortes Generales perdieran tal condición por disolución de las correspondientes cámaras o terminación del mandato de las mismas:

a) Podrán permanecer en la situación de servicios especiales hasta su nueva constitución.
b) Pasarán al servicio activo en su condición de funcionarios.
c) Quedarán en situación de excedencia forzosa hasta su reingreso al servicio activo.
d) Quedarán en la situación de servicios especiales hasta su reingreso al servicio activo.

13. Los funcionarios que sean designados como personal eventual por ocupar puestos de trabajo con funciones expresamente calificadas como de confianza o asesoramiento político:

a) Serán declarados en situación de servicios especiales.
b) Continuarán en situación de servicio activo.
c) Pasarán a la situación de excedencia.
d) Podrán optar por permanecer en la situación de servicio activo.

14. Quienes se encuentren en situación de servicios especiales:

a) Percibirán las retribuciones que les correspondan como funcionarios de carrera.
b) Tendrán derecho a reingresar al servicio activo en el mismo puesto que ocupaban en el momento del nombramiento que originó el pase a la situación de servicios especiales

c) El tiempo que permanezcan en tal situación se les computará a efectos de ascensos, reconocimiento de trienios, promoción interna y derechos en el régimen de Seguridad Social que les sea de aplicación.

d) No podrán percibir los trienios que tuvieran reconocidos antes de pasar a la situación de servicios especiales.

15. Los funcionarios de carrera en la situación de servicio en otras Administraciones Públicas que se encuentren en dicha situación por haber obtenido un puesto de trabajo mediante los sistemas de provisión previstos en el EBEP:

a) Perderán su condición de funcionario de la Administración de origen.

b) No podrán participar en las convocatorias para la provisión de puestos de trabajo que se efectúen por la Administración de origen.

c) El tiempo de servicio en la Administración Pública en la que estén destinados se les computará como de servicio activo en su cuerpo o escala de origen.

d) Si reingresan al servicio activo en la Administración de origen, procedentes de la situación de servicio en otras Administraciones Públicas, obtendrán el reconocimiento profesional de los progresos alcanzados en el sistema de carrera profesional pero no sus efectos sobre la posición retributiva.

16. Los funcionarios, cuando sean designados miembros del Gobierno o de los órganos de gobierno de las comunidades autónomas y ciudades de Ceuta y Melilla, miembros de las Instituciones de la Unión Europea o de las organizaciones internacionales, o sean nombrados altos cargos de las citadas Administraciones Públicas o Instituciones, serán declarados en la situación de:

a) Servicio activo.

b) Servicio en otras Administraciones Públicas.

c) Servicios especiales.

d) Excedencia voluntaria.

17. Los funcionarios de carrera en la situación de servicio en otras Administraciones Públicas que se encuentren en dicha situación por haber obtenido un puesto de trabajo mediante los sistemas de provisión previstos en el EBEP:

a) Se rigen por la legislación de la Administración de origen.

b) Pierden su condición de funcionario de la Administración de origen.

c) Adquieren el derecho a participar en las convocatorias para la provisión de puestos de trabajo que se efectúen por la Administración en la que estén destinados de forma efectiva.

d) El tiempo de servicio en la Administración Pública en la que estén destinados se les computará como de servicio activo en su cuerpo o escala de origen.

18. Según el EBEP, los funcionarios de carrera podrán obtener la excedencia voluntaria por interés particular cuando hayan prestado servicios efectivos en cualquiera de las Administraciones Públicas durante un periodo mínimo de:

a) Tres años, en los últimos cinco años.
b) Tres años inmediatamente anteriores.
c) Cinco años inmediatamente anteriores.
d) Dos años, en los últimos cinco años.

19. A los funcionarios en excedencia por cuidado de familiares se les reservará el puesto de trabajo desempeñado:

a) Sí, durante todo el tiempo de la excedencia.
b) No, en ningún caso.
c) Sólo durante el primer año.
d) Al menos durante 2 años.

20. Salvo en caso de paralización del procedimiento imputable al interesado, la suspensión provisional como medida cautelar en la tramitación de un expediente disciplinario no podrá exceder de:

a) 3 meses.
b) 6 meses.
c) 1 año.
d) 3 años.

21. La excedencia voluntaria incentivada tendrá una duración de:

a) 6 meses.
b) 1 año.
c) 5 años.
d) 6 años.

22. En cuál de los siguientes supuestos los funcionarios de carrera serán declarados en situación de servicios especiales:

a) Cuando en virtud de los procesos de transferencias o por los procedimientos de provisión de puestos de trabajo, obtengan destino en una Administración Pública distinta.
b) Cuando hayan sufrido daños físicos o psíquicos como consecuencia de la actividad terrorista, así como los amenazados por organizaciones terroristas, previo reconocimiento del Ministerio del Interior o de sentencia judicial firme.

c) Cuando el funcionario declarado en la situación de suspensión firme, que no tenga reservado puesto de trabajo, solicite el reingreso y no se le conceda en el plazo de seis meses contados a partir de la extinción de la responsabilidad penal o disciplinaria.

d) Cuando sean activados como reservistas voluntarios para prestar servicios en las Fuerzas Armadas.

23. Quienes se encuentren en situación de excedencia por interés particular:

a) Tendrán derecho, al menos, a reingresar al servicio activo en la misma localidad, en las condiciones y con las retribuciones correspondientes a la categoría, nivel o escalón de la carrera consolidados, de acuerdo con el sistema de carrera administrativa vigente en la Administración Pública a la que pertenezcan.

b) Gozan de todos los derechos inherentes a su condición de funcionarios y quedan sujetos a los deberes y responsabilidades derivados de la misma.

c) No devengarán retribuciones, ni les será computable el tiempo que permanezcan en tal situación a efectos de ascensos, trienios y derechos en el régimen de Seguridad Social que les sea de aplicación.

d) El puesto de trabajo desempeñado se reservará, al menos, durante dos años. Transcurrido este periodo, dicha reserva lo será a un puesto en la misma localidad y de igual retribución.

24. Los funcionarios de carrera tendrán derecho a un período de excedencia para atender al cuidado de cada hijo, tanto cuando lo sea por naturaleza como por adopción, o de cada menor sujeto a guarda con fines de adopción o acogimiento permanente. La duración de esta excedencia, a contar desde la fecha de nacimiento o, en su caso, de la resolución judicial o administrativa, no podrá ser superior a (a partir de):

a) 1 año.
b) 2 años.
c) 3 años.
d) 5 años.

25. En relación a la situación de suspensión de funciones, es cierto que:

a) La suspensión firme únicamente podrá imponerse en virtud de sentencia dictada en causa criminal.

b) El funcionario declarado en la situación de suspensión de funciones no podrá prestar servicios en ninguna Administración Pública ni en los organismos públicos, agencias, o entidades de derecho público dependientes o vinculadas a ellas durante el tiempo de cumplimiento de la pena o sanción.

c) En ningún caso, la suspensión determinará la pérdida del puesto de trabajo.

d) El funcionario declarado en la situación de suspensión mantendrá durante el tiempo de permanencia en la misma todos los derechos inherentes a la condición.

26. Es falso que el personal funcionario de carrera en el ámbito de aplicación de la Ley de Empleo Público Vasco será declarado en situación de servicios especiales cuando:

a) Sea nombrado personal miembro del Gobierno Vasco y de los órganos de gobierno de los territorios históricos.

b) Sea nombrado para cualquier cargo de carácter político que sea incompatible con el ejercicio de la función pública.

c) Sea designado como personal eventual por ocupar puestos de trabajo con funciones expresamente calificadas como de confianza o asesoramiento político.

d) Adquiera la condición de personal laboral al servicio de organizaciones internacionales o supranacionales.

27. De acuerdo con la Ley de Empleo Público Vasco, el personal funcionario de carrera que se encuentre en la situación de servicios como personal directivo público profesional en el sector público:

a) Conservará la condición de personal funcionario de carrera en la administración de origen.

b) Tendrá derecho a la reserva del puesto del que resulta ser titular, bien por concurso, bien mediante asignación de destino tras el correspondiente proceso de acceso a la condición de personal funcionario de carrera, con anterioridad a encontrarse en dicha situación o durante su permanencia en la misma.

c) Conservará el derecho a participar en las convocatorias para la provisión de puestos de trabajo que se efectúen por la administración de origen.

d) Las tres opciones anteriores son ciertas.

28. Al personal funcionario de carrera, en el ámbito de aplicación de la Ley de Empleo Público Vasco, se le podrá conceder la excedencia voluntaria por agrupación familiar, con una duración mínima de:

a) Un año.
b) Dos años.
c) Tres años.
d) Cuatro años.

29. El personal funcionario de carrera, en el ámbito de aplicación de la Ley de Empleo Público Vasco, tendrá derecho a la reserva del puesto obtenido por concurso con anterioridad a encontrarse en dicha situación o durante su permanencia en la misma, siempre que esté en situación de:

a) Excedencia voluntaria incentivada.
b) Excedencia voluntaria.
c) Servicios especiales.
d) Suspensión firme por más de seis meses.

30. El personal funcionario de carrera, en el ámbito de aplicación de la Ley de Empleo Público Vasco, para solicitar el pase a la situación de excedencia por interés particular cuando haya prestado servicios efectivos de forma continuada en cualquiera de las administraciones públicas o en el sector público durante un período mínimo de:

a) Dos años.
b) Cinco años.
c) Dos años inmediatamente anteriores.
d) Cinco años inmediatamente anteriores.

31. Es cierto, en relación al personal funcionario de carrera en el ámbito de aplicación de la Ley de Empleo Público Vasco que se encuentre en situación de excedencia voluntaria por interés particular, que:

a) Mantendrá la reserva del puesto.
b) Devengará retribuciones.
c) Le será computable el tiempo de permanencia en esa situación a efectos de carrera profesional, trienios y derechos en el régimen de la Seguridad Social que les sea de aplicación.
d) Continuará en dicha situación, si solicitara el reingreso al servicio activo y no pudiera obtenerlo por falta de vacante, hasta tanto se produzca la misma.

32. El personal funcionario de carrera en el ámbito de aplicación de la Ley de Empleo Público Vasco tendrá derecho a un período de excedencia para atender al cuidado de cada hija o hijo, ya lo sea por naturaleza o por adopción o acogimiento permanente o preadoptivo de duración no superior a:

a) Dos años.
b) Tres años.
c) Un año.
d) Dieciocho meses.

33. Es falso que está entre los requisitos para que el personal funcionario de carrera en el ámbito de aplicación de la Ley de Empleo Público Vasco, tenga derecho a un período de excedencia para atender al cuidado de un familiar, es que este:

a) Se encuentre a su cargo.
b) Sea hasta el tercer grado inclusive de consanguinidad o afinidad.
c) Por razones de edad, accidente, enfermedad o discapacidad no pueda valerse por sí mismo.
d) No desempeñe actividad retribuida.

34. El título X de la Ley 11/2022, de Empleo Público Vasco, se denomina:

a) Derechos, deberes, código de conducta, incompatibilidades y responsabilidades del personal empleado público vasco
b) "Sistema retributivo en el empleo público vasco".

c) "Situaciones administrativas del personal en las administraciones públicas vascas".

d) "Adquisición y pérdida de la relación de servicio".

35. ¿Cuál será la duración máxima de la excedencia forzosa temporal del personal funcionario de carrera, de acuerdo con la Ley de Empleo Público Vasco?

a) Un año.

b) Dieciocho meses.

c) Dos años.

d) Tres años.

36. La Ley de Empleo Público Vasco dispone que las situaciones del personal laboral al servicio del sector público vasco se regirán por:

a) Su título X.

b) El Estatuto de los Trabajadores y por los convenios colectivos que les sean de aplicación.

c) Las normas del Derecho administrativo.

d) Las normas del Derecho administrativo y por los convenios colectivos que les sean de aplicación.

37. Es falso que el personal funcionario de carrera en el ámbito de aplicación de la Ley de Empleo Público Vasco será declarado en situación de servicios especiales cuando:

a) En virtud de los procesos de transferencias o por disposición legal de la administración a la que acceda, se integre como personal funcionario propio de la misma.

b) Sea designado personal asesor de los grupos parlamentarios del Parlamento Vasco.

c) Se desempeñen cargos electivos retribuidos y de dedicación exclusiva en las entidades locales.

d) Se desempeñen responsabilidades de órganos superiores y directivos municipales.

Solución al test n.º 26

1. c) Título VI.

2. b) Servicios especiales.

3. a) Excedencia por nacimiento o adopción de un hijo.

4. b) Procederá declarar de oficio la excedencia voluntaria por interés particular.

5. c) La concesión de excedencia voluntaria por interés particular quedará subordinada a las necesidades del servicio debidamente motivadas.

6. d) El período de excedencia será único por cada sujeto causante. Cuando un nuevo sujeto causante diera origen a una nueva excedencia, el inicio del período de la misma pondrá fin al que se viniera disfrutando.

7. d) Durante los dos primeros meses.

8. c) 6 años.

9. d) Cuando los funcionarios accedan, bien por promoción interna o por otros sistemas de acceso, a otros cuerpos o escalas y no les corresponda quedar en alguna de las situaciones previstas en el EBEP.

10. b) Servicio activo.

11. c) Servicios especiales.

12. a) Podrán permanecer en la situación de servicios especiales hasta su nueva constitución.

13. d) Podrán optar por permanecer en la situación de servicio activo.

14. c) El tiempo que permanezcan en tal situación se les computará a efectos de ascensos, reconocimiento de trienios, promoción interna y derechos en el régimen de Seguridad Social que les sea de aplicación.

15. c) El tiempo de servicio en la Administración Pública en la que estén destinados se les computará como de servicio activo en su cuerpo o escala de origen.

16. c) Servicios especiales.

17. d) El tiempo de servicio en la Administración Pública en la que estén destinados se les computará como de servicio activo en su cuerpo o escala de origen.

18. c) Cinco años inmediatamente anteriores.

19. d) Al menos durante 2 años.

20. b) 6 meses.

21. c) 5 años.

22. d) Cuando sean activados como reservistas voluntarios para prestar servicios en las Fuerzas Armadas.

23. c) No devengarán retribuciones, ni les será computable el tiempo que permanezcan en tal situación a efectos de ascensos, trienios y derechos en el régimen de Seguridad Social que les sea de aplicación.

24. c) 3 años.

25. b) El funcionario declarado en la situación de suspensión de funciones no podrá prestar servicios en ninguna Administración Pública ni en los organismos públicos, agencias, o entidades de derecho público dependientes o vinculadas a ellas durante el tiempo de cumplimiento de la pena o sanción.

26. d) Adquiera la condición de personal laboral al servicio de organizaciones internacionales o supranacionales.

27. d) Las tres opciones anteriores son ciertas.

28. b) Dos años.

29. c) Servicios especiales.

30. c) Dos años inmediatamente anteriores.

31. d) Continuará en dicha situación, si solicitara el reingreso al servicio activo y no pudiera obtenerlo por falta de vacante, hasta tanto se produzca la misma.

32. b) Tres años.

33. b) Sea hasta el tercer grado inclusive de consanguinidad o afinidad.

34. a) "Situaciones administrativas del personal en las administraciones públicas vascas".

35. d) Tres años.

36. b) Se regirán por el Estatuto de los Trabajadores y por los convenios colectivos que les sean de aplicación.

37. a) En virtud de los procesos de transferencias o por disposición legal de la administración a la que acceda, se integren como personal funcionario propio de la misma.

TEST N.º 27

Incompatibilidades Ley 53/1984, de 26 de diciembre. Régimen de Incompatibilidades del personal al servicio de las Administraciones Públicas (artículos 1 a 20)

1. ¿Qué rango normativo se exige para la regulación del estatuto de los funcionarios públicos, el acceso a la función pública, las peculiaridades de su derecho a sindicación, el sistema de incompatibilidades y las garantías para la imparcialidad en el ejercicio de sus funciones?

a) Rango de ley.

b) Rango reglamentario.

c) Rango de ley para el acceso a la función pública, y rango reglamentario para la regulación del estatuto de los funcionarios públicos, las peculiaridades de su derecho a sindicación, el sistema de incompatibilidades y las garantías para la imparcialidad en el ejercicio de sus funciones.

d) Rango de ley para la regulación del estatuto de los funcionarios públicos y el acceso a la función pública, y rango reglamentario para el sistema de incompatibilidades y las garantías para la imparcialidad en el ejercicio de sus funciones.

2. ¿Qué Ley regula las incompatibilidades del Personal al Servicio de las Administraciones Públicas?

a) Ley 53/1984, de 26 de diciembre.

b) Ley 84/2003, de 5 de marzo.

c) Ley 34/2008, de 23 de septiembre.

d) Ley 55/1988, de 19 de octubre.

3. La Ley 53/1984, de 26 de diciembre, de Incompatibilidades del Personal al Servicio de las Administraciones Públicas es aplicable:

a) Únicamente al personal al servicio de la Administración General del Estado.

b) A cualquier empleado público que desempeñe sus tareas en el territorio nacional, incluidos los funcionarios de la Unión Europea.

c) Al personal al servicio de las Administraciones de las Comunidades Autónomas y de los Organismos de ellas dependientes, así como de sus Asambleas Legislativas y órganos institucionales, entre otros.

d) Al personal al servicio de las Administraciones Públicas que voluntariamente se sujete a ella.

4. El incumplimiento de las normas sobre incompatibilidades, cuando suponga el mantenimiento de una situación de incompatibilidad, tendrá la consideración de:

a) Falta leve.
b) Falta grave.
c) Falta muy grave.
d) Falta media.

5. El incumplimiento de los plazos u otras disposiciones de procedimiento en materia de incompatibilidades, cuando no suponga el mantenimiento de una situación de incompatibilidad:

a) Tendrá la consideración de falta leve.
b) Tendrá la consideración de falta grave.
c) Tendrá la consideración de falta muy grave.
d) No tendrá la consideración de falta.

6. En relación con las incompatibilidades del personal estatutario, no es cierto que:

a) Será incompatible el disfrute de becas y ayudas de ampliación de estudios concedidas en régimen de concurrencia competitiva al amparo de programas oficiales de formación y perfeccionamiento del personal, siempre que para participar en tales acciones se requiera la previa propuesta favorable del Servicio de Salud en el que se esté destinado y que las bases de la convocatoria no establezcan lo contrario.

b) La percepción de pensión de jubilación por un régimen público de Seguridad Social será incompatible con la situación del personal emérito.

c) Las retribuciones del personal emérito, sumadas a su pensión de jubilación, no podrán superar las retribuciones que el interesado percibía antes de su jubilación, consideradas, todas ellas, en cómputo anual.

d) La percepción de pensión de jubilación parcial será compatible con las retribuciones derivadas de una actividad a tiempo parcial.

7. Será requisito necesario para autorizar la compatibilidad de actividades públicas el que la cantidad total percibida por ambos puestos o actividades no supere la remuneración prevista en los Presupuestos Generales del Estado para:

a) El cargo de Director General.
b) El nivel 30.
c) El cargo de Jefe de Servicio.
d) El cargo de Diputado o Senador.

8. Según la Ley 53/1984, de 26 de diciembre, de Incompatibilidades del Personal al Servicio de las Administraciones Públicos, será requisito necesario para autorizar la compatibilidad de actividades públicas para los funcionarios del Grupo D, el que la cantidad total percibida por ambos puestos o actividades no supere al remuneración prevista en los Presupuestos Generales del Estado para el cargo de Director General, ni supere la correspondiente al principal, estimada en régimen de dedicación ordinaria, incrementada en :

a) Un 30 %.
b) Un 40 %.
c) Un 45 %.
d) Un 50 %.

9. Quienes accedan por cualquier título a un nuevo puesto del sector público que con arreglo a la Ley 53/1984 resulte incompatible con el que vinieran desempeñando habrán de optar por uno de ellos dentro del plazo:

a) De 10 días tras la toma de posesión en el segundo puesto.
b) De 30 días tras la incorporación al segundo puesto.
c) De 3 días tras la incorporación al segundo puesto.
d) De toma de posesión.

10. La resolución motivada reconociendo la compatibilidad o declarando la incompatibilidad se dictará en el plazo de:

a) 1 mes.
b) 2 meses.
c) 15 días.
d) 10 días.

11. El personal comprendido en el ámbito de aplicación de la Ley 53/1984 no podrá ejercer la actividad siguiente:

a) El desempeño, por sí o por persona interpuesta, de cargos de todo orden en Empresas o Sociedades concesionarias, contratistas de obras, servicios o suministros, arrendatarias o administradoras de monopolios, o con participación o aval del sector público, cualquiera que sea la configuración jurídica de aquéllas.

b) La participación en tribunales calificadores de pruebas selectivas para ingreso en las Administraciones Públicas.

c) El ejercicio del cargo de Presidente, Vocal o miembro de Juntas rectoras de Mutualidades o Patronatos de Funcionarios, siempre que no sea retribuido.

d) La producción y creación literaria, siempre que no se origine como consecuencia de una relación de empleo o de prestación de servicios.

12. No podrá reconocerse compatibilidad para la realización de actividades privadas a quien desempeñe dos actividades en el sector público, salvo en el caso de que la jornada semanal de ambas actividades en su conjunto sea inferior a:

a) 35 horas.
b) 40 horas.
c) 44 horas.
d) 48 horas.

13. Según la Ley 53/1984, de 26 de diciembre, de Incompatibilidades del Personal al servicio de las Administraciones Públicas, ¿cuál de las siguientes situaciones requeriría, conforme a la normativa sobre incompatibilidades, una resolución que reconociera la compatibilidad para su ejercicio?

a) La participación ocasional en un programa de un medio de comunicación social.
b) La colaboración ocasional en un curso de carácter profesional.
c) La participación del 15 por 100 en el capital de una Sociedad concesionaria.
d) El ejercicio como profesor asociado universitario a tiempo parcial.

14. De conformidad con la Ley 53/1984, obtenida la incompatibilidad, los servicios prestados en el segundo puesto o actividad:

a) Se computarán a efectos de derechos pasivos pero no a efectos de trienios.
b) Se computarán a efectos de derechos pasivos proporcionalmente a su cuantía.
c) No se computarán a efectos de trienios ni de derechos pasivos.
d) Se computarán a efectos de trienios pero no de derechos pasivos.

15. ¿Qué actividades quedan exceptuadas del régimen de incompatibilidades de la Ley 53/1984?

a) La participación en Tribunales calificadores de pruebas selectivas para ingreso en las Administraciones Públicas.
b) La producción y creación literaria, artística, científica y técnica, así como las publicaciones derivadas de aquellas, siempre que se originen como consecuencia de una relación de empleo o de prestación de servicios.
c) La participación habitual en coloquios y programas en cualquier medio de comunicación social.
d) Todas las respuestas son correctas.

16. Según establece el artículo 18 de la Ley 53/1984, de 26 de diciembre, de Incompatibilidades del personal al servicio de las Administraciones Públicas, todas las resoluciones de compatibilidad para desempeñar un segundo puesto o actividad en el sector público o el ejercicio de actividades privadas se inscribirán:

a) En el Sistema de Información de Gestión de Personal.
b) En la Unidad de Información de Transparencia del Ministerio u Organismo correspondiente.

c) En la Unidad de Personal del Ministerio u Organismo correspondiente.

d) En los Registros de Personal correspondientes.

17. Según la Ley 53/1984, de 26 de diciembre, de Incompatibilidades del Personal al servicio de las Administraciones Públicas, ¿cuál de las siguientes situaciones requeriría, conforme a la normativa sobre incompatibilidades, una resolución que reconociera la compatibilidad para su ejercicio?

a) La participación ocasional en un programa de un medio de comunicación social.

b) La colaboración ocasional en un curso de carácter profesional.

c) La participación del 15 por 100 en el capital de una Sociedad concesionaria.

d) El ejercicio como profesor asociado universitario a tiempo parcial y con duración determinada.

18. De acuerdo con la Ley 53/1984, de 26 de diciembre, de Incompatibilidades del Personal al Servicio de las Administraciones Públicas, ¿se puede compatibilizar un trabajo como funcionario en la Administración General del Estado con el desempeño del cargo electivo de miembro de una Asamblea Legislativa de las Comunidades Autónomas?

a) Sí, en todo caso.

b) No si por el desempeño del cargo electivo se perciben retribuciones periódicas.

c) No, en ningún caso.

d) Sí, siempre que la suma de las retribuciones no superen las marcadas para los Directores Generales.

19. ¿Cuál de las siguientes actividades NO está exceptuada del régimen de incompatibilidades de la Ley 53/1984, de 26 de diciembre, de Incompatibilidades del personal al servicio de las Administraciones Públicas?

a) La participación diaria en coloquios y programas en cualquier medio de comunicación social.

b) La participación en Tribunales calificadores de pruebas selectivas para ingreso en las Administraciones Públicas.

c) La producción y creación literaria, artística, científica y técnica, así como las publicaciones derivadas de aquéllas, siempre que no se originen como consecuencia de una relación de empleo o de prestación de servicios.

d) La colaboración y la asistencia ocasional a Congresos, seminarios, conferencias o cursos de carácter profesional.

20. De acuerdo con la Ley 53/1984, de 26 de diciembre, de Incompatibilidades del personal al servicio de las Administraciones Públicas, NO se podrá compatibilizar la función pública con:

a) La producción literaria.

b) La preparación para el acceso a la función pública.

c) Pertenecer a un Consejo de Administración de una empresa pública.

d) La participación con un quince por ciento en el capital de una empresa concesionaria de las Administraciones Públicas.

21. Indica la respuesta correcta según lo dispuesto en artículo 7.2 de la Ley 53/1984, de 26 de diciembre, de Incompatibilidades del Personal al servicio de las Administraciones Públicas, en relación al desempeño de un segundo puesto de trabajo en el sector:

a) Los servicios prestados en el segundo puesto o actividad se computarán a efectos de derechos pasivos.

b) Los servicios prestados en el segundo puesto o actividad se computarán a efectos de trienios.

c) Las prestaciones de carácter familiar podrán percibirse por ambos puestos.

d) Las pagas extraordinarias sólo podrán percibirse por uno de los puestos.

Solución al test n.º 27

1. a) Rango de ley.

2. a) Ley 53/1984, de 26 de diciembre.

3. c) Al personal al servicio de las Administraciones de las Comunidades Autónomas y de los Organismos de ellas dependientes, así como de sus Asambleas Legislativas y órganos institucionales, entre otros.

4. c) Falta muy grave.

5. b) Tendrá la consideración de falta grave.

6. b) La percepción de pensión de jubilación por un régimen público de Seguridad Social será incompatible con la situación del personal emérito.

7. a) El cargo de Director General.

8. c) Un 45 %.

9. d) De toma de posesión.

10. b) 2 meses.

11. a) El desempeño, por sí o por persona interpuesta, de cargos de todo orden en Empresas o Sociedades concesionarias, contratistas de obras, servicios o suministros, arrendatarias o administradoras de monopolios, o con participación o aval del sector público, cualquiera que sea la configuración jurídica de aquéllas.

12. b) 40 horas.

13. d) El ejercicio como profesor asociado universitario a tiempo parcial.

14. c) No se computarán a efectos de trienios ni de derechos pasivos.

15. a) La participación en Tribunales calificadores de pruebas selectivas para ingreso en las Administraciones Públicas.

16. d) En los Registros de Personal correspondientes.

17. d) El ejercicio como profesor asociado universitario a tiempo parcial y con duración determinada.

18. b) No si por el desempeño del cargo electivo se perciben retribuciones periódicas.

19. a) La participación diaria en coloquios y programas en cualquier medio de comunicación social.

20. d) La participación con un quince por ciento en el capital de una empresa concesionaria de las Administraciones Públicas.

21. d) Las pagas extraordinarias sólo podrán percibirse por uno de los puestos.

TEST N.º 28

Norma Foral 6/2005, de 28 de febrero, General Tributaria de Álava (I). Los Tributos. Capítulo I, Disposiciones generales (artículos 16 a 34). Capítulo II, Obligados tributarios (artículos 35 a 56)

1. De la definición de tributo se deduce que se trata de:

a) Un ingreso pecuniario de Derecho Público coactivo.
b) El fin primordial es el de obtener los ingresos necesarios para el sostenimiento de los gastos públicos.
c) Puede servir como instrumento de política económica general.
d) Todas las respuestas anteriores son correctas.

2. No se regulará necesariamente por Ley:

a) La delimitación del hecho imponible.
b) Los modelos de presentación del impuesto. c) El tipo de gravamen.
d) Las obligaciones entre particulares resultantes de los tributos.

3. Con relación a las contribuciones especiales, señala cuál de las siguientes afirmaciones es no es correcta:

a) Se define en la Norma Foral 6/2005.
b) Las contribuciones especiales son tributos.
c) Su hecho imponible consiste en la obtención por el obligado tributario de un beneficio o de un aumento de valor de sus bienes como consecuencia de la realización de obras públicas o del establecimiento o ampliación de servicios públicos.
d) Su hecho imponible está constituido por negocios, actos o hechos que ponen de manifiesto la capacidad económica del contribuyente.

4. De acuerdo con lo dispuesto en el artículo 2.2. de la LGT, las tasas:

a) Son los tributos cuyo hecho imponible consiste en la utilización privativa o el aprovechamiento especial del dominio público, la prestación de servicios o la realización de actividades en régimen de Derecho Público que se refieran, afecten o beneficien de modo particular al obligado tributario, cuando los servicios o actividades no sean de solicitud o recepción voluntaria para los obligados tributarios o no se presten o realicen por el sector privado.

b) Son los tributos cuyo hecho imponible consiste en la obtención por el obligado tributario de un beneficio o de un aumento de valor de sus bienes como consecuencia de la realización de obras públicas o del establecimiento o ampliación de servicios públicos.

c) Son los tributos cuyo hecho imponible consiste en la utilización pública, la prestación de servicios o la realización de actividades en régimen de Derecho Público que se refieran, afecten o beneficien de modo particular al obligado tributario, cuando los servicios o actividades no sean de solicitud o recepción voluntaria para los obligados tributarios o no se presten o realicen por el sector privado.

d) Son los tributos exigidos sin contraprestación cuyo hecho imponible está constituido por negocios, actos o hechos que ponen de manifiesto la capacidad económica del contribuyente.

5. Son obligaciones tributarias formales:

a) La obligación de presentar declaraciones censales por las personas o entidades que desarrollen o vayan a desarrollar actividades u operaciones empresariales y profesionales o satisfagan rendimientos sujetos a retención.

b) La obligación de solicitar y utilizar el número de identificación fiscal en sus relaciones de naturaleza o con trascendencia tributaria.

c) La obligación de presentar declaraciones y autoliquidaciones.

d) Todas las respuestas anteriores son correctas.

6. Es obligación tributaria material:

a) La obligación de expedir y entregar facturas o documentos sustitutivos.

b) La obligación de facilitar la práctica de inspecciones y comprobaciones administrativas.

c) Obligación tributaria de realizar pagos a cuenta. d) La obligación de aportar a la Administración tributaria libros, registros, documentos o información que el obligado tributario deba conservar en relación con el cumplimiento de las obligaciones tributarias propias o de terceros.

7. El recargo por declaración extemporánea, si la presentación de la autoliquidación o declaración se efectúa dentro de los seis meses siguientes al término del plazo voluntario establecido para la presentación e ingreso, es del:

a) 5%, con exclusión de los intereses de demora y de las sanciones que, en otro caso, hubieran podido exigirse. b) 10%, con exclusión de las sanciones que, en otro caso, hubieran podido exigirse.

c) 15%, con exclusión de las sanciones que, en otro caso, hubieran podido exigirse.

d) 20%, con exclusión de los intereses de demora y de las sanciones que, en otro caso, hubieran podido exigirse.

8. El recargo en el caso de que la presentación de la autoliquidación o declaración se efectúe entre el séptimo y el duodécimo mes siguiente al término del plazo voluntario establecido para la presentación e ingreso es del:

a) 5%, con exclusión de las sanciones que, en otro caso, hubieran podido exigirse.

b) 10%, con exclusión de las sanciones que, en otro caso, hubieran podido exigirse.

c) 15%, con exclusión de las sanciones que, en otro caso, hubieran podido exigirse.

d) 20%, con exclusión de los intereses de demora y de las sanciones que, en otro caso, hubieran podido exigirse.

9. El recargo ejecutivo es del:

a) 5%. b) 10%.
c) 15%.
d) 20%.

10. El recargo de apremio reducido es del:

a) 10%. b) 15%.
c) 20%.
d) 25%.

11. El recargo de apremio ordinario es del:

a) 10%.
b) 15%.
c) 20%. d) 25%.

12. No es un derecho de los contribuyentes reconocido por la Norma Foral 6/2005:

a) Derecho a utilizar el euskera o el castellano en las relaciones con la Administración tributaria, de acuerdo con lo previsto en el ordenamiento jurídico.

b) Derecho a conocer la identidad de las autoridades y personal al servicio de la Administración tributaria bajo cuya responsabilidad se tramitan las actuaciones y procedimientos tributarios en los que tenga la condición de interesado.

c) Derecho a aportar aquellos documentos ya presentados por ellos mismos y que se encuentren en poder de la cualquier Administración actuante, siempre que el obligado tributario indique el día y procedimiento en el que los presentó.

d) Derecho a ser informado y asistido por la Administración tributaria sobre el ejercicio de sus derechos y el cumplimiento de sus obligaciones tributarias.

13. Son obligados tributarios:

a) Los sujetos pasivos.
b) Los obligados a realizar pagos a cuenta.
c) Los sucesores.
d) Todas las respuestas anteriores son correctas.

14. El sujeto pasivo que realiza el hecho imponible se denomina:

a) Sustituto.
b) Contribuyente.

c) Los obligados a realizar pagos a cuenta.
d) Los sucesores.

15. Indica cuál de las siguientes afirmaciones no es cierta con relación a los retenedores y obligados a practicar ingresos a cuenta:

a) Es obligado a realizar pagos fraccionados el contribuyente a quien la Norma Foral de cada tributo impone la obligación de ingresar cantidades a cuenta de la obligación tributaria principal con anterioridad a que esta resulte exigible.

b) Es retenedor la persona o entidad a quien la ley de cada tributo impone la obligación de detraer e ingresar en la Administración tributaria, con ocasión de los pagos que deba realizar a otros obligados tributarios, una parte de su importe a cuenta del tributo que corresponda a estos.

c) Es obligado a practicar ingresos a cuenta la persona o entidad que satisface rentas en especie o dinerarias y a quien la ley impone la obligación de realizar ingresos a cuenta de cualquier tributo.

d) Se trata de un servicio prestado a la Administración de forma gratuita.

16. Mientras la herencia se encuentre yacente, el cumplimiento de las obligaciones tributarias del causante corresponderá:

a) Al cónyuge supérstite.
b) A todos los herederos.
c) Al representante de la herencia yacente.
d) Todas las respuestas son incorrectas.

17. En cuanto a los sucesores de personas físicas, indica cuál de las siguientes opciones no es correcta:

a) A la muerte de los obligados tributarios, las obligaciones tributarias pendientes se transmitirán a los herederos.

b) Las obligaciones tributarias se transmitirán a los legatarios en las mismas condiciones que las establecidas para los herederos cuando la herencia se distribuya a través de legados y en los supuestos en que se instituyan legados de parte alícuota.

c) También se transmitirán las sanciones.

d) Las obligaciones tributarias y las que fueran transmisibles por causa de muerte podrán satisfacerse con cargo a los bienes de la herencia yacente.

18. Los sucesores de personas jurídicas:

a) Siempre se hacen cargo de las obligaciones tributarias pendientes del obligado tributario.

b) A lo anterior se incluyen las sanciones.

c) No se transmitirá la obligación del responsable salvo que se hubiera notificado el acuerdo de derivación de responsabilidad antes del fallecimiento.

d) Las obligaciones tributarias a las que sucede se han de satisfacer con bienes propios, no de la herencia yacente.

19. Con relación a los entes desprovistos de personalidad jurídica, indica cuál de las siguientes afirmaciones no es correcta:

a) Está regulado en la Norma Foral 6/2005.
b) Se ha elaborado el listado exhaustivo de entes que forman parte de los mismos.
c) Se los considerará como sujetos pasivos, pero eso no quiere decir que lo sean.
d) Tienen la consideración de sujetos pasivos y, por lo tanto, están obligados a cumplir las prestaciones tributarias, tanto formales como materiales.

20. La responsabilidad:

a) Siempre es subsidiaria.
b) Siempre es solidaria.
c) Salvo precepto legal expreso en contrario, la responsabilidad será siempre subsidiaria.
d) Salvo precepto legal expreso en contrario, la responsabilidad será siempre solidaria.

21. Por otro lado, y respecto a la responsabilidad, no es cierto que:

a) La Norma Foral podrá configurar como responsables solidarios o subsidiarios de la deuda tributaria, junto a los deudores principales, a otras personas o entidades.
b) Salvo precepto legal expreso en contrario, la responsabilidad será siempre solidaria.
c) La responsabilidad no alcanzará a las sanciones, salvo las excepciones que en esta u otra ley se establezcan.
d) La derivación de la acción administrativa para exigir el pago de la deuda tributaria a los responsables requerirá la previa declaración de fallido del deudor principal y de los responsables solidarios.

22. Serán responsables solidarios del pago de la deuda tributaria pendiente y, en su caso, del de las sanciones tributarias, hasta el importe del valor de los bienes o derechos que se hubieran podido embargar o enajenar por la Administración tributaria, las siguientes personas o entidades:

a) Las que sean causantes o colaboren en la ocultación o transmisión de bienes o derechos del obligado al pago con la finalidad de impedir la actuación de la Administración tributaria.
b) Las que, por culpa o negligencia, incumplan las órdenes de embargo.
c) Las que, con conocimiento del embargo, la medida cautelar o la constitución de la garantía, colaboren o consientan en el levantamiento de los bienes o derechos embargados o de aquellos bienes o derechos sobre los que se hubiera constituido la medida cautelar o la garantía.
d) Todas las respuestas anteriores son correctas.

23. Es un caso de responsabilidad solidaria:

a) Las que sean causantes o colaboren activamente en la realización de una infracción tributaria.

b) Los partícipes o cotitulares de las entidades a que se refiere el apartado 3 del artículo 35 de la Norma Foral 6/2005, en proporción a sus respectivas participaciones respecto a las obligaciones tributarias materiales de dichas entidades.

c) Las personas o entidades que sucedan por cualquier concepto en la titularidad o ejercicio de explotaciones o actividades económicas, por las obligaciones tributarias y sanciones contraídas del anterior titular y derivadas de su ejercicio.

d) Todas las respuestas anteriores son correctas.

24. Por las personas que carezcan de capacidad de obrar actuarán sus representantes:

a) Legales.

b) Voluntarios.

c) Ambas indistintamente.

d) Ninguna de ellas.

25. En lo que se refiere a la representación, no es cierto:

a) Para los actos de mero trámite se necesita la representación.

b) Los obligados tributarios con capacidad de obrar podrán actuar por medio de representante, con el que se entenderán las sucesivas actuaciones administrativas, salvo que se haga manifestación expresa en contrario.

c) En las herencias que se encuentren pendientes del ejercicio de un poder testatorio o del ejercicio de un usufructo poderoso, actuará en su representación el administrador o usufructuario poderoso, respectivamente.

d) Por las personas que carezcan de capacidad de obrar actuarán sus representantes legales.

Solución al test n.º 28

1. d) Todas las respuestas anteriores son correctas.

2. b) Los modelos de presentación del impuesto.

3. d) Su hecho imponible está constituido por negocios, actos o hechos que ponen de manifiesto la capacidad económica del contribuyente.

4. a) Son los tributos cuyo hecho imponible consiste en la utilización privativa o el aprovechamiento especial del dominio público, la prestación de servicios o la realización de actividades en régimen de Derecho Público que se refieran, afecten o beneficien de modo particular al obligado tributario, cuando los servicios o actividades no sean de solicitud o recepción voluntaria para los obligados tributarios o no se presten o realicen por el sector privado.

5. d) Todas las respuestas anteriores son correctas.

6. c) Obligación tributaria de realizar pagos a cuenta.

7. a) 5%, con exclusión de los intereses de demora y de las sanciones que, en otro caso, hubieran podido exigirse.

8. b) 10%, con exclusión de las sanciones que, en otro caso, hubieran podido exigirse.

9. a) 5%.

10. a) 10%.

11. c) 20%.

12. c) Derecho a aportar aquellos documentos ya presentados por ellos mismos y que se encuentren en poder de la cualquier Administración actuante, siempre que el obligado tributario indique el día y procedimiento en el que los presentó.

13. d) Todas las respuestas anteriores son correctas.

14. b) Contribuyente.

15. a) Es obligado a realizar pagos fraccionados el contribuyente a quien la Norma Foral de cada tributo impone la obligación de ingresar cantidades a cuenta de la obligación tributaria principal con anterioridad a que esta resulte exigible.

16. c) Al representante de la herencia yacente.

17. c) También se transmitirán las sanciones.

18. c) No se transmitirá la obligación del responsable salvo que se hubiera notificado el acuerdo de derivación de responsabilidad antes del fallecimiento.

19. b) Se ha elaborado el listado exhaustivo de entes que forman parte de los mismos.

20. c) Salvo precepto legal expreso en contrario, la responsabilidad será siempre subsidiaria.

21. b) Salvo precepto legal expreso en contrario, la responsabilidad será siempre solidaria.

22. d) Todas las respuestas anteriores son correctas.

23. d) Todas las respuestas anteriores son correctas.

24. a) Legales.

25. a) Para los actos de mero trámite se necesita la representación.

TEST N.º 29

Norma Foral 6/2005, de 28 de febrero, General Tributaria de Álava (II). La aplicación de los tributos. Capítulo I, Principios generales (artículos 80 a 88). Capítulo II, Normas comunes sobre actuaciones y procedimientos tributarios (artículos 93 a 112)

1. Marca la respuesta correcta:

a) La aplicación de los tributos comprende todas las actividades de la Administración tributaria dirigidas a la información y asistencia a los obligados tributarios y a la gestión, inspección y recaudación de los tributos.

b) Las funciones de aplicación de los tributos se ejercerán de forma conjunta a la de resolución de las reclamaciones económico-administrativas que se interpongan contra los actos dictados por la Administración tributaria.

c) La aplicación de los tributos comprende las actuaciones de los obligados en el ejercicio de sus derechos o en cumplimiento de sus obligaciones tributarias.

d) a) y c) son correctas.

2. Respecto al régimen de asistencia mutua y de controles simultáneos:

a) La Administración Tributaria no podrá requerir a la autoridad competente el intercambio de Información sobre la recaudación de créditos o a otros fines previstos en la normativa reguladora de dicha asistencia.

b) En el desarrollo de las actuaciones de asistencia mutua a otros estados, sin necesidad de previa autorización de la autoridad competente, podrán estar presentes funcionarias designadas y funcionarios designados por el estado requirente.

c) La actuación de funcionarias y funcionarios de otros Estados en el Territorio Histórico de Álava se realizará de conformidad con la normativa que les resulte de aplicación, en los términos establecidos en las normas de asistencia mutua y de acuerdo con lo que se establezca reglamentariamente.

d) Las funcionarias designadas y los funcionarios designados por la Administración Tributaria no podrán estar presentes en otros estados o participar a través de medios de comunicación electrónicos en el marco de peticiones de asistencia efectuadas por la autoridad competente.

3. La Administración deberá prestar a los obligados tributarios la necesaria información y asistencia acerca de sus derechos y obligaciones, mediante:

a)Divulgación de textos actualizados de las normas tributarias, así como de la doctrina administrativa de mayor trascendencia.
b)Comunicaciones y actuaciones de información.
c)Procedimientos de vinculación administrativa previa.
d) Todas son correctas.

4. Las consultas tributarias escritas:

a) Se formularán después de la finalización del plazo establecido para el ejercicio de los derechos, la presentación de declaraciones o autoliquidaciones o el cumplimiento de otras obligaciones tributarias.
b) Se formularán mediante escrito dirigido a la Administración tributaria para su contestación.
c) No podrán formular consultas tributarias los organismos o entidades cuando se refieran a cuestiones que afecten a la generalidad de sus miembros o asociados.
d) Ninguna es correcta.

5. La contestación a las consultas tributarias escritas:

a) Que no cumplan los requisitos tendrá efectos vinculantes sólo para los órganos de la Administración tributaria encargados de la aplicación de los tributos en su relación con el obligado tributario.
b) Que cumplan los requisitos no tendrá efectos vinculantes para los órganos de la Administración tributaria encargados de la aplicación de los tributos en su relación con el obligado tributario.
c) Que no cumplan los requisitos, tendrá efectos exclusivamente tributarios.
d) Ninguna es correcta.

6. Los obligados tributarios podrán solicitar a la Administración tributaria que determine con carácter previo y vinculante la valoración a efectos fiscales de rentas, productos, bienes, gastos y demás elementos determinantes de la deuda tributaria:

a) La solicitud deberá presentarse por escrito tras la realización del hecho imponible o, en su caso, en los plazos que establezca la normativa de cada tributo.
b) A dicha solicitud podrá acompañarse la propuesta de valoración formulada por el obligado tributario.
c) La Administración tributaria podrá comprobar los elementos de hecho y las circunstancias declaradas por el obligado tributario.
d) La falta de contestación de la Administración tributaria en plazo no implicará la aceptación de los valores propuestos por el obligado tributario.

7. En cuanto a las actuaciones y procedimientos tributarios:

a) Podrán iniciarse de oficio o a instancia del obligado tributario, mediante autoliquidación, declaración, solicitud, o cualquier otro medio previsto en la normativa tributaria.

b) Los documentos de iniciación de las actuaciones y procedimientos tributarios no podrán incluir el nombre y apellidos o razón social .

c) Los obligados tributarios no pueden rehusar la presentación de los documentos que no resulten exigibles por la normativa tributaria.

d) Para la práctica de la prueba en los procedimientos tributarios será necesaria la apertura de un período específico y la comunicación previa de las actuaciones a los interesados.

8. Las actuaciones de la Administración tributaria en los procedimientos de aplicación de los tributos se documentarán en:

a) Las comunicaciones, que son los documentos a través de los cuales la Administración notifica al obligado tributario el inicio del procedimiento u otros hechos o circunstancias relativos al mismo.

b) Las diligencias, que son los documentos públicos que se extienden para hacer constar hechos, así como las manifestaciones del obligado tributario o persona con la que se entiendan las actuaciones

c) Los informes que sean preceptivos conforme al ordenamiento jurídico, los que soliciten otros órganos y servicios de las Administraciones públicas o los poderes legislativo y judicial, en los términos previstos por la legislación vigente y los que resulten necesarios para la aplicación de los tributos.

d) Todas son correctas.

9. Pondrán fin a los procedimientos tributarios:

a) La resolución.

b) La posibilidad material de continuarlos por causas sobrevenidas.

c) El incumplimiento de la obligación que hubiera sido objeto de requerimiento.

d) Todas son incorrectas.

10. En materia de Liquidaciones tributarias:

a) La Administración tributaria estará obligada a ajustar las liquidaciones a los datos consignados por los obligados tributarios en las autoliquidaciones, declaraciones, solicitudes o cualquier otro documento.

b) Son liquidaciones provisionales las practicadas en un procedimiento de inspección previa comprobación e investigación de la totalidad de los elementos de la obligación tributaria.

c) En los tributos de cobro periódico por recibo, una vez que sea notificada la liquidación correspondiente al alta en el respectivo registro, padrón o matrícula, ya no podrán notificarse colectivamente las sucesivas liquidaciones mediante edictos que así lo adviertan.

d) No será preceptiva la notificación expresa en los supuestos que se determinen reglamentariamente, siempre que la Administración tributaria así lo advierta por escrito al obligado tributario o a su representante.

11. En materia de resoluciones y plazos, señala la respuesta incorrecta:

a) La Administración tributaria está obligada a resolver expresamente todas las cuestiones que se planteen en los procedimientos de aplicación de los tributos, así como a notificar dicha resolución expresa.

b) El plazo máximo en que debe notificarse la resolución será el fijado por la normativa reguladora del correspondiente procedimiento.

c) El plazo se contará en los procedimientos iniciados de oficio desde la fecha de notificación del acuerdo de inicio.

d) Cuando las normas reguladoras de los procedimientos no fijen plazo máximo, éste será de tres meses.

12. Cuando se produzca la paralización del procedimiento por causa imputable al obligado tributario:

a) La Administración le advertirá que, transcurridos dos meses, podrá declarar la caducidad del mismo.

b) La Administración le advertirá que, transcurridos tres meses, podrá declarar la caducidad del mismo.

c) La Administración le advertirá que, transcurridos cuatro meses, podrá declarar la caducidad del mismo

d) La Administración le advertirá que, transcurridos seis meses, podrá declarar la caducidad del mismo.

13. Señala la respuesta correcta:

a) Producida la caducidad del procedimiento, ésta sólo podrá ser declarada de oficio, ordenándose el archivo de las actuaciones.

b) Dicha caducidad producirá, por sí sola, la prescripción de los derechos de la Administración tributaria.

c) Las actuaciones realizadas en el curso de un procedimiento caducado no conservarán su validez y eficacia a efectos probatorios en otros procedimientos iniciados con anterioridad en relación con el mismo u otro obligado tributario.

d) Las actuaciones realizadas en el curso de un procedimiento caducado, conservarán su validez y eficacia a efectos probatorios en otros procedimientos iniciados con posterioridad en relación con el mismo u otro obligado tributario.

14. En materia de Prueba, marca la afirmación correcta:

a) Serán de aplicación sin excepción, las normas que sobre medios y valoración de prueba se contienen en el Código Civil y en la Ley de Enjuiciamiento Civil.

b) Las diligencias extendidas en el curso de las actuaciones y los procedimientos tributarios tienen naturaleza de documentos públicos y hacen prueba de los hechos que motiven su formalización, salvo que se acredite lo contrario.

c) Los hechos contenidos en las diligencias y aceptados por el obligado tributario objeto del procedimiento, así como sus manifestaciones, se presumen ciertos y sólo podrán rectificarse por éstos mediante prueba de que incurrieron en error de hecho.

d) La factura constituye un medio de prueba privilegiado respecto de la existencia de las operaciones.

15. En materia de Notificaciones, y en los casos en que se haya solicitado asistencia a otro Estado:

a) Si en el plazo de dos meses desde el envío de la solicitud de notificación no se ha podido realizar la notificación en el extranjero o la Administración tributaria no ha recibido respuesta de la autoridad requerida respecto a la fecha de notificación del documento al destinatario, la Administración podrá proceder a la notificación por comparecencia.

b) Si en el plazo de tres meses desde el envío de la solicitud de notificación no se ha podido realizar la notificación en el extranjero o la Administración tributaria no ha recibido respuesta de la autoridad requerida respecto a la fecha de notificación del documento al destinatario, la Administración podrá proceder a la notificación por comparecencia.

c) Si en el plazo de dos meses desde el envío de la solicitud de notificación no se ha podido realizar la notificación en el extranjero o la Administración tributaria no ha recibido respuesta de la autoridad requerida respecto a la fecha de notificación del documento al destinatario, la Administración no podrá proceder a la notificación por comparecencia.

d) Si en el plazo de tres meses desde el envío de la solicitud de notificación no se ha podido realizar la notificación en el extranjero o la Administración tributaria no ha recibido respuesta de la autoridad requerida respecto a la fecha de notificación del documento al destinatario, la Administración no podrá proceder a la notificación por comparecencia.

16. ¿Cuál de las siguientes afirmaciones es incorrecta en cuanto al lugar de las notificaciones?

a) En los procedimientos iniciados a solicitud del interesado, la notificación se practicará en el lugar señalado a tal efecto por el obligado tributario o su representante o, en su defecto, en el domicilio fiscal de uno u otro.

b) En los procedimientos iniciados de oficio, la notificación podrá practicarse en el domicilio fiscal del obligado tributario o su representante, en el centro de trabajo, en el lugar donde se desarrolle la actividad económica o en cualquier otro que permita tener constancia de la recepción por el interesado o su representante del acto notificado.

c) En el marco de la asistencia mutua la notificación podrá efectuarse, en su caso, además de en los lugares establecidos en los apartados anteriores, en el lugar que a estos efectos señale la autoridad extranjera.

d) Todas son correctas.

17. Cuando en las actuaciones y en los procedimientos de aplicación de los tributos sea necesario entrar en el domicilio constitucionalmente protegido de una o de un obligado tributario o efectuar registros en el mismo:

a) La Administración Tributaria deberá obtener el consentimiento de aquél además de la oportuna autorización judicial.

b) La solicitud de autorización judicial para la ejecución del acuerdo de entrada en el mencionado domicilio deberá estar debidamente justificada y motivar la finalidad, necesidad y proporcionalidad de dicha entrada.

c) Tanto la solicitud como la concesión de la autorización judicial deberán practicarse con carácter previo al inicio formal del correspondiente procedimiento.

d) Ninguna es correcta.

18. La denuncia pública:

a) Es independiente del deber de colaborar con la Administración tributaria regulado en los artículos 70 y 71 de la Norma Foral 6/2005, de 28 de febrero, General Tributaria de Álava.

b) Es independiente del deber de colaborar con la Administración tributaria regulado en los artículos 60 y 61 de la Norma Foral 6/2005, de 28 de febrero, General Tributaria de Álava.

c) Es independiente del deber de colaborar con la Administración tributaria regulado en los artículos 90 y 91 de la Norma Foral 6/2005, de 28 de febrero, General Tributaria de Álava.

d) Es independiente del deber de colaborar con la Administración tributaria regulado en los artículos 50 y 51 de la Norma Foral 6/2005, de 28 de febrero, General Tributaria de Álava.

19. En el desarrollo de las funciones de comprobación e investigación la Administración Tributaria:

a) No se podrán calificar los hechos, actos, actividades, explotaciones y negocios realizados por el obligado tributario con independencia de la previa calificación que éste último hubiera dado a los mismos.

b) Se podrán realizar aún en el caso de que las mismas afecten a ejercicios o periodos y conceptos tributarios respecto de los que se hubiese producido la prescripción regulada en el artículo 56 de la Norma Foral.

c) Los actos de concesión o reconocimiento de beneficios fiscales que estén condicionados al cumplimiento de ciertas condiciones futuras o a la efectiva concurrencia de determinados requisitos no comprobados en el procedimiento en que se dictaron, tendrán carácter provisional.

d) a) y b) son correctas.

20. La coordinación de las competencias de exacción o inspección procederá:

a) Cuando corresponda a distintas administraciones la competencia inspectora de conformidad con lo dispuesto en el Concierto Económico.

b) En los supuestos de regularización de operaciones realizadas entre personas o entidades vinculadas.

c) En los supuestos de calificación de operaciones de manera diferente a como las haya declarado el contribuyente cuando ello implique una modificación de las cuotas soportadas o repercutidas en los impuestos indirectos en los que se haya establecido el mecanismo de la repercusión.

d) Todas son correctas.

Solución al test n.º 29

1. a) y c) son correctas.

2. c) La actuación de funcionarias y funcionarios de otros Estados en el Territorio Histórico de Álava se realizará de conformidad con la normativa que les resulte de aplicación, en los términos establecidos en las normas de asistencia mutua y de acuerdo con lo que se establezca reglamentariamente.

3. d) Todas son correctas.

4. b) Se formularán mediante escrito dirigido a la Administración tributaria para su contestación.

5. d) Ninguna es correcta.

6. c) La Administración tributaria podrá comprobar los elementos de hecho y las circunstancias declaradas por el obligado tributario.

7. a) Podrán iniciarse de oficio o a instancia del obligado tributario, mediante autoliquidación, declaración, solicitud, o cualquier otro medio previsto en la normativa tributaria.

8. d) Todas son correctas.

9. a) La resolución.

10. d) No será preceptiva la notificación expresa en los supuestos que se determinen reglamentariamente, siempre que la Administración tributaria así lo advierta por escrito al obligado tributario o a su representante.

11. d) Cuando las normas reguladoras de los procedimientos no fijen plazo máximo, éste será de tres meses.

12. b) La Administración le advertirá que, transcurridos tres meses, podrá declarar la caducidad del mismo.

13. d) Las actuaciones realizadas en el curso de un procedimiento caducado, conservarán su validez y eficacia a efectos probatorios en otros procedimientos iniciados con posterioridad en relación con el mismo u otro obligado tributario.

14. c) Los hechos contenidos en las diligencias y aceptados por el obligado tributario objeto del procedimiento, así como sus manifestaciones, se presumen ciertos y sólo podrán rectificarse por éstos mediante prueba de que incurrieron en error de hecho.

15. a) Si en el plazo de dos meses desde el envío de la solicitud de notificación no se ha podido realizar la notificación en el extranjero o la Administración tributaria no ha recibido respuesta de la autoridad requerida respecto a la fecha de notificación del documento al destinatario, la Administración podrá proceder a la notificación por comparecencia.

16. d) Todas son correctas.

17. b) La solicitud de autorización judicial para la ejecución del acuerdo de entrada en el mencionado domicilio deberá estar debidamente justificada y motivar la finalidad, necesidad y proporcionalidad de dicha entrada.

18. c) Es independiente del deber de colaborar con la Administración tributaria regulado en los artículos 90 y 91 de la Norma Foral 6/2005, de 28 de febrero, General Tributaria de Álava.

19. c) Los actos de concesión o reconocimiento de beneficios fiscales que estén condicionados al cumplimiento de ciertas condiciones futuras o a la efectiva concurrencia de determinados requisitos no comprobados en el procedimiento en que se dictaron, tendrán carácter provisional.

20. d) Todas son correctas.

TEST N.º 30

Norma Foral 33/2013, de 27 de noviembre, del Impuesto sobre la Renta de las Personas Físicas (I). Título I, Naturaleza y ámbito de aplicación del Impuesto (artículos 1 a 5). Título II, Hecho imponible (artículos 6 a 9). Título III, Contribuyentes (artículos 10 a 12). Título IV, Base imponible (artículos 13 a 39)

1. Lo dispuesto en la Norma Foral 33/2013, será de aplicación a los siguientes obligados tributarios del Impuesto sobre la Renta de las Personas Físicas:

a) A las personas físicas que tengan su residencia habitual en Álava.
b) A las personas físicas que tuviesen su residencia habitual en el extranjero.
c) A las personas jurídicas que tuviesen su residencia habitual en el extranjero.
d) a) y b) son correctas.

2. Se entenderá que una persona física tiene su residencia habitual en el Territorio Histórico de Álava aplicando sucesivamente las siguientes reglas:

a) Cuando permaneciendo en el País Vasco un menor número de días del período impositivo, el número de días que permanezca en Álava sea superior al número de días que permanezca en cada uno de los otros dos Territorios Históricos del País Vasco.

b) Cuando permaneciendo en el País Vasco un mayor número de días del periodo impositivo, el número de días que permanezca en Álava sea inferior al número de días que permanezca en cada uno de los otros dos Territorios Históricos del País Vasco.

c) Cuando sea Álava el territorio de su última residencia declarada a efectos de este Impuesto.

d) Cuando tenga en Álava su principal centro de intereses, de forma que obtenga la mayor parte de la base imponible de este Impuesto, y obtenga en Álava menos parte de la base imponible que la obtenida en cada uno de los otros dos Territorios Históricos.

3. Respecto a la residencia habitual, marca la incorrecta:

a) Los contribuyentes residentes en Álava que pasasen a tener su residencia habitual en otro territorio, foral o común, cumplimentarán sus obligaciones tributarias de acuerdo con la nueva residencia, cuando ésta actúe como punto de conexión, a partir de ese momento.

b) No producirán efecto los cambios de residencia que tengan por objeto principal lograr una menor tributación efectiva.

c) Se presumirá, salvo que la nueva residencia se prolongue de manera continuada durante, al menos dos años, que no ha existido cambio de residencia.

d) Cuando deba considerarse que no ha existido cambio de residencia, los contribuyentes deberán presentar las declaraciones que correspondan ante la Administración tributaria de su residencia habitual, con inclusión de los intereses de demora.

4. Los elementos que forman parte de la renta del contribuyente a efectos del IRPF son:

a) Los rendimientos del trabajo.
b) Los rendimientos de las actividades económicas.
c) Los rendimientos del capital.
d) Todas son correctas.

5. Estarán exentas del IRPF las siguientes rentas:

a) Las prestaciones privadas percibidas como consecuencia de actos de terrorismo.

b) Las prestaciones reconocidas al contribuyente por la Seguridad Social como consecuencia de lesiones permanentes invalidantes e incapacidad no permanente parcial.

c) Las indemnizaciones como consecuencia de responsabilidad civil por daños físicos, psíquicos o morales a personas, en la cuantía legal o judicialmente reconocida.

d) Las percepciones derivadas de contratos de seguro por idéntico tipo de daños a los señalados en el número anterior hasta 250.000 euros.

6. Igualmente están exentas del IRPF:

a) Las ayudas de contenido económico a los deportistas de alto nivel ajustadas a los programas de preparación establecidos por las instituciones competentes, en las condiciones que se determinen reglamentariamente.

b) Las cantidades percibidas por los candidatos a jurado y por los jurados titulares y suplentes como consecuencia del cumplimiento de sus funciones.

c) Las prestaciones percibidas por entierro o sepelio, con el límite del importe total de los gastos incurridos.

d) Todas son correctas.

7. Una de las siguientes afirmaciones es correcta en cuanto a las prestaciones exentas del IRPF:

a) Las compensaciones económicas previstas en elDecreto 107/2012, de 12 de junio, de declaración y reparación de las víctimas de sufrimientos injustos como consecuencia de la vulneración de sus derechos humanos, producida entre los años 1960 y 1978 en el contexto de la violencia de motivación política vivida en la Comunidad Autónoma del País Vasco.

b) Las compensaciones económicas previstas en elDecreto 107/2020, de 25 de junio, de declaración y reparación de las víctimas de sufrimientos injustos como consecuencia de la vulneración de sus derechos humanos, producida entre los años 1960 y 1978 en el contexto de la violencia de motivación política vivida en la Comunidad Autónoma del País Vasco.

c) Las compensaciones económicas previstas en elDecreto 207/2012, de 12 de junio, de declaración y reparación de las víctimas de sufrimientos injustos como consecuencia de la vulneración de sus derechos humanos, producida entre los años 1950 y 1988 en el contexto de la violencia de motivación política vivida en la Comunidad Autónoma del País Vasco.

d) Las compensaciones económicas previstas en elDecreto 207/2012, de 25 de junio, de declaración y reparación de las víctimas de sufrimientos injustos como consecuencia de la vulneración de sus derechos humanos, producida entre los años 1950 y 1988 en el contexto de la violencia de motivación política vivida en la Comunidad Autónoma del País Vasco.

8. Según el Título III, artículos 10 al 12, son contribuyentes:

a) Las personas jurídicas que tengan su residencia habitual en Álava.

b) Las personas jurídicas que tuviesen su residencia habitual en el extranjero.

c) Las herencias que se hallen pendientes del ejercicio de un poder testatorio o del ejercicio de un usufructo poderoso.

d) Ninguna es correcta.

9. Se considerarán rendimientos del trabajo de naturaleza dineraria, entre otros, los siguientes:

a) Los sueldos y salarios.

b) Las prestaciones por empleo y por cese de actividad de los trabajadores fijos.

c) Las dietas y asignaciones para gastos de viaje, incluidos los de locomoción y los normales de manutención y estancia en establecimientos de hostelería.

d) Los premios e indemnizaciones, excepto los derivados de una relación de las enumeradas anteriormente.

10. No tendrán la consideración de rendimiento de trabajo en especie:

a) La concesión de préstamos con tipos de interés inferiores al legal del dinero.

b) Las prestaciones en concepto de manutención, hospedaje, viajes de turismo y similares.

c) La utilización de vivienda por razón de cargo o por la condición de empleado público o privado.

d))Las cantidades destinadas para habituar al personal empleado en la utilización de nuevas tecnologías, en los términos que se determinen reglamentariamente.

11. El rendimiento íntegro del trabajo se obtendrá por la aplicación de los siguientes porcentajes al importe total de los rendimientos:

a) Cuando tengan un período de generación superior a dos años y no se obtengan de forma periódica o recurrente, el 60 por ciento.

b) Cuando los rendimientos de trabajo tengan un período de generación superior a dos años y no se obtengan de forma periódica o recurrente, el 50 por ciento.

c) Cuando los rendimientos de trabajo tengan un período de generación superior a tres años y no se obtengan de forma periódica o recurrente, el 60 por ciento.

d) Cuando los rendimientos de trabajo tengan un período de generación superior a tres años y no se obtengan de forma periódica o recurrente, el 50 por ciento.

12. La diferencia positiva entre el conjunto del rendimiento íntegro del trabajo y los gastos deducibles se bonificará en las siguientes cuantías:

a) Cuando la diferencia sea igual o inferior a 7.500 euros, se aplicará una bonificación de 4.650 euros.

b) Cuando la diferencia esté comprendida entre 7.500,01 y 15.000 euros, se aplicará una bonificación de 4.650 euros menos el resultado de multiplicar por 0,22 la cuantía resultante de minorar la citada diferencia en 7.500,00 euros.

c) Cuando la diferencia sea superior a 15.000 euros, se aplicará una bonificación de 3.000 euros.

d) Todas son correctas.

13. Se considerarán elementos patrimoniales afectos a una actividad económica:

a) Los bienes muebles en los que se desarrolla la actividad del contribuyente.

b) Los bienes destinados a los servicios económicos y socioculturales del personal al servicio de la actividad, no considerándose afectos los bienes de esparcimiento y recreo o, en general, de uso particular del titular de la actividad económica.

c) Los activos representativos de la participación en fondos propios de una entidad y de la cesión de capitales a terceros.

d) Todas son incorrectas.

14. Marca la respuesta incorrecta:

a) Tendrán la consideración de rendimientos íntegros del capital la totalidad de las utilidades o contraprestaciones, cualquiera que sea su denominación o naturaleza, dinerarias o en especie, que provengan, directa o indirectamente, de elementos patrimoniales, bienes o derechos, cuya titularidad corresponda al contribuyente y no se hallen afectos a actividades económicas realizadas por el mismo.

b) Tendrán la consideración de rendimientos íntegros del capital inmobiliario los procedentes de la cesión de bienes inmuebles rústicos y urbanos o de derechos reales que recaigan sobre los mismos.

c) Los rendimientos derivados de la constitución de derechos reales de uso o disfrute sobre bienes inmuebles se computarán, en todo caso, en el 75 por ciento de su importe.

d) La suma de la bonificación y del gasto deducible no podrá dar lugar, para cada inmueble, a rendimiento neto negativo.

15. En materia de rendimientos del capital inmobiliario:

a) El cómputo del período de generación, en el caso de que estos rendimientos se cobren de forma fraccionada, podrá tener en cuenta el número de meses de fraccionamiento en los términos que legalmente se establezcan.

b) En lo que se refiere a los gastos deducibles y bonificación, en el supuesto de rendimientos del capital inmobiliario procedentes de viviendas, se aplicará una bonificación del 20 por ciento sobre los rendimientos íntegros obtenidos por cada inmueble.

c) Este porcentaje será del 50 por ciento cuando la vivienda se encuentre ubicada en alguna de las zonas o núcleos a que se refiere la disposición adicional trigésimo cuarta de la norma foral.

d) En el supuesto de rendimientos derivados de la titularidad de derechos o facultades de uso o disfrute, no será deducible en concepto de depreciación, la parte proporcional de los correspondientes valores de adquisición satisfechos.

16. Se considerarán rendimientos obtenidos por la cesión a terceros de capitales propios:

a) Las contraprestaciones de todo tipo, cualquiera que sea su denominación o naturaleza, dinerarias o en especie, como los intereses y cualquier otra forma de retribución pactada como remuneración por tal cesión.

b) Las rentas derivadas de operaciones de cesión temporal de activos financieros con pacto de recompra.

c) Las rentas satisfechas por una entidad financiera, como consecuencia de la transmisión, cesión o transferencia, total o parcial, de un crédito titularidad de aquélla.

d) Todas son correctas.

17. En el caso de rentas vitalicias inmediatas, que no hayan sido adquiridas por herencia, legado o cualquier otro título sucesorio, se considerará rendimiento de capital mobiliario, el resultado de aplicar a cada anualidad uno de los porcentajes siguientes:

a) 40 por ciento, cuando el perceptor tenga menos de 40 años.

b) 24 por ciento, cuando el perceptor tenga entre 50 y 59 años.

c) 20 por ciento, cuando el perceptor tenga entre 60 y 65 años.

d) 6 por ciento, cuando el perceptor tenga 70 o más años.

18. Si se trata de rentas temporales inmediatas, que no hayan sido adquiridas por herencia, legado o cualquier otro título sucesorio, se considerará rendimiento del capital mobiliario el resultado de aplicar a cada anualidad los porcentajes siguientes

a) 16 por ciento, cuando la renta tenga una duración inferior o igual a cinco años.

b) 12 por ciento, cuando la renta tenga una duración superior a cinco e inferior o igual a diez años.

c) 20 por ciento, cuando la renta tenga una duración superior a diez e inferior o igual a quince años y 25 por ciento, cuando la renta tenga una duración superior a quince años.

d) 25 por ciento, cuando la renta tenga una duración superior a diez e inferior o igual a quince años y 20 por ciento, cuando la renta tenga una duración superior a doce años.

19. Si se trata de rentas temporales inmediatas, que no hayan sido adquiridas por herencia, legado o cualquier otro título sucesorio, se considerará rendimiento del capital mobiliario el resultado de aplicar a cada anualidad uno de los porcentajes siguientes:

a) 16 por ciento, cuando la renta tenga una duración inferior o igual a cuatro años.

b) 12 por ciento, cuando la renta tenga una duración superior a cinco e inferior o igual a quince años.

c) 15 por ciento, cuando la renta tenga una duración superior a diez e inferior o igual a diez años.

d) 25 por ciento, cuando la renta tenga una duración superior a quince años.

20. Cuando se trate de rendimientos derivados de la prestación de asistencia técnica, del arrendamiento de bienes muebles, negocios o minas o de subarrendamientos, para la obtención del rendimiento neto:

a) No serán deducibles de los rendimientos íntegros los gastos necesarios para su obtención.

b) Serán deducibles de los rendimientos íntegros los gastos necesarios para su obtención.

c) Serán deducibles de los rendimientos parciales los gastos necesarios para su obtención, pero en ningún caso, el importe del deterioro sufrido por los bienes o derechos de que los ingresos procedan.

d) En todo caso, la suma de los gastos deducibles deberá dar lugar para cada rendimiento a un rendimiento neto negativo.

Solución al test n.º 30

1. d) a) y b) son correctas.

2. c) Cuando sea Álava el territorio de su última residencia declarada a efectos de este Impuesto.

3. c) Se presumirá, salvo que la nueva residencia se prolongue de manera continuada durante, al menos dos años, que no ha existido cambio de residencia.

4. d) Todas son correctas.

5. c) Las indemnizaciones como consecuencia de responsabilidad civil por daños físicos, psíquicos o morales a personas, en la cuantía legal o judicialmente reconocida.

6. d) Todas son correctas.

7. a) Las compensaciones económicas previstas en elDecreto 107/2012, de 12 de junio, de declaración y reparación de las víctimas de sufrimientos injustos como consecuencia de la vulneración de sus derechos humanos, producida entre los años 1960 y 1978 en el contexto de la violencia de motivación política vivida en la Comunidad Autónoma del País Vasco.

8. c) Las herencias que se hallen pendientes del ejercicio de un poder testatorio o del ejercicio de un usufructo poderoso.

9. a) Los sueldos y salarios.

10. d) Las cantidades destinadas para habituar al personal empleado en la utilización de nuevas tecnologías, en los términos que se determinen reglamentariamente.

11. a) Cuando tengan un período de generación superior a dos años y no se obtengan de forma periódica o recurrente, el 60 por ciento.

12. d) Todas son correctas.

13. b) Los bienes destinados a los servicios económicos y socioculturales del personal al servicio de la actividad, no considerándose afectos los bienes de esparcimiento y recreo o, en general, de uso particular del titular de la actividad económica.

14. c) Los rendimientos derivados de la constitución de derechos reales de uso o disfrute sobre bienes inmuebles se computarán, en todo caso, en el 75 por ciento de su importe.

15. b) En lo que se refiere a los gastos deducibles y bonificación, en el supuesto de rendimientos del capital inmobiliario procedentes de viviendas, se aplicará una bonificación del 20 por ciento sobre los rendimientos íntegros obtenidos por cada inmueble.

16. d) Todas son correctas.

17. a) 40 por ciento, cuando el perceptor tenga menos de 40 años.

18. c) 20 por ciento, cuando la renta tenga una duración superior a diez e inferior o igual a quince años y 25 por ciento, cuando la renta tenga una duración superior a quince años.

19. d) 25 por ciento, cuando la renta tenga una duración superior a quince años.

20. b) Serán deducibles de los rendimientos íntegros los gastos necesarios para su obtención.

TEST N.º 31

Norma Foral 33/2013, de 27 de noviembre, del Impuesto sobre la Renta de las Personas Físicas (II). Título V, Base liquidable (artículos 67 a 73). Título VI, Cuota íntegra (artículo 74 a 77). Título VII, Cuota líquida y deducciones (artículo 78 a 87)

1. En materia de compensación de bases liquidables generales negativas:

a) Su importe podrá ser compensado con los de las bases liquidables generales positivas que se obtengan en los tres años siguientes.

b) Su importe podrá ser compensado con los de las bases liquidables generales positivas que se obtengan en los cuatro años siguientes.

c) Su importe podrá ser compensado con los de las bases liquidables generales positivas que se obtengan en los cinco años siguientes.

d) Su importe podrá ser compensado con los de las bases liquidables generales positivas que se obtengan en los seis años siguientes.

2. Podrán reducirse de la base imponible general las siguientes aportaciones y contribuciones a sistemas de previsión social:

a) Las aportaciones realizadas por los partícipes a planes de pensiones, incluyendo las contribuciones del promotor que les hubiesen sido imputadas en concepto de rendimiento del trabajo.

b) Las aportaciones realizadas por las socias y los socios de las entidades de previsión social voluntaria que tengan por objeto la cobertura de las contingencias a que hace referencia el apartado 4 del artículo 21 de la Ley 5/2022, de 23 de febrero, sobre Entidades de Previsión Social Voluntaria.

c) Las aportaciones realizadas por los partícipes a planes de pensiones, excluyendo las contribuciones del promotor que les hubiesen sido imputadas en concepto de rendimiento del trabajo.

d) Las aportaciones realizadas por las socias y los socios de las entidades de previsión social voluntaria que tengan por objeto la cobertura de las contingencias a que hace referencia el apartado 5 del artículo 24 de la Ley 4/2022, de 23 de febrero, sobre Entidades de Previsión Social Voluntaria.

3. Los planes de previsión asegurados se definen como contratos de seguro que deben cumplir los siguientes requisitos:

a) El contribuyente deberá ser el tomador, asegurado y beneficiario.
b) Este tipo de seguros tendrá obligatoriamente que ofrecer una garantía de interés y utilizar técnicas actuariales.
c) En el condicionado de la póliza se hará constar de forma expresa y destacada que se trata de un plan de previsión asegurado.
d) Todas son correctas.

4. El conjunto de las reducciones practicadas por todas las personas que satisfagan primas a favor de un mismo contribuyente, incluidas las del propio contribuyente:

a) No podrán exceder de 5.000 euros anuales.
b) Podrán exceder de 5.000 euros anuales.
c) Podrán exceder de 4.000 euros anuales.
d) No podrán exceder de 4.000 euros anuales.

5. Sin perjuicio de los límites financieros establecidos en su normativa específica, los límites de las reducciones por aportaciones y contribuciones a sistemas de previsión social será uno de los siguientes:

a) 3.000 euros anuales para la suma de las aportaciones realizadas a sistemas de previsión social realizadas por los socios, partícipes, mutualistas o asegurados.
b) 5.000 euros anuales para la suma de las aportaciones realizadas a sistemas de previsión social realizadas por los socios, partícipes, mutualistas o asegurados.
c) 3.000 euros anuales para la suma de las contribuciones empresariales realizadas por los socios protectores, promotores de planes de pensiones de empleo.
d) 5.000 euros anuales para la suma de las contribuciones empresariales realizadas por los socios protectores, promotores de planes de pensiones de empleo.

6. El conjunto de las reducciones practicadas por todas las personas que realicen aportaciones a favor de una misma persona con discapacidad, incluidas las de la propia persona con discapacidad:

a) Podrá exceder de 24.250 euros anuales.
b) No podrá exceder de 24.250 euros semestrales.
c) No podrá exceder de 24.250 euros anuales.
d) Podrá exceder de 24.250 euros semestrales.

7. En los supuestos en que se opte por la tributación conjunta:

a) La base imponible general se reducirá en el importe de 4.800 euros anuales por autoliquidación.
b) La base imponible general se reducirá en el importe de 3.800 euros anuales por autoliquidación.

c) La reducción señalada en el apartado anterior será de 3.169 euros en el caso de las unidades familiares.

d) La reducción señalada en el apartado anterior será de 2.169 euros en el caso de las unidades familiares.

8. En materia de tipo medio de gravamen general señala la respuesta incorrecta:

a) El tipo medio de gravamen general se expresará con cinco decimales.

b) El tipo medio de gravamen general se expresará con cuatro decimales.

c) El tipo medio de gravamen general se expresará con tres decimales.

d) El tipo medio de gravamen general se expresará con dos decimales.

9. Por cada descendiente que conviva con la o el contribuyente se practicará la siguiente deducción:

a) 827 euros anuales por la primera o el primero.

b) 1.393 euros anuales por la segunda o el segundo.

c) 1.647 euros anuales por la cuarta o el cuarto.

d) 668 euros anuales por la quinta o el quinto y por cada una o uno de las sucesivas o los sucesivos descendientes.

10. La deducción a que se refiere el apartado 1 anterior se incrementará en un 15 por ciento:

a) En los casos en que los contribuyentes fijen su residencia habitual en un término municipal de Álava que cuente con menos de 4.000 habitantes.

b) En los casos en que los contribuyentes fijen su residencia habitual en un término municipal de Álava que cuente con menos de 5.000 habitantes.

c) En los casos en que los contribuyentes fijen su residencia habitual en un término municipal de Álava que cuente con menos de 6.000 habitantes.

d) En los casos en que los contribuyentes fijen su residencia habitual en un término municipal de Álava que cuente con menos de 7.000 habitantes.

11. Los contribuyentes que, por decisión judicial, satisfagan anualidades por alimentos a favor de sus hijos:

a) Tendrán derecho a la aplicación de una deducción del 15 por ciento de las cantidades abonadas por este concepto, con el límite, para cada hijo, del 20 por ciento del importe que corresponda de la deducción establecida para cada uno de los descendientes.

b) Tendrán derecho a la aplicación de una deducción del 20 por ciento de las cantidades abonadas por este concepto, con el límite, para cada hijo, del 15 por ciento del importe que corresponda de la deducción establecida para cada uno de los descendientes.

c) Tendrán derecho a la aplicación de una deducción del 15 por ciento de las cantidades abonadas por este concepto, con el límite, para cada hijo, del 30 por ciento del importe que corresponda de la deducción establecida para cada uno de los descendientes.

d) Tendrán derecho a la aplicación de una deducción del 30 por ciento de las cantidades abonadas por este concepto, con el límite, para cada hijo, del 15 por ciento del importe que corresponda de la deducción establecida para cada uno de los descendientes.

12. En materia de deducción por ascendientes, marca la correcta:

a) Por cada ascendiente que conviva de forma continua y permanente durante todo el año natural con la o el contribuyente se podrá aplicar una deducción de 385,20 euros.

b) Esta deducción se incrementará en un 15 por ciento en los casos en que los contribuyentes fijen su residencia habitual en un término municipal de Álava que cuente con menos de 4.000 habitantes.

c) A estos efectos se precisará que se ubique en dicho término municipal su principal centro de intereses, entendiendo por tal la ubicación en el mismo de, entre otras, sus relaciones personales, sociales, sanitarias y educativas.

d) Todas son correctas.

13. Marca la opción correcta en materia de deducción por edad:

a) Por cada contribuyente de edad superior a sesenta y cinco años se aplicará una deducción de 285 euros.

b) En el caso de que la o el contribuyente tenga una edad superior a setenta y cinco años, la deducción a que se refiere el párrafo anterior será de 600 euros.

c) Por cada contribuyente de edad superior a sesenta y cinco años se aplicará una deducción de 385 euros.

d) a) y b) son correctas.

14. Deducción por aportaciones realizadas al patrimonio protegido de la persona con discapacidad, ¿cuál es la respuesta correcta?

a) La deducción no se podrá aplicar por las herencias que se hallen pendientes del ejercicio de un poder testatorio o del ejercicio de un usufructo poderoso en los supuestos en que las mismas puedan realizar aportaciones al patrimonio protegido de la persona con discapacidad, conforme a la legislación vigente.

b) En todo caso darán derecho a la aplicación de esta deducción las aportaciones efectuadas por la propia persona con discapacidad titular del patrimonio protegido.

c) En ningún caso darán derecho a la aplicación de esta deducción las aportaciones efectuadas por la propia persona con discapacidad titular del patrimonio protegido.

d) Las y los contribuyentes podrán aplicar una deducción del 20 por ciento, con el límite anual máximo de 2.000,00 euros, por las aportaciones al patrimonio protegido de la persona con discapacidad.

15. En caso de deducción por alquiler de vivienda habitual:

a) Las y los contribuyentes que satisfagan durante el período impositivo cantidades por el alquiler de su vivienda habitual podrán aplicar una deducción del 20 por ciento de las cantidades satisfechas en el período impositivo, con un límite de deducción de 1.600 euros anuales.

b) Las y los contribuyentes que satisfagan durante el período impositivo cantidades por el alquiler de su vivienda habitual podrán aplicar una deducción del 30 por ciento de las cantidades satisfechas en el período impositivo, con un límite de deducción de 2.600 euros anuales.

c) Las y los contribuyentes que satisfagan durante el período impositivo cantidades por el alquiler de su vivienda habitual podrán aplicar una deducción del 20 por ciento de las cantidades satisfechas en el período impositivo, con un límite de deducción de 2.600 euros anuales.

d) Las y los contribuyentes que satisfagan durante el período impositivo cantidades por el alquiler de su vivienda habitual podrán aplicar una deducción del 30 por ciento de las cantidades satisfechas en el período impositivo, con un límite de deducción de 1.600 euros anuales.

16. En caso de deducción por adquisición de vivienda habitual:

a) Se entenderá por adquisición de vivienda la adquisición de la plena propiedad de la misma, sin que tal consideración quede desvirtuada porque esta propiedad se comparta con otros cotitulares.

b) La deducción máxima anual será de 2.350 euros.

c) En el caso de aplicarse el porcentaje del 20 por ciento la deducción máxima anual será de 2.836 euros.

d) La suma de los importes deducidos por cada contribuyente a lo largo de los sucesivos períodos impositivos, no podrá superar la cifra de 63.000 euros.

17. En el supuesto de que se opte por la tributación conjunta y existan varias personas con derecho a aplicar esta deducción, unas con edad inferior y otras con edad superior a 30 años:

a) Se aplicarán los porcentajes del 20 por ciento y el límite de 1.955 euros.

b) Se aplicarán los porcentajes del 21 por ciento y el límite de 1.955 euros.

c) Se aplicarán los porcentajes del 22 por ciento y el límite de 1.955 euros.

d) Se aplicarán los porcentajes del 23 por ciento y el límite de 1.955 euros.

18. En los de obras e instalaciones de adecuación que se efectúen en la vivienda habitual, cuando la dependencia sea severa (Grado II) o gran dependencia (Grado III), la deducción se aplicará con las siguientes especialidades:

a) Los porcentajes serán del 25 por ciento.

b) La deducción máxima anual será de 3.955 euros.

c) En el supuesto de que se opte por la tributación conjunta y existan una o varias personas con derecho a aplicar esta deducción se aplicarán los porcentajes del 25 por ciento y el límite de 3.955 euros.

d) Ninguna es correcta.

19. A los efectos de este Impuesto, se entenderá por vivienda habitual:

a) Aquella en la que el o la contribuyente resida durante un plazo continuado de tres años.

b) Cuando, a pesar de no haber transcurrido dicho plazo, se produzca el fallecimiento del o de la contribuyente.

c) Cuando, a pesar de no haber transcurrido dicho plazo, concurran circunstancias que necesariamente exijan el cambio de vivienda, tales como la inadecuación de la vivienda al grado de discapacidad del o de la contribuyente.

d) Todas son correctas.

20. No formarán parte del concepto de vivienda habitual:

a) Los jardines, parques, piscinas e instalaciones deportivas, los garajes y, en general, los anexos o cualquier otro elemento que no constituya la vivienda propiamente dicha, en todo caso.

b) Los jardines, parques, piscinas e instalaciones deportivas, los garajes y, en general, los anexos o cualquier otro elemento que no constituya la vivienda propiamente dicha, excepto en los casos en que los mismos formen con la vivienda una finca registral única.

c) Los jardines, parques, piscinas e instalaciones deportivas, los garajes y, en general, los anexos o cualquier otro elemento que constituya la vivienda propiamente dicha, en todo caso.

d) Ninguna es correcta.

Solución al test n.º 31

1. b) Su importe podrá ser compensado con los de las bases liquidables generales positivas que se obtengan en los cuatro años siguientes.

2. a) Las aportaciones realizadas por los partícipes a planes de pensiones, incluyendo las contribuciones del promotor que les hubiesen sido imputadas en concepto de rendimiento del trabajo.

3. d) Todas son correctas.

4. a) No podrán exceder de 5.000 euros anuales.

5. b) 5.000 euros anuales para la suma de las aportaciones realizadas a sistemas de previsión social realizadas por los socios, partícipes, mutualistas o asegurados.

6. c) No podrá exceder de 24.250 euros anuales.

7. a) La base imponible general se reducirá en el importe de 4.800 euros anuales por autoliquidación.

8. d) El tipo medio de gravamen general se expresará con dos decimales.

9. c) 1.647 euros anuales por la cuarta o el cuarto.

10. a) En los casos en que los contribuyentes fijen su residencia habitual en un término municipal de Álava que cuente con menos de 4.000 habitantes.

11. c) Tendrán derecho a la aplicación de una deducción del 15 por ciento de las cantidades abonadas por este concepto, con el límite, para cada hijo, del 30 por ciento del importe que corresponda de la deducción establecida para cada uno de los descendientes.

12. d) Todas son correctas.

13. c) Por cada contribuyente de edad superior a sesenta y cinco años se aplicará una deducción de 385 euros.

14. c) En ningún caso darán derecho a la aplicación de esta deducción las aportaciones efectuadas por la propia persona con discapacidad titular del patrimonio protegido.

15. a) Las y los contribuyentes que satisfagan durante el período impositivo cantidades por el alquiler de su vivienda habitual podrán aplicar una deducción del 20 por ciento de las cantidades satisfechas en el período impositivo, con un límite de deducción de 1.600 euros anuales.

16. a) Se entenderá por adquisición de vivienda la adquisición de la plena propiedad de la misma, sin que tal consideración quede desvirtuada porque esta propiedad se comparta con otros cotitulares.

17. d) Se aplicarán los porcentajes del 23 por ciento y el límite de 1.955 euros.

18. d) Ninguna es correcta.

19. d) Todas son correctas.

20. b) Los jardines, parques, piscinas e instalaciones deportivas, los garajes y, en general, los anexos o cualquier otro elemento que no constituya la vivienda propiamente dicha, excepto en los casos en que los mismos formen con la vivienda una finca registral única.

TEST N.º 32

**Norma Foral 37/2013, de 13 de diciembre del
Impuesto sobre Sociedades. Título I, Naturaleza y ámbito
de aplicación del Impuesto (artículos 1 a 7).
Título II, El hecho imponible (artículos 8 a 10).
Título III, El contribuyente (artículos 11 a 14).
Título IV, La base imponible (artículo 15)**

1. El Impuesto sobre Sociedades:

a) Es un tributo de carácter directo y naturaleza personal que grava la renta de las sociedades y demás entidades jurídicas en los términos previstos en esta Norma Foral.

b) Lo dispuesto en la Norma Foral 37/2013 será de aplicación a los contribuyentes que tengan su domicilio fiscal en Álava a excepción de aquellos cuyo volumen de operaciones en el ejercicio anterior hubiera excedido de 4 millones de euros.

c) También será de aplicación a los contribuyentes que tengan su domicilio fiscal en Bizkaia o Gipuzkoa en cualquier caso.

d) Ninguna es correcta.

2. En cuanto al domicilio fiscal de los contribuyentes :

a) Será el de su domicilio social, siempre que en él esté efectivamente centralizada su gestión administrativa y la dirección de sus negocios.

b) En otro caso, se atenderá al lugar en que se realice dicha gestión o dirección.

c) Cuando no pueda determinarse el lugar del domicilio fiscal de acuerdo con los criterios anteriores, se entenderá que las entidades tienen su domicilio fiscal en Álava cuando, teniendo en el País Vasco el mayor valor de su inmovilizado, tengan en el Territorio Histórico de Álava un valor de su inmovilizado superior al que tengan en cada uno de los otros dos Territorios Históricos.

d) Todas son correctas.

3. En materia de volumen de operaciones, marca la respuesta correcta:

a) Se entenderá por volumen de operaciones el importe mensual de las contraprestaciones, obtenido por el contribuyente en las entregas de bienes y prestaciones de servicios realizadas en su actividad.

b) Si el ejercicio anterior fuese inferior a dos años, el volumen de operaciones será el resultado de elevar al año las operaciones realizadas durante los últimos seis meses..

c) La proporción del volumen de operaciones realizado en cada territorio durante el ejercicio se expresará en porcentaje redondeado con tres decimales.

d) Tendrán la consideración de entregas de bienes y prestaciones de servicios las operaciones definidas como tales en la legislación reguladora del Impuesto sobre el Valor Añadido.

4. Se entenderán realizadas en Álava las operaciones que a continuación se especifican, cuando el contribuyente que las realice tenga su domicilio fiscal en el Territorio Histórico de Álava:

a) Los servicios de transporte, excepto los de mudanza, remolque y grúa.

b) Los arrendamientos de medios de transporte. c) Las entregas realizadas por explotaciones agrícolas, forestales, ganaderas o pesqueras, salvo por armadores de buques de pesca, que procedan indirectamente de sus cultivos, explotaciones o capturas.

d) Las opciones a) y c) son correctas.

5. En materia de Hecho Imponible del Impuesto de Sociedades, una de las siguientes afirmaciones no es correcta:

a) Constituye el hecho imponible la obtención de renta por el contribuyente, cualquiera que sea su fuente u origen.

b) Las imputaciones de bases, rentas, beneficios o pérdidas establecidas en la Norma Foral tendrán la consideración de obtención de renta.

c) Las entidades en régimen de atribución de rentas tributarán por este impuesto.

d) El régimen de atribución de rentas no será aplicable a las Sociedades Agrarias de Transformación, que tributarán por este Impuesto.

6. Serán contribuyentes del impuesto, cuando tengan su residencia en territorio español:

a) Las personas jurídicas, excepto las sociedades civiles a las que les sea de aplicación el régimen de atribución de rentas.

b) Los grupos fiscales que tributen al régimen de consolidación fiscal.

c) Las uniones temporales de empresas.

d) Todas son correctas.

7. También serán contribuyentes del impuesto, cuando tengan su residencia en territorio español:

a) Los fondos de inversión, regulados en la Ley 35/2003, de 4 de noviembre, de Instituciones de Inversión Colectiva.
b) Los fondos de inversión, regulados en la Ley 36/2004, de 5 de noviembre, de Instituciones de Inversión Colectiva.
c) Los fondos de inversión, regulados en la Ley 36/2005, de 4 de noviembre, de Instituciones de Inversión Colectiva.
d) Los fondos de inversión, regulados en la Ley 36/2006 de 5 de noviembre, de Instituciones de Inversión Colectiva.

8. Se considerarán residentes en territorio español las entidades en las que concurra alguno de los siguientes requisitos:

a) Que se hubieren constituido conforme a las leyes españolas.
b) Que tengan su domicilio social en territorio español.
c) Que tengan su sede de dirección efectiva en territorio español
d) Todas son correctas.

9. Estarán exentas del Impuesto:

a) Las Administraciones públicas territoriales, así como sus organismos autónomos y entidades u organismos de derecho público de carácter análogo a estos.
b) Las uniones, federaciones y confederaciones de cooperativas.
c) Los fondos de promoción de empleo.
d) Los colegios profesionales, las asociaciones empresariales y profesionales, las cámaras oficiales, las cofradías de pescadores, los sindicatos de trabajadores y los partidos políticos.

10. Estarán parcialmente exentas del impuesto:

a) Las entidades públicas encargadas de la gestión de la Seguridad Social.
b) Eusko Ikaskuntza-Sociedad de Estudios Vascos, Euskaltzaindia-Real Academia de la Lengua Vasca, Real Sociedad Bascongada de los Amigos del País Vasco-Euskal Herriaren Adiskideen Elkartea.
c) Vías de Álava, S.A.
d) Las Mutuas de Accidentes de Trabajo y Enfermedades Profesionales de la Seguridad Social que cumplan los requisitos establecidos por su normativa reguladora.

11. A efectos de este impuesto, se entenderá como micro-empresa aquella que cumpla alguno de los siguientes requisitos:

a) Que lleve a cabo una explotación económica.
b) Que el promedio de su plantilla alcance las 50 personas empleadas.

c) Que su activo exceda de 43 millones de euros.

d) Que su activo o su volumen de operaciones, tal y como se define en el Concierto Económico con la Comunidad Autónoma del País Vasco, supere los 10 millones de euros.

12. Una de las siguientes afirmaciones no es correcta:

a) En ningún caso tendrá la consideración de renta procedente de la realización de actividades empresariales las procedentes de los bienes inmuebles que hayan sido objeto de cesión o de constitución de derechos reales que recaigan sobre los mismos.

b) Respecto a la mediana empresa , se entenderá que una entidad realiza una explotación económica cuando, al menos, el 75 por ciento de los ingresos del ejercicio correspondan a rentas procedentes del desarrollo de actividades empresariales o profesionales.

c) A efectos del cómputo del activo total y del volumen de operaciones, se tendrán en cuenta las eliminaciones que procedan de acuerdo con lo previsto en el artículo 46 del Código de Comercio y en sus normas de desarrollo.

d) A efectos del cómputo de la plantilla media deberá tenerse en cuenta el personal que cumpla los requisitos establecidos y que se encuentre empleado en el conjunto de entidades vinculadas con el contribuyente y que no tengan la consideración de sociedades patrimoniales.

13. A los efectos de lo previsto en Norma Foral, tendrán la consideración de sociedades patrimoniales los contribuyentes en los que concurran una de las circunstancias siguientes:

a) Que, al menos durante setenta días del período impositivo, más de la mitad de su activo esté constituido por valores o que más de la mitad de su activo esté afecto a actividades económicas.

b) Que los socios que representen, al menos, el 75 por ciento de la participación en el capital o de los derechos de voto de la entidad, sean personas físicas, entidades que tengan la consideración de sociedades patrimoniales u otras entidades vinculadas con las citadas personas físicas o entidades en los términos establecidos en la Norma Foral.

c) Que, al menos, el 90 por ciento de los ingresos de la entidad procedan de las fuentes de renta referidas en el artículo 36 de la Norma Foral del Impuesto sobre la Renta de las Personas Físicas.

d) Que, al menos, el 80 por ciento de los ingresos de la entidad procedan de las fuentes de renta referidas en el artículo 63 de la Norma Foral del Impuesto sobre la Renta de las Personas Físicas.

14. En materia de sociedades patrimoniales, no se computarán como valores, los siguientes:

a) Los poseídos para dar cumplimiento a obligaciones legales y reglamentarias.

b) Los que incorporen derechos de crédito nacidos de relaciones contractuales establecidas como consecuencia del desarrollo de actividades económicas.

c) Los poseídos por sociedades de valores como consecuencia del ejercicio de la actividad constitutiva de su objeto.

d) Todas son correctas.

15. No se computarán como valores ni como elementos no afectos a actividades económicas:

a) Aquellos cuyo precio de adquisición supere el importe de los beneficios no distribuidos obtenidos por la entidad, siempre que dichos beneficios provengan de la realización de actividades económicas, con el límite del importe de los beneficios obtenidos tanto en el propio año como en los últimos 20 años anteriores.

b) Aquellos cuyo precio de adquisición supere el importe de los beneficios no distribuidos obtenidos por la entidad, siempre que dichos beneficios no provengan de la realización de actividades económicas, con el límite del importe de los beneficios obtenidos tanto en el propio año como en los últimos 10 años anteriores.

c) Aquellos cuyo precio de adquisición no supere el importe de los beneficios no distribuidos obtenidos por la entidad, siempre que dichos beneficios provengan de la realización de actividades económicas, con el límite del importe de los beneficios obtenidos tanto en el propio año como en los últimos 10 años anteriores.

d) Aquellos cuyo precio de adquisición no supere el importe de los beneficios no distribuidos obtenidos por la entidad, siempre que dichos beneficios no provengan de la realización de actividades económicas, con el límite del importe de los beneficios obtenidos tanto en el propio año como en los últimos 20 años anteriores.

16. A efectos de lo dispuesto en la anterior pregunta, se asimilan a los beneficios procedentes de actividades económicas;

a) Los dividendos que procedan de valores cuando los ingresos obtenidos por la entidad participada procedan, al menos en el 50 por ciento, de la realización de actividades económicas.

b) Los dividendos que procedan de valores cuando los ingresos obtenidos por la entidad participada procedan, al menos en el 60 por ciento, de la realización de actividades económicas.

c) Los dividendos que procedan de valores cuando los ingresos obtenidos por la entidad participada procedan, al menos en el 70 por ciento, de la realización de actividades económicas.

d) NInguna es correcta.

17. Marca la respuesta Incorrecta:

a) Las entidades que tengan la consideración de sociedades patrimoniales deberán mantener o convertir en nominativos los valores o participaciones representativas de la participación en su capital.

b) La falta de cumplimiento de la obligación establecida en el apartado anterior tendrá la consideración de infracción tributaria.

c) La sanción consistirá en multa pecuniaria fija de 2.000 euros, por cada período impositivo en que se haya dado el incumplimiento, siempre que se hubiera realizado requerimiento administrativo al efecto.

d) Si hubiese mediado requerimiento administrativo, la sanción será de 6.000 euros por cada período impositivo en que persista el incumplimiento.

18. La base imponible:

a) Se determinará por el régimen de estimación indirecta, por el de estimación objetiva cuando la Norma Foral determine su aplicación y, subsidiariamente, por el de estimación directa.

b) Se determinará por el régimen de estimación directa, por el de estimación objetiva cuando la Norma Foral determine su aplicación y, subsidiariamente, por el de estimación indirecta.

c) Se determinará por el régimen de estimación objetiva, por el de estimación directa cuando la Norma Foral determine su aplicación y, subsidiariamente, por el de estimación indirecta.

d) Se determinará por el régimen de estimación directa, por el de estimación indirecta cuando la Norma Foral determine su aplicación y, subsidiariamente, por el de estimación objetiva.

Solución al test n.º 32

1. a) Es un tributo de carácter directo y naturaleza personal que grava la renta de las sociedades y demás entidades jurídicas en los términos previstos en esta Norma Foral.

2. d) Todas son correctas.

3. d) Tendrán la consideración de entregas de bienes y prestaciones de servicios las operaciones definidas como tales en la legislación reguladora del Impuesto sobre el Valor Añadido.

4. b) Los arrendamientos de medios de transporte.

5. c) Las entidades en régimen de atribución de rentas tributarán por este impuesto.

6. d) Todas son correctas.

7. a) Los fondos de inversión, regulados en la Ley 35/2003, de 4 de noviembre, de Instituciones de Inversión Colectiva.

8. d) Todas son correctas.

9. a) Las Administraciones públicas territoriales, así como sus organismos autónomos y entidades u organismos de derecho público de carácter análogo a estos.

10. d) Las Mutuas de Accidentes de Trabajo y Enfermedades Profesionales de la Seguridad Social que cumplan los requisitos establecidos por su normativa reguladora.

11. a) Que lleve a cabo una explotación económica.

12. b) Respecto a la mediana empresa, se entenderá que una entidad realiza una explotación económica cuando, al menos, el 75 por ciento de los ingresos del ejercicio correspondan a rentas procedentes del desarrollo de actividades empresariales o profesionales.

13. d) Que, al menos, el 80 por ciento de los ingresos de la entidad procedan de las fuentes de renta referidas en el artículo 63 de la Norma Foral del Impuesto sobre la Renta de las Personas Físicas.

14. d) Todas son correctas.

15. c) Aquellos cuyo precio de adquisición no supere el importe de los beneficios no distribuidos obtenidos por la entidad, siempre que dichos beneficios provengan de la realización de actividades económicas, con el límite del importe de los beneficios obtenidos tanto en el propio año como en los últimos 10 años anteriores.

16. d) Ninguna es correcta.

17. c) La sanción consistirá en multa pecuniaria fija de 2.000 euros, por cada período impositivo en que se haya dado el incumplimiento, siempre que se hubiera realizado requerimiento administrativo al efecto.

18. b) Se determinará por el régimen de estimación directa, por el de estimación objetiva cuando la Norma Foral determine su aplicación y, subsidiariamente, por el de estimación indirecta.

TEST N.º 33

**Norma del Impuesto sobre el Valor Añadido. Decreto Foral Normativo 12/1993, de 19 de enero. Título Preliminar, Naturaleza y ámbito de aplicación (artículos 1 a 3).
Título I, Delimitación del hecho imponible (artículos 4 a 19).
Título II, Exenciones (artículos 20 a 25)**

1. El IVA se regula en Álava a través de la Norma Foral:

a) 27/1992.
b) 12/1993.
c) 32/1992.
d) 21/2000.

2. En cuanto a la naturaleza del IVA es cierto:

a) Su carácter directo.
b) Su carácter indirecto.
c) Su devengo instantáneo.
d) Las respuestas b) y c) son correctas.

3. El IVA se aplica en el territorio español, incluyendo en él las islas adyacentes, el mar territorial hasta el límite de 12 millas náuticas y el espacio aéreo correspondiente, pero se excluye:

a) Canarias.
b) Ceuta y Melilla.
c) Ceuta.
d) Las respuestas a) y b) son correctas.

4. Se reputarán empresarios o profesionales:

a) Las sociedades mercantiles, salvo prueba en contrario.
b) Quienes realicen una o varias entregas de bienes o prestaciones de servicios que supongan la explotación de un bien corporal o incorporal con el fin de obtener ingresos continuados en el tiempo.

375

c) Quienes efectúen la urbanización de terrenos o la promoción, construcción o rehabilitación de edificaciones destinadas, en todos los casos, a su venta, adjudicación o cesión por cualquier título, aunque sea ocasionalmente.

d) Todas las respuestas anteriores son correctas.

5. No están sujetas al IVA:

a) Las entregas de dinero a título de contraprestación o pago.

b) Los servicios de hospitalización o asistencia sanitaria y los demás directamente relacionados con los mismos realizados por Entidades de Derecho Público o por entidades o establecimientos privados en régimen de precios autorizados o comunicados.

c) Las prestaciones de servicios y las entregas de bienes accesorias a las mismas, que constituyan el servicio postal universal y estén reservadas al operador al que se encomienda su prestación.

d) La asistencia a personas físicas por profesionales médicos o sanitarios que consistan en el diagnóstico, prevención y tratamiento de enfermedades.

6. A efectos de la no sujeción al IVA, se considerarán Administraciones Públicas:

a) La Administración General del Estado, las Administraciones de las Comunidades Autónomas y las Entidades que integran la Administración Local.

b) Las Entidades Gestoras y los Servicios Comunes de la Seguridad Social.

c) Los Organismos Autónomos, las Universidades Públicas y las Agencias Estatales.

d) Todas las respuestas anteriores son correctas.

7. Las "Ventas a distancia intracomunitarias de bienes" se definen como:

a) Las entregas de bienes que hayan sido expedidos o transportados por el vendedor directa a partir de un Estado miembro distinto del de llegada de la expedición o del transporte con destino al cliente.

b) Las entregas de bienes que hayan sido expedidos o transportados por el vendedor, directa o indirectamente, o por su cuenta, a partir de un Estado miembro distinto del de llegada de la expedición o del transporte con destino al cliente, cuando se cumplan las siguientes condiciones: a) Que los destinatarios de las citadas entregas sean las personas cuyas adquisiciones intracomunitarias de bienes no estén sujetas al Impuesto, o en el precepto equivalente al mismo que resulte aplicable en el Estado miembro de llegada de la expedición o el transporte, o bien cualquier otra persona que no tenga la condición de empresario o profesional actuando como tal. b) Que los bienes objeto de dichas entregas sean bienes distintos de los que se indican a continuación: a´) Medios de transporte nuevos; b´) Bienes objeto de instalación o montaje.

c) Sólo las entregas de bienes que hayan sido expedidos o transportados por el vendedor directamente a partir de un Estado miembro distinto del de llegada de la expedición o del transporte con destino al cliente.

d) Las entregas de bienes que hayan sido expedidos o transportados por el vendedor, directa o indirectamente, o por su cuenta, a partir de un Estado miembro distinto del de llegada de la expedición o del transporte con destino al cliente, cuando los bienes objeto de dichas entregas sean medios de transporte nuevos, definidos en el artículo 13.2.º de la Ley del IVA.

8. Las entregas de bienes facilitadas a través de una interfaz digital son aquellas que se producen:

a) Cuando un empresario o profesional, utilizando una interfaz digital como un mercado en línea, una plataforma, un portal u otros medios similares, facilite la venta a distancia de bienes importados de países o territorios terceros en envíos cuyo valor intrínseco no exceda de 100 euros, o la entrega de bienes en el interior de la Comunidad por parte de un empresario o profesional no establecido en la Comunidad a una persona que no tenga la condición de empresario o profesional actuando como tal, se considerará en ambos supuestos que el empresario o profesional titular de la interfaz digital ha recibido y entregado por sí mismo los correspondientes bienes y que la expedición o el transporte de los bienes se encuentra vinculado a la entrega por él realizada.

b) Cuando un empresario o profesional, utilizando una interfaz digital como un mercado en línea, una plataforma, un portal u otros medios similares, facilite sólo la venta a distancia de bienes importados de países o territorios terceros en envíos cuyo valor intrínseco no exceda de 150 euros.

c) Cuando un empresario o profesional, utilizando una interfaz digital como un mercado en línea, una plataforma, un portal u otros medios similares, facilite la venta a distancia de bienes importados de países o territorios terceros en envíos cuyo valor intrínseco no exceda de 150 euros, o la entrega de bienes en el interior de la Comunidad por parte de un empresario o profesional no establecido en la Comunidad a una persona que no tenga la condición de empresario o profesional actuando como tal, se considerará en ambos supuestos que el empresario o profesional titular de la interfaz digital ha recibido y entregado por sí mismo los correspondientes bienes y que la expedición o el transporte de los bienes se encuentra vinculado a la entrega por él realizada.

d) Cuando un empresario o profesional, utilizando una interfaz digital como un mercado en línea, una plataforma, un portal u otros medios similares, facilite la venta a distancia de bienes importados de países o territorios terceros en envíos cuyo valor intrínseco no exceda de 75 euros, o la entrega de bienes en el interior de la Comunidad por parte de un empresario o profesional no establecido en la Comunidad a una persona que no tenga la condición de empresario o profesional actuando como tal, se considerará en ambos supuestos que el empresario o profesional titular de la interfaz digital ha recibido y entregado por sí mismo los correspondientes bienes y que la expedición o el transporte de los bienes se encuentra vinculado a la entrega por él realizada.

9. Están exentos de IVA:

a) Las entregas de bienes y prestaciones de servicios que, para el cumplimiento de sus fines específicos, realice la Seguridad Social, directamente o a través de sus entidades gestoras o colaboradoras.

b) Las clases a título particular por personas físicas sobre materias incluidas en los planes de estudios de cualquiera de los niveles y grados del sistema educativo.

c) Determinados servicios de asistencia social cuando se efectúan por Entidades de Derecho Público o privadas de carácter social.

d) Todas las respuestas anteriores son correctas.

10. Los servicios prestados directamente a sus miembros por uniones, agrupaciones o entidades autónomas, incluidas las Agrupaciones de Interés Económico, constituidas exclusivamente por personas que ejerzan una actividad exenta o no sujeta al Impuesto que no origine el derecho a la deducción están exentos siempre que:

a) Que tales servicios se utilicen directa o indirectamente en dicha actividad y sean necesarios para el ejercicio de la misma.

b) Que los miembros se limiten a reembolsar la parte que les corresponda en los gastos hechos en común.

c) Que la actividad exenta ejercida sea distinta de las señaladas en los números 16º, 17º, 18º, 19º, 20º, 22º, 24º, 25º y 27º del apartado Uno del artículo 20 de la Ley 37/1992.

d) Todas las respuestas anteriores son correctas.

11. No tendrá la consideración de primera entrega:

a) La realizada por el promotor después de la utilización ininterrumpida del inmueble por un plazo igual o superior a dos años por su propietario o por titulares de derechos reales de goce o disfrute o en virtud de contratos de arrendamiento sin opción de compra, salvo que el adquirente sea quien utilizó la edificación durante el referido plazo.

b) La realizada por el promotor después de la utilización ininterrumpida del inmueble por un plazo igual o superior a un año por su propietario o por titulares de derechos reales de goce o disfrute o en virtud de contratos de arrendamiento sin opción de compra, salvo que el adquirente sea quien utilizó la edificación durante el referido plazo.

c) La realizada por el promotor después de la utilización ininterrumpida del inmueble por un plazo igual o superior a dos años sólo por su propietario.

d) La realizada por el promotor después de la utilización ininterrumpida del inmueble por un plazo igual o superior a dos años por su propietario o por titulares de derechos reales de goce o disfrute o en virtud de contratos de arrendamiento sin opción de compra, incluso cuando el adquirente utilizara la edificación durante el referido plazo.

12. Las operaciones de seguro, respecto al IVA, están:

a) Sujetas y exentas.
b) No sujetas.
c) Sujetas y no exentas.
d) No sujetas y exentas.

13. ¿En qué artículo de la Norma Foral que regula el IVA se prevén operaciones no sujetas?

a) 20.
b) 14.
c) 15.
d) 21.

14. Para determinar la exención al IVA, no se considerará como Administración Pública:

a) La Administración General del Estado, las Administraciones de las Comunidades Autónomas y las Entidades que integran la Administración Local.
b) Los Organismos Autónomos, las Universidades Públicas y las Agencias Estatales.
c) Las entidades públicas empresariales estatales y los organismos asimilados dependientes de las Comunidades Autónomas y Entidades locales.
d) Las Entidades Gestoras y los Servicios Comunes de la Seguridad Social.

15. Están sujetas al IVA las entregas de bienes y prestaciones de servicios que las Administraciones, entes, organismos y entidades del sector público realicen en el ejercicio de:

a) Telecomunicaciones
b) Transportes de personas y bienes.
c) Las de oficinas comerciales de publicidad.
d) Todas las respuestas anteriores son correctas.

16. Los servicios prestados directamente a sus miembros por uniones, agrupaciones o entidades autónomas, incluidas las Agrupaciones de Interés Económico, constituidas exclusivamente por personas que ejerzan una actividad exenta o no sujeta al Impuesto que no origine el derecho a la deducción, podrá estar exenta siempre que el servicio no se utilice directa y exclusivamente en las operaciones que originen el derecho a la deducción y la prorrata de deducción no exceda del:

a) 5%.
b) 10%.
c) 15%.
d) 20%.

17. Respecto a la exención prevista en el nº 22 del artículo 20 de la Norma Foral del IVA, tratándose de viviendas unifamiliares, los terrenos urbanizados de carácter accesorio no podrán exceder de:

a) 1.000 metros cuadrados.
b) 2.500 metros cuadrados.
c) 4.000 metros cuadrados.
d) 5.000 metros cuadrados.

18. Las prestaciones de servicios de demostración a título gratuito efectuadas para la promoción de las actividades empresariales o profesionales están:

a) Sujetas y exentas.
b) No sujetas.

c) Sujetas y no exentas.

d) No sujetas y exentas.

19. Se entenderá por acuerdo de ventas de bienes en consigna aquel en el que se cumplan:

a) Que los bienes sean expedidos o transportados a otro Estado miembro, por el vendedor, o por un tercero en su nombre y por su cuenta, con el fin de que esos bienes sean adquiridos en un momento posterior a su llegada por otro empresario o profesional habilitado, de conformidad con un acuerdo previo entre ambas partes.

b) Que el vendedor que expida o transporte los bienes no tenga la sede de su actividad económica o un establecimiento permanente en el Estado miembro de llegada de la expedición o transporte de aquellos.

c) Que el empresario o profesional que va a adquirir los bienes esté identificado a efectos del Impuesto sobre el Valor Añadido en el Estado miembro de llegada de la expedición o transporte, y ese número de identificación fiscal, así como su nombre y apellidos, razón o denominación social completa, sean conocidos por el vendedor en el momento del inicio de la expedición o transporte.

d) Todas las respuestas anteriores son correctas.

20. Se considerarán medios de transporte:

a) Los vehículos terrestres accionados a motor cuya cilindrada sea superior a 48 centímetros cúbicos o su potencia exceda de 7,2 Kw.

b) Las embarcaciones cuya eslora máxima sea superior a 5 metros, con excepción de aquellas a las que afecte la exención del artículo 22, apartado Uno del Decreto Foral Normativo 12/1993.

c) Las aeronaves cuyo peso total al despegue exceda de 1.250 kilogramos, con excepción de aquéllas a las que afecte la exención del artículo 22, apartado Cuatro del Decreto Foral Normativo 12/1993.

d) Todas las respuestas anteriores son correctas.

Solución al test n.º 33

1. b) 12/1993.

2. d) Las respuestas b) y c) son correctas.

3. d) Las respuestas a) y b) son correctas.

4. d) Todas las respuestas anteriores son correctas.

5. a) Las entregas de dinero a título de contraprestación o pago.

6. d) Todas las respuestas anteriores son correctas.

7. b) Las entregas de bienes que hayan sido expedidos o transportados por el vendedor, directa o indirectamente, o por su cuenta, a partir de un Estado miembro distinto del de llegada de la expedición o del transporte con destino al cliente, cuando se cumplan las siguientes condiciones: a) Que los destinatarios de las citadas entregas sean las personas cuyas adquisiciones intracomunitarias de bienes no estén sujetas al Impuesto, o en el precepto equivalente al mismo que resulte aplicable en el Estado miembro de llegada de la expedición o el transporte, o bien cualquier otra persona que no tenga la condición de empresario o profesional actuando como tal. b) Que los bienes objeto de dichas entregas sean bienes distintos de los que se indican a continuación: a´) Medios de transporte nuevos; b´) Bienes objeto de instalación o montaje.

8. c) Cuando un empresario o profesional, utilizando una interfaz digital como un mercado en línea, una plataforma, un portal u otros medios similares, facilite la venta a distancia de bienes importados de países o territorios terceros en envíos cuyo valor intrínseco no exceda de 150 euros, o la entrega de bienes en el interior de la Comunidad por parte de un empresario o profesional no establecido en la Comunidad a una persona que no tenga la condición de empresario o profesional actuando como tal, se considerará en ambos supuestos que el empresario o profesional titular de la interfaz digital ha recibido y entregado por sí mismo los correspondientes bienes y que la expedición o el transporte de los bienes se encuentra vinculado a la entrega por él realizada.

9. d) Todas las respuestas anteriores son correctas.

10. b) Que los miembros se limiten a reembolsar la parte que les corresponda en los gastos hechos en común.

11. a) La realizada por el promotor después de la utilización ininterrumpida del inmueble por un plazo igual o superior a dos años por su propietario o por titulares de derechos reales de goce o disfrute o en virtud de contratos de arrendamiento sin opción de compra, salvo que el adquirente sea quien utilizó la edificación durante el referido plazo.

12. a) Sujetas y exentas.

13. b) 14.

14. c) Las entidades públicas empresariales estatales y los organismos asimilados dependientes de las Comunidades Autónomas y Entidades locales.

15. d) Todas las respuestas anteriores son correctas.

16. b) 10%.

17. d) 5.000 metros cuadrados.

18. b) No sujetas.

19. d) Todas las respuestas anteriores son correctas.

20. a) Los vehículos terrestres accionados a motor cuya cilindrada sea superior a 48 centímetros cúbicos o su potencia exceda de 7,2 Kw.

TEST N.º 34

Norma Foral 11/2003, de 31 de marzo, del Impuesto sobre Transmisiones Patrimoniales y Actos Jurídicos Documentados. Título Preliminar (artículos 1 a 6). Título I, Transmisiones Patrimoniales (artículos 7 a 27). Título III, Actos jurídicos documentados (artículos 52, 53, 54, 55, 57 y 58)

1. El Impuesto sobre Transmisiones Patrimoniales y Actos Jurídicos Documentados está regulado por la Norma Foral:

a) 5/2007.
b) 33/2013.
c) 12/1993.
d) 11/2003.

2. El Impuesto sobre Transmisiones Patrimoniales y Actos Jurídicos Documentados es de naturaleza:

a) Directa.
b) Indirecta.
c) Personal.
d) No es un impuesto instantáneo.

3. Son transmisiones patrimoniales sujetas:

a) Las transmisiones onerosas por actos inter vivos de toda clase de bienes y derechos que integren el patrimonio de las personas físicas o jurídicas.
b) La constitución de derechos reales, préstamos, fianzas, arrendamientos, pensiones y concesiones administrativas, salvo cuando estas últimas tengan por objeto la cesión del derecho a utilizar inmuebles o instalaciones en puertos y aeropuertos.
c) La constitución de derechos reales, préstamos, fianzas, arrendamientos, pensiones y concesiones administrativas, incluso cuando estas últimas tengan por objeto la cesión del derecho a utilizar inmuebles o instalaciones en puertos y aeropuertos.
d) Las opciones a) y b) son correctas.

4. A los efectos del Impuesto sobre Transmisiones Patrimoniales y Actos Jurídicos Documentados se equipararán a sociedades:

a) La copropiedad de buques.

b) La comunidad de bienes constituida por actos inter vivos, que realice actividades empresariales, sin perjuicio de lo dispuesto en la Ley del IRPF.

c) Los contratos de cuenta en participación.

d) Todos los anteriores.

5. Indica cuáles de los siguientes hechos imponibles tributan por este impuesto:

a) Documentos mercantiles.

b) Ganancias patrimoniales en el Mercado Secundario Oficial.

c) Documentos administrativos.

d) Operaciones Societarias.

6. Señala cuál de las siguientes opciones es correcta:

a) Un acto puede ser liquidado por transmisiones patrimoniales onerosas y por IVA.

b) Un acto puede ser liquidado por operaciones societarias y por transmisiones patrimoniales onerosas.

c) Un acto puede ser liquidado por actos jurídicos documentados y por IVA.

d) Un acto puede ser liquidado por operaciones societarias y por actos jurídicos documentados.

7. Señala la opción incorrecta:

a) Si la condición fuere resolutoria se exigirá el Impuesto, desde luego, a reserva, cuando la condición se cumpla, de hacer la oportuna devolución según las reglas del artículo 83 de esta Norma Foral 11/2003.

b) Si la condición fuere suspensiva no se liquidará el Impuesto hasta que esta se cumpla, haciéndose constar el aplazamiento de la liquidación en la inscripción de bienes en el Registro Público correspondiente.

c) Cuando en el contrato se establezca la reserva del dominio hasta el total pago del precio convenido se entenderá, a efectos de la liquidación y pago del Impuesto, que la transmisión se realiza con la condición suspensiva del impago del precio en las condiciones convenidas.

d) No tendrá la consideración de condición suspensiva, aun cuando así se haga constar por los interesados, el que la efectividad del acto o contrato dependa de una autorización o aprobación administrativa, aun cuando éstas sean preceptivas, sin perjuicio del derecho a la devolución, en su caso.

8. Para que un hecho imponible que tribute como operación societaria tribute en Álava debe concurrir:

a) Que la entidad tenga en Álava su domicilio fiscal.

b) Que la entidad tenga en Álava su domicilio social, siempre que la sede de dirección efectiva no se encuentre situada en el ámbito territorial de otra Administración Tributaria de un Estado miembro de la Unión Europea o, estándolo, dicho Estado no grave la operación societaria con un impuesto similar.

c) Que la entidad realice en Álava operaciones de su tráfico, cuando su sede de dirección efectiva y su domicilio social no se encuentren situados en el ámbito territorial de otra Administración Tributaria de un Estado miembro de la Unión Europea o, estándolo, estos Estados no graven la operación societaria con un impuesto similar.

d) Todas las respuestas anteriores son correctas.

9. Para las personas físicas, el segundo criterio para determinar que tienen sus residencia habitual en Álava es:

a) Cuando permaneciendo en el País Vasco un mayor número de días del año inmediato anterior, contado de fecha a fecha, que finalice el día anterior al del devengo del Impuesto, permanezca en el Territorio Histórico de Álava mayor número de días de dicho período de tiempo que en cada uno de los otros dos Territorios Históricos.

b) Cuando sea Álava el territorio de su última residencia declarada a efectos del Impuesto sobre la Renta de las Personas Físicas.

c) Cuando tenga en el Territorio Histórico de Álava su principal centro de intereses.

d) Ninguna de las respuestas anteriores es correcta.

10. Las concesiones administrativas tributan al:

a) 1%.
b) 4%.
c) 7%.
d) 10%.

11. Cuando tributen por transmisiones patrimoniales onerosas las adjudicaciones de bienes inmuebles, estas tributarán al:

a) 1%.
b) 4%.
c) 7%.
d) 10%.

12. La subrogación en los derechos del acreedor prendario, hipotecario o anti-crético se considerará como transmisión de derechos y tributará por el tipo del:

a) 1%.
b) 4% .
c) 7%.
d) 10%.

13. Las permutas tributan siempre al:

a) 1%.
b) 4%.
c) 7%.
d) Dependen de la naturaleza del bien permutado.

14. Indica cuál de las siguientes opciones no es correcta, con relación a quién es el sujeto pasivo en cada opción:

a) En la constitución de préstamos de cualquier naturaleza, el prestamista.
b) En la constitución de fianzas, el acreedor afianzado.
c) En la constitución de arrendamientos, el arrendatario.
d) En la constitución de pensiones, el pensionista.

15. La base imponible en los derechos reales de garantía y en las escrituras que documenten préstamos con garantía estará constituida por el importe de la obligación o capital garantizado, comprendiendo las sumas que se aseguren por intereses, indemnizaciones, penas por incumplimiento u otros conceptos análogos. Si no constare expresamente el importe de la cantidad garantizada, se tomará como base el capital y:

a) Tres años de intereses.
b) Cuatro años de intereses.
c) Cinco años de intereses.
d) Seis años de intereses.

Solución al test n.º 34

1. d) 11/2003.

2. b) Indirecta.

3. d) Las opciones a) y b) son correctas.

4. d) Todos los anteriores.

5. b) Ganancias patrimoniales en el Mercado Secundario Oficial.

6. c) Un acto puede ser liquidado por actos jurídicos documentados y por IVA.

7. c) Cuando en el contrato se establezca la reserva del dominio hasta el total pago del precio convenido se entenderá, a efectos de la liquidación y pago del Impuesto, que la transmisión se realiza con la condición suspensiva del impago del precio en las condiciones convenidas.

8. d) Todas las respuestas anteriores son correctas.

9. c) Cuando tenga en el Territorio Histórico de Álava su principal centro de intereses.

10. b) 4%.

11. c) 7%.

12. a) 1%.

13. d) Dependen de la naturaleza del bien permutado.

14. a) En la constitución de préstamos de cualquier naturaleza, el prestamista.

15. a) Tres años de intereses.

TEST N.º 35

Norma Foral 3/2023, de 25 de enero, general presupuestaria (artículos 36 a 52). Principios y reglas de programación presupuestaria. Contenido, elaboración y aprobación. Estructuras presupuestarias. Elaboración y aprobación de los presupuestos

1. La programación presupuestaria se regirá por los principios de:

a) Estabilidad presupuestaria.
b) Sostenibilidad financiera.
c) Plurianualidad.
d) Todas son correctas.

2. La gestión del sector público foral está sometida al régimen de presupuesto anual aprobado por las Juntas Generales y sujeta a uno de los siguientes principios:

a) Principio de universalidad: Los créditos presupuestarios se destinarán exclusivamente a la finalidad específica para la que hayan sido autorizados por la norma foral de ejecución presupuestaria de cada ejercicio o por las modificaciones realizadas conforme a esta norma foral.
b) Principio de especialidad: Los Presupuestos Generales del Territorio Histórico de Álava comprenderán todos los derechos que se prevean liquidar y las obligaciones que sea necesario atender.
c) Principio de no afectación: Los recursos de las entidades que componen el sector privado foral se destinarán a satisfacer el conjunto de sus respectivas obligaciones, sin que por norma foral se puedan afectar a fines determinados
d) Principio de equilibrio financiero: Los Presupuestos Generales del Territorio Histórico de Álava se elaborarán bajo el principio de equilibrio financiero, de modo que la totalidad de los ingresos cubra el importe de los gastos.

389

3. Los Presupuestos Generales del Territorio Histórico de Álava están integrados por los correspondientes a cada una de las entidades que componen el sector público foral, que son:

a) El presupuesto de la Diputación Foral de Álava y los presupuestos de los organismos autónomos forales.

b) Los presupuestos de los consorcios forales y los presupuestos de las sociedades mercantiles forales.

c) Los presupuestos de las fundaciones forales y los presupuestos de las entidades públicas empresariales forales.

d) Todas son correctas.

4. Cada uno de los presupuestos a que se refieren las letras a) y b) anteriores deberá contener:

a) Un anexo de personal con relación de la plantilla y sus retribuciones correspondientes.

d) Un presupuesto administrativo.

c) Un programa de actuaciones, inversiones y financiación.

d) Un estado de ingresos formado por la estimación de los derechos de naturaleza pública o privada que se prevean liquidar en el ejercicio.

5. El presupuesto administrativo ha de recoger:

a) Los ingresos y gastos que den origen a flujos monetarios, debiendo incluirse aquellos que no suponen movimientos reales de fondos (amortizaciones, provisiones, resultados y existencias).

b) Exclusivamente los ingresos y gastos que den origen a flujos monetarios, debiendo excluirse aquellos que no suponen movimientos reales de fondos (amortizaciones, provisiones, resultados y existencias).

c) Exclusivamente los ingresos y gastos que no den origen a flujos monetarios, debiendo incluirse aquellos que suponen movimientos reales de fondos (amortizaciones, provisiones, resultados y existencias).

d) Los ingresos y gastos que no den origen a flujos monetarios, debiendo excluirse aquellos que suponen movimientos reales de fondos (amortizaciones, provisiones, resultados y existencias).

6. En lo que se refiere a los presupuestos de ingresos:

a) Los importes incluidos en el presupuesto de ingresos no tendrán valor estimativo.

b) Los importes excluidos en el presupuesto de ingresos tendrán valor estimativo.

c) Los importes excluidos en el presupuesto de ingresos no tendrán valor estimativo.

d) Ninguna es correcta.

7. Una de las siguientes afirmaciones es la correcta:

a) Los ingresos afectados a fines determinados que se realicen una vez cerrado el respectivo presupuesto quedarán afectados al destino específico que les hubiere correspondido en todo caso.

b) Las previsiones presupuestarias de los derechos tributarios no tendrán en cuenta los acuerdos aprobados por el Consejo Vasco de Finanzas Públicas.

c) El remanente de tesorería no aplicado a la financiación del régimen general de los créditos presupuestarios no podrá figurar en el estado de ingresos del correspondiente presupuesto.

d) Los ingresos afectados a fines determinados que se realicen una vez cerrado el respectivo presupuesto quedarán desafectados del destino específico que les hubiere correspondido.

8. En cuanto al presupuesto de gastos recogerá:

a) Los créditos de pago necesarios para atender las obligaciones susceptibles de ser reconocidas con cargo al ejercicio presupuestario.

b) Los créditos de compromiso destinados a hacer frente a los gastos que hayan de contraerse para la financiación de acciones cuya ejecución pueda efectuarse en ejercicios presupuestarios anteriores.

c) Los créditos de compromiso destinados a hacer frente a los gastos que hayan de contraerse para la financiación de acciones cuya ejecución deba efectuarse en ejercicios presupuestarios posteriores, todo ello en los términos establecidos en la presente norma foral.

d) Las opciones a) y c) son correctas.

9. En materia de estructuras presupuestarias marca la correcta:

a) Se determinará, de acuerdo a lo establecido en la Norma Foral 3/2023, por el departamento competente en materia de hacienda, finanzas y presupuestos de la Diputación Foral de Álava.

b) Se tendrá en cuenta, criterios homogéneos a los utilizados por las Instituciones Comunes de la Comunidad Autónoma.

c) Deberá facilitar la correcta aplicación de la normativa contable vigente, así como permitir la presentación de los resultados del ejercicio de forma clara y fiable.

d) Todas son correctas.

10. Los ingresos de operaciones corrientes distinguirán:

a) Impuestos directos. (Capítulo V)

b) Impuestos indirectos. (Capítulo II)

c) Tasas, precios públicos y otros ingresos de derecho público. (Capítulo I)

d) Ingresos patrimoniales. (Capítulo III)

11. Marca la respuesta incorrecta:

a) La clasificación económica del presupuesto de ingresos distinguirá entre créditos para las operaciones corrientes, de capital y financieras.

b) La clasificación económica del presupuesto de ingresos distinguirá las previsiones para las operaciones corrientes, de capital y financieras.

c) La clasificación económica del presupuesto de gastos distinguirá entre créditos para las operaciones corrientes, de capital y financieras.

d) Ninguna de las opciones es correcta.

12. Los créditos para gastos corrientes distinguirán:

a) Gastos de personal. (Capítulo I)

b) Gastos corrientes en bienes y servicios. (Capítulo III)

c) Gastos financieros. (Capítulo IV)

d) Transferencias y subvenciones corrientes. (Capítulo II)

13. Marca la respuesta correcta:

a) Los programas presupuestarios integrarán los objetivos que la entidad pública desee alcanzar con su actividad y los créditos presupuestarios necesarios para la realización de las actividades orientadas a la consecución de dichos objetivos.

b) Cada programa recogerá la información relativa a los objetivos por él perseguidos, medios humanos y financieros necesarios, actividades a llevar a cabo y responsables de su ejecución.

c) Los objetivos perseguidos por cada programa se concretarán en términos cuantificables y susceptibles de seguimiento.

d) Todas son correctas.

14. Un proyecto de gasto:

a) Es una unidad de gasto presupuestario perfectamente identificable, en términos genéricos o específicos.

b) Su ejecución no puede efectuarse con cargo a créditos de varias aplicaciones presupuestarias.

c) Su ejecución requiere un seguimiento y control individualizado.

d) Las opciones a) y c) son correctas.

15. ¿Cuál de las siguientes afirmaciones es la incorrecta?

a) El Consejo de Gobierno Foral, a propuesta del departamento competente en materia de hacienda, finanzas y presupuestos, aprobará las directrices económicas y técnicas sobre la elaboración de los presupuestos generales para el próximo ejercicio.

b) Cada departamento elaborará y enviará al departamento competente en materia de hacienda, finanzas y presupuestos la documentación oportuna.

c) El presupuesto de los organismos autónomos no incluirá el importe de las transferencias corrientes a recibir, tanto de la Diputación Foral de Álava como del resto de entidades integrantes del sector público foral.

d) Todas son correctas.

16. Los documentos a añadir al proyecto de norma foral son:

a) Una memoria explicativa de los presupuestos generales.

b) Memoria de gastos fiscales.

c) El Presupuesto consolidado del sector público foral.

d) Todas son correctas.

17. Al proyecto de norma foral de ejecución presupuestaria se deberá adjuntar la siguiente información:

a) Un informe sobre el grado de ejecución de los presupuestos de ingresos y de gastos vigentes, emitido a la fecha más actualizada posible que, en ningún caso, podrá ser posterior a la del 29 de septiembre.

b) Un informe sobre el grado de ejecución de los presupuestos de ingresos y de gastos vigentes, emitido a la fecha más actualizada posible que, en ningún caso, podrá ser anterior a la del 30 de septiembre.

c) Un informe sobre el grado de ejecución de los presupuestos de ingresos y de gastos vigentes, emitido a la fecha más actualizada posible que, en todo caso podrá ser anterior a la del 31 de diciembre.

d) Un informe sobre el grado de ejecución de los presupuestos de ingresos y de gastos vigentes, emitido a la fecha más actualizada posible que, en todo caso, podrá ser posterior a la del 31 de diciembre.

18. Señala uno de los anexos a incluir en el Presupuesto:

a) Memoria de gastos fiscales.

b) Explicativo de las diferencias más significativas que presenta cada presupuesto respecto al vigente, asi como de los criterios adoptados para su elaboración.

c) Comprensivo de los créditos para gastos con financiación afectada incluidos en los presupuestos.

d) Explicativo de los presupuestos generales.

19. La norma foral de ejecución presupuestaria:

a) Podrá extender su objeto a la regulación de otra serie de cuestiones propias de la Hacienda Foral o relacionadas con ésta.

b) No podrá extender su objeto a la regulación de otra serie de cuestiones propias de la Hacienda Foral o relacionadas con ésta.

c) En el articulado de la norma foral de cada ejercicio se deberán regular, de forma expresa, los límites y condiciones de endeudamiento y de prestación de garantías de las entidades del sector público foral.

d) Las opciones a) y c) son correctas.

20. El proyecto de norma foral de ejecución presupuestaria de cada ejercicio:

a) Se presentará ante las Juntas Generales con anterioridad al 15 de noviembre para su aprobación.

b) Se presentará ante las Juntas Generales con posterioridad al 15 de noviembre para su aprobación.

c) Se presentará ante las Juntas Generales con anterioridad al 15 de diciembre para su aprobación.

d) Se presentará ante las Juntas Generales con posterioridad al 15 de diciembre para su aprobación.

Solución al test n.º 35

1. d) Todas son correctas.

2. d) Principio de equilibrio financiero: Los Presupuestos Generales del Territorio Histórico de Álava se elaborarán bajo el principio de equilibrio financiero, de modo que la totalidad de los ingresos cubra el importe de los gastos.

3. d) Todas son correctas.

4. d) Un estado de ingresos formado por la estimación de los derechos de naturaleza pública o privada que se prevean liquidar en el ejercicio.

5. b) Exclusivamente los ingresos y gastos que den origen a flujos monetarios, debiendo excluirse aquellos que no suponen movimientos reales de fondos (amortizaciones, provisiones, resultados y existencias).

6. d)Ninguna es correcta.

7. d) Los ingresos afectados a fines determinados que se realicen una vez cerrado el respectivo presupuesto quedarán desafectados del destino específico que les hubiere correspondido.

8. d) Las opciones a) y c) son correctas.

9. d) Todas son correctas.

10. b) Impuestos indirectos. (Capítulo II)

11. a) La clasificación económica del presupuesto de ingresos distinguirá entre créditos para las operaciones corrientes, de capital y financieras.

12. a) Gastos de personal. (Capítulo I)

13. d) Todas son correctas.

14. d) Las opciones a) y c) son correctas.

15. c) El presupuesto de los organismos autónomos no incluirá el importe de las transferencias corrientes a recibir, tanto de la Diputación Foral de Álava como del resto de entidades integrantes del sector público foral.

16. d) Todas son correctas.

17. b) Un informe sobre el grado de ejecución de los presupuestos de ingresos y de gastos vigentes, emitido a la fecha más actualizada posible que, en ningún caso, podrá ser anterior a la del 30 de septiembre.

18. c) Comprensivo de los créditos para gastos con financiación afectada incluidos en los presupuestos.

19. d) Las opciones a) y c) son correctas.

20. a) Se presentará ante las Juntas Generales con anterioridad al 15 de noviembre para su aprobación.

TEST N.º 36

**Norma Foral 3/2023, de 25 de enero, general presupuestaria.
Gestión y ejecución de los presupuestos de las entidades del sector
público foral administrativo (artículo 69 a 78).
Liquidación de los presupuestos (artículo 79 a 80).
Prórroga de los presupuestos (artículos 81 a 82).
Contabilidad (artículo 110 a 118)**

1. Marca la respuesta correcta:

a) La programación y ejecución de la actividad económico-financiera del sector públi-co foral administrativo tendrán como finalidades el desarrollo de objetivos y el control de la gestión de los resultados.

b) Las entidades que integran el sector público foral administrativo adecuarán su gestión económico-financiera al cumplimiento de la eficacia en la consecución de los objetivos fijados.

c) Las personas titulares de los entes y órganos administrativos que componen el sector público foral administrativo serán responsables de la consecución de los objetivos fijados.

d) Todas son correctas.

2. La gestión del presupuesto de ingresos:

a) Se realizará en fases sucesivas de extinción y de reconocimiento del derecho.

b) Se realizará en fases simultáneas de extinción y de reconocimiento del derecho.

c) Se realizará en fases sucesivas o simultáneas de extinción y de reconocimiento del derecho.

d) Se realizará en fases sucesivas o simultáneas de reconocimiento del derecho y de extinción del derecho.

3. ¿Cuál de las siguientes afirmaciones es incorrecta en materia de gestión del presupuesto de ingresos?

a) Las devoluciones de ingresos se imputarán al ejercicio presupuestario en que se efectúe el pago.

b) La competencia de su liquidación será de cada diputado o diputada foral o del órgano competente del organismo autónomo foral o consorcio foral.

c) La recaudación de los ingresos en período ejecutivo no corresponderá, en ningún caso, al departamento competente en materia de hacienda de la Diputación Foral de Álava.

d) La recaudación de los ingresos en período voluntario en el ámbito de la Diputación Foral de Álava corresponde al departamento competente en materia de hacienda, finanzas y presupuestos.

4. En materia de situación de créditos presupuestarios, marca la correcta:

a) Los créditos consignados en el presupuesto de gastos podrán encontrarse como disponibles o como no disponibles.

b) En principio, todos los créditos para gastos se encontrarán en la situación de no disponibles.

c) La disponibilidad del crédito se deriva del acto mediante el cual se inmoviliza la totalidad del saldo del crédito de una partida presupuestaria.

d) La disponibilidad del importe de las partidas del presupuesto de la Diputación Foral de Álava implicará la disponibilidad de crédito en el correspondiente presupuesto por una cuantía inferior a la no disponibilidad efectuada.

5. La ejecución de los créditos de pago consignados en los presupuestos de las entidades del sector público foral administrativo comprende una de las siguientes operaciones:

a) Reserva es el acto mediante el cual se retiene la totalidad o parte de un crédito presupuestario.

b) Autorización del gasto es el acto mediante el que se acuerda la realización de gastos previamente autorizados, por un importe determinado.

c) Disposición del gasto es el acto mediante el que se acuerda la realización de un gasto determinado por una cuantía cierta o aproximada sobre un crédito previamente reservado.

d) Reconocimiento de la obligación es el acto mediante el que se retiene un crédito no exigible contra la entidad.

6. Señala la respuesta correcta:

a) Podrá comprometerse el gasto más allá del importe autorizado, siendo nulos los actos administrativos y disposiciones que infrinjan la expresada limitación.

b) Cuando los créditos de pago se refieran a obligaciones respecto de las que también esté dotado un crédito de compromiso, no podrá comprometerse el importe equivalente a la diferencia de las dotaciones de ambos créditos.

c) En los contratos de obra de carácter anual se efectuará una reserva del 15 por ciento del importe de adjudicación.

d) Con independencia del grado de vinculación, la contabilización del gasto se aplicará en todo caso a las partidas presupuestarias que correspondan.

7. Procederá la expedición de órdenes de pago a justificar en uno de los supuestos siguientes:

a) Cuando los documentos justificativos puedan aportarse antes de formular la propuesta de pago.

b) Cuando los documentos justificativos no puedan aportarse después de formular la propuesta de pago.

c) Cuando por razones de oportunidad u otras excepcionales, debidamente justificadas, la persona titular del departamento competente en materia de hacienda, finanzas y presupuestos de la Diputación Foral de Álava lo considere necesario para agilizar la gestión de los créditos.

d) Ninguna es correcta.

8. En materia de pagos a justificar:

a) Los plazos y actuaciones finalizarán, en todo caso, en el mes de enero del ejercicio siguiente al de concesión.

b) Los plazos y actuaciones finalizarán, en todo caso, en el mes de febrero del ejercicio anterior al de concesión.

c) Los plazos y actuaciones no finalizarán hasta el mes de diciembre del ejercicio siguiente al de concesión.

d) Los plazos y actuaciones no finalizarán hasta el mes de febrero del ejercicio anterior al de concesión.

9. A los efectos de la norma foral se entiende por pago indebido el que por error material, aritmético o de hecho:

a) Se realiza en favor de persona en quien concurra derecho de cobro frente a la administración con respecto a dicho pago.

b) Se realiza en cuantía que no excede de la consignada en el acto o documento que reconoció el derecho de la persona acreedora.

c) Se realiza en favor de persona en quien no concurra derecho alguno de cobro frente a la administración con respecto a dicho pago.

b) Se realiza en cuantía inferior de la consignada en el acto o documento que no reconoció el derecho de la persona acreedora.

10. Los presupuestos de cada ejercicio:

a) Se liquidarán, en cuanto al reconocimiento de derechos y obligaciones, al 31 de Enero del semestre natural correspondiente.

b) Se liquidarán, en cuanto al reconocimiento de derechos y obligaciones, al 31 de Enero del año anterior correspondiente.

c) Se liquidarán, en cuanto al reconocimiento de derechos y obligaciones, al 31 de diciembre del año natural correspondiente.

d)Se liquidarán, en cuanto al reconocimiento de derechos y obligaciones, al 31 de diciembre del semestre natural correspondiente.

11. Figurarán:

a) Como residuos de gastos, las obligaciones reconocidas que al último día del ejercicio posterior no hayan sido satisfechas.

b) Como residuos de ingresos, las obligaciones reconocidas que al último día del ejercicio posterior hayan sido satisfechas.

c) Como residuos de ingresos, los derechos reconocidos y liquidados pendientes de cobro al cierre del ejercicio posterior.

d) Como residuos de gastos, las obligaciones reconocidas que al último día del ejercicio anterior no hayan sido satisfechas.

12. En materia de prórroga de los presupuestos marca la respuesta correcta:

a) Si la norma foral de ejecución presupuestaria fuera aprobada después del primer día del ejercicio en que haya de regir, se considerarán automáticamente prorrogados los presupuestos del ejercicio anterior.

b) La cuantía de las dotaciones de los presupuestos prorrogados serán las correspondientes a los créditos definitivos al último mes del ejercicio económico anterior.

c) Finalizada la prórroga, los presupuestos definitivos no se considerarán aprobados con efectos de uno de diciembre, y los créditos en ellos incluidos no tendrán la consideración de créditos iniciales.

d) Durante el período de prórroga presupuestaria se deberán respetar los límites aprobados en los presupuestos objeto de prórroga respecto de la plantilla presupuestaria.

13. La cuantía de los créditos de los presupuestos prorrogados estará sujeta a una de las siguientes especialidades:

a) Los créditos destinados a las retribuciones del personal no se actualizarán conforme a la normativa que resulte de aplicación.

b) Los créditos del capítulo de inversiones reales no se entenderán prorrogados siempre que se trate de actuaciones que continúen en el ejercicio prorrogado.

c) La dotación presupuestaria para la financiación del funcionamiento de las Juntas Generales se consignará por la cuantía aprobada en sus presupuestos.

d) Ninguna es correcta.

14. En el supuesto de que los presupuestos para el nuevo ejercicio no contuvieran alguno de los créditos autorizados durante el régimen de prórroga:

a) El importe correspondiente se cancelará con cargo al programa afectado.

b) El importe correspondiente se cancelará con cargo a los créditos del mismo departamento.

c) En otro caso, será la persona titular del departamento competente en materia de hacienda, finanzas y presupuestos el que establezca el procedimiento para llevar a cabo tal dotación.

d) Todas son correctas.

15. Las entidades integrantes del sector público foral:

a) No tendrán que aplicar los principios contables que correspondan, ni para reflejar toda clase de operaciones, costes y resultados de su actividad, ni para facilitar datos e información con trascendencia económica.

b) Podrán aplicar los principios contables que correspondan, tanto para reflejar toda clase de operaciones, costes y resultados de su actividad, como para facilitar datos e información con trascendencia económica.

c) Quedan sometidas a la obligación de rendir cuentas de sus operaciones, cualquiera que sea su naturaleza, al Tribunal Vasco de Cuentas Públicas.

d) No están sometidas a la obligación de rendir cuentas de sus operaciones, cualquiera que sea su naturaleza, al Tribunal Vasco de Cuentas Públicas.

16. Marca la respuesta correcta:

a) Las entidades integrantes del sector público foral administrativo deberán aplicar los principios y las normas establecidas en el Plan General de Contabilidad Pública Foral y en las disposiciones que lo desarrollan.

b) Las entidades que integran el sector público foral empresarial deberán aplicar los principios y normas de contabilidad recogidos en el Código de Comercio y en el Plan General de Contabilidad de la empresa, así como sus adaptaciones y en las disposiciones que los desarrollan.

c) Las entidades integrantes del sector público foral fundacional deberán aplicar los principios y normas de contabilidad recogidos en la adaptación del Plan General de Contabilidad a las entidades sin fines lucrativos y en las disposiciones que lo desarrollan.

d) Todas son correctas.

17. Las entidades integrantes del sector público foral remitirán sus cuentas al departamento competente en materia de hacienda, finanzas y presupuestos:

a) Dentro del plazo de quince días que establece la Diputación Foral de Álava, a propuesta de la persona titular de dicho departamento.

b) Dentro del plazo de veinte días que establece la Diputación Foral de Álava, a propuesta de la persona titular de dicho departamento.

c) Dentro del plazo de treinta días que establece la Diputación Foral de Álava, a propuesta de la persona titular de dicho departamento,

d) Dentro del plazo que establezca la Diputación Foral de Álava, a propuesta de la persona titular de dicho departamento.

18. La Diputación Foral de Álava remitirá a las Juntas Generales su plan financiero:

a) Dentro del primer trimestre de cada ejercicio presupuestario.
b) Dentro del tercer trimestre de cada ejercicio presupuestario.
c) Dentro del primer semestre de cada ejercicio presupuestario.
d)Dentro del segundo semestre de cada ejercicio presupuestario.

19. Se remitirá a las Juntas Generales la información sobre el grado de ejecución de las partidas relacionadas con la inversión y transferencias y subvenciones de capital:

a) Anualmente.
b) Trimestralmente.
c) Semestralmente.
d) Mensualmente.

20. Corresponde al Consejo de Gobierno Foral, a propuesta del departamento competente en materia de hacienda, finanzas y presupuestos:

a) Aprobar el Proyecto de Norma Foral de la Cuenta General del Territorio Histórico de Álava y elevarlo a las Juntas Generales para su aprobación definitiva.
b) Confeccionar la Cuenta General del Territorio Histórico de Álava.
c) Aprobar los procedimientos de tramitación contable y determinar los criterios generales aplicables al registro de datos y a la presentación de la información contable.
d) Suministrar información para la confección de las cuentas económicas del sector público foral.

Solución al test n.º 36

1. d) Todas son correctas.

2. d) Se realizará en fases sucesivas o simultáneas de reconocimiento del derecho y de extinción del derecho.

3. c) La recaudación de los ingresos en período ejecutivo no corresponderá, en ningún caso, al departamento competente en materia de hacienda de la Diputación Foral de Álava.

4. a) Los créditos consignados en el presupuesto de gastos podrán encontrarse como disponibles o como no disponibles.

5. a) Reserva es el acto mediante el cual se retiene la totalidad o parte de un crédito presupuestario.

6. d) Con independencia del grado de vinculación, la contabilización del gasto se aplicará en todo caso a las partidas presupuestarias que correspondan.

7. c) Cuando por razones de oportunidad u otras excepcionales, debidamente justificadas, la persona titular del departamento competente en materia de hacienda, finanzas y presupuestos de la Diputación Foral de Álava lo considere necesario para agilizar la gestión de los créditos.

8. a) Los plazos y actuaciones finalizarán, en todo caso, en el mes de enero del ejercicio siguiente al de concesión.

9. c) Se realiza en favor de persona en quien no concurra derecho alguno de cobro frente a la administración con respecto a dicho pago.

10. c) Se liquidarán, en cuanto al reconocimiento de derechos y obligaciones, al 31 de diciembre del año natural correspondiente.

11. d) Como residuos de gastos, las obligaciones reconocidas que al último día del ejercicio anterior no hayan sido satisfechas.

12. d) Durante el período de prórroga presupuestaria se deberán respetar los límites aprobados en los presupuestos objeto de prórroga respecto de la plantilla presupuestaria.

13. c) La dotación presupuestaria para la financiación del funcionamiento de las Juntas Generales se consignará por la cuantía aprobada en sus presupuestos.

14. d) Todas son correctas.

15. c) Quedan sometidas a la obligación de rendir cuentas de sus operaciones, cualquiera que sea su naturaleza, al Tribunal Vasco de Cuentas Públicas.

16. d) Todas son correctas.

17. d) Dentro del plazo que establezca la Diputación Foral de Álava, a propuesta de la persona titular de dicho departamento.

18. a) Dentro del primer trimestre de cada ejercicio presupuestario.

19. c) Semestralmente.

20. a) Aprobar el Proyecto de Norma Foral de la Cuenta General del Territorio Histórico de Álava y elevarlo a las Juntas Generales para su aprobación definitiva.

TEST N.º 37

Decreto Foral 18/2013, del Consejo de Diputados de 28 de mayo, que aprueba el Reglamento por el que se regulan las obligaciones de facturación. Requisitos de las facturas (artículos 6 a 16 del Anexo). Decreto Foral 67/2014, del Consejo de Diputados de 30 de diciembre, que crea el registro contable de facturas de la Administración Foral y aprueba el procedimiento para su tramitación (íntegro)

1. El Decreto Foral por el que se regulan las obligaciones de facturación es el:

a) 20/2018.
b) 18/2013.
c) 60/2005.
d) 30/2014.

2. Será obligatoria la consignación del número de identificación fiscal del destinatario cuando:

a) Se trate de una entrega de bienes destinados a otro Estado miembro que se encuentre exenta.
b) Se trate de una operación cuyo destinatario sea el sujeto pasivo del Impuesto sobre el Valor Añadido correspondiente a aquella.
c) Se trate de operaciones que se entiendan realizadas en el territorio de aplicación del Impuesto y el empresario o profesional obligado a la expedición de la factura haya de considerarse establecido en dicho territorio.
d) Todas las respuestas anteriores son correctas.

3. En las facturas simplificadas, no será preciso incluir:

a) Número y, en su caso, serie.
b) Domicilio, tanto del obligado a expedir factura como del destinatario de las operaciones.
c) La fecha de su expedición.
d) La identificación del tipo de bienes entregados o de servicios prestados.

4. Como regla general, las facturas deberán ser expedidas:

a) En el momento de realizarse la operación.
b) Hasta 5 días después de realizarse la operación.
c) Hasta 15 días después de realizarse la operación.
d) Hasta 20 días después de realizarse la operación.

5. Cuando el destinatario de la operación sea un empresario o profesional que actúe como tal, las facturas deberán expedirse antes:

a) Del día 5 del mes siguiente a aquel en que se haya producido el devengo del Impuesto correspondiente a la citada operación.
b) Del día 10 del mes siguiente a aquel en que se haya producido el devengo del Impuesto correspondiente a la citada operación.
c) Del día 16 del mes siguiente a aquel en que se haya producido el devengo del Impuesto correspondiente a la citada operación.
d) Del día 20 del mes siguiente a aquel en que se haya producido el devengo del Impuesto correspondiente a la citada operación.

6. En las entregas de bienes comprendidas en el artículo 75.Uno.8.º de la Norma del Impuesto sobre el Valor Añadido, las facturas deberán expedirse:

a) Antes del día 5 del mes siguiente a aquel en que se inicie la expedición o el transporte de los bienes con destino al adquirente.
b) Antes del día 10 del mes siguiente a aquel en que se inicie la expedición o el transporte de los bienes con destino al adquirente.
c) Antes del día 15 del mes siguiente a aquel en que se inicie la expedición o el transporte de los bienes con destino al adquirente.
d) Antes del día 16 del mes siguiente a aquel en que se inicie la expedición o el transporte de los bienes con destino al adquirente.

7. Las facturas podrán expedirse:

a) Sólo en euskera.
b) Sólo en castellano.
c) En cualquier lengua oficial del País Vasco.
d) En cualquier lengua.

8. La expedición de ejemplares duplicados de los originales de las facturas únicamente será admisible:

a) Cuando en una misma entrega de bienes o prestación de servicios concurriesen varios destinatarios. En este caso, deberá consignarse en el original y en cada uno de los duplicados la porción de base imponible y de cuota repercutida a cada uno de ellos.
b) En los supuestos de pérdida del original por cualquier causa.

c) En los supuestos de remisión de las facturas por el que se desarrolla la obligación TicketBAI.

d) Todas las respuestas anteriores son correctas.

9. El Decreto Foral que regula el registro contable de facturas de la Administración Foral es el:

a) 16/2024.
b) 67/2014.
c) 37/2007.
d) 49/2010.

10. Estarán excluidas de la presentación obligatoria de la factura electrónica y de la obligación de su presentación en el punto general de entrada las facturas cuyo importe sea de hasta:

a) 5.000,00 euros.
b) 10.000,00 euros.
c) 15.000,00 euros.
d) 20.000,00 euros.

Solución al test n.º 37

1. b) 18/2013.

2. d) Todas las respuestas anteriores son correctas.

3. b) Domicilio, tanto del obligado a expedir factura como del destinatario de las operaciones.

4. a) En el momento de realizarse la operación.

5. c) Del día 16 del mes siguiente a aquel en que se haya producido el devengo del Impuesto correspondiente a la citada operación.

6. d) Antes del día 16 del mes siguiente a aquel en que se inicie la expedición o el transporte de los bienes con destino al adquirente.

7. d) En cualquier lengua.

8. d) Todas las respuestas anteriores son correctas.

9. b) 67/2014.

10. a) 5.000,00 euros.

TEST N.º 38

**Norma Foral 11/2016, de 19 de octubre, de Subvenciones del Territorio Histórico de Álava.
Ámbito de aplicación (artículos 1 a 5).
Disposiciones comunes a las subvenciones públicas (artículos 6 a 19)**

1. La Norma Foral que desarrolla las subvenciones en Álava es la:

a) 18/2015.
b) 11/2016.
c) 5/2020.
d) 17/2003.

2. Se entiende por subvención toda disposición dineraria realizada por cualquiera de los sujetos contemplados en la Norma Foral que regula las subvenciones a favor de las personas públicas o privadas, y que cumpla:

a) Que la entrega se realice sin contraprestación directa por parte de las personas beneficiarias.

b) Que la entrega esté sujeta al cumplimiento de un determinado objetivo, la ejecución de un proyecto, la realización de una actividad, la adopción de un comportamiento singular, ya realizados o por desarrollar, o la concurrencia de una situación, debiendo la persona beneficiaria cumplir las obligaciones materiales y formales que se hubieran establecido.

c) Que el proyecto, la acción o conducta o situación financiada tenga por objeto el fomento de una actividad pública o interés social o promoción de una finalidad pública.

d) Todas las respuestas anteriores son correctas.

3. Se considera una subvención:

a) Una aportación realizada por la Administración para desarrollar un Plan de Desarrollo Rural.

b) Los premios que se otorguen sin la previa solicitud del beneficiario.

c) Las prestaciones no contributivas.

d) Los beneficios fiscales previstos en las normas forales.

4. La planificación de la actividad subvencional se aprueba por:

a) El titular competente en materia de Hacienda.
b) El titular competente de la materia subvencionada.
c) Por el Presidente de la Diputación Foral.
d) Por el Consejo de Diputados.

5. Señala cuál no es un principio propio de la gestión de las subvenciones:

a) Publicidad.
b) Rentabilidad.
c) Concurrencia.
d) Objetividad.

6. Son requisitos para el otorgamiento de las subvenciones:

a) La existencia de crédito adecuado y suficiente para atender las obligaciones de contenido económico que se derivan de la concesión de la subvención.
b) La aprobación del gasto por el órgano competente para ello.
c) Las bases reguladoras de cada tipo de subvención serán publicadas en BOTHA.
d) Todas las respuestas anteriores son correctas.

7. La agrupación, como persona beneficiaria de una subvención, no podrá disolverse hasta pasados:

a) 2 años.
b) 3 años.
c) 4 años.
d) 5 años.

8. No podrán obtener la condición de persona beneficiaria o entidad colaboradora de las subvenciones, salvo que por la naturaleza de la subvención se exceptúe por su normativa reguladora:

a) Haber sido condenadas mediante sentencia firme a la pena de pérdida de la posibilidad de obtener subvenciones o ayudas públicas.
b) Haber dado lugar, por causa de la que hubiesen sido declarados culpables, a la resolución firme de cualquier contrato celebrado con la Administración.
c) Tener la residencia fiscal en un país o territorio calificado reglamentariamente como paraíso fiscal.
d) Todas las respuestas anteriores son correctas.

9. La prohibición de obtener subvención no podrá ser superior a 5 años en el caso de:

a) Haber sido sancionado mediante resolución firme con la pérdida de la posibilidad de obtener subvenciones según la normativa que corresponda.
b) Haber dado lugar, por causa de la que hubiesen sido declarados culpables, a la resolución firme de cualquier contrato celebrado con la Administración.

c) No hallarse al corriente de pago de obligaciones por reintegro de subvenciones, en los términos que reglamentariamente se determinen.

d) Tener la residencia fiscal en un país o territorio calificado reglamentariamente como paraíso fiscal.

10. El convenio de colaboración entre el órgano administrativo concedente y la entidad colaboradora en el que se regularán las condiciones y obligaciones asumidas por ésta no podrá tener, en principio, un plazo de vigencia superior a:

a) Tres años.
b) Cuatro años.
b) Cinco años.
d) Diez años.

11. Cuando la subvención tenga por objeto la subsidiación de préstamos, la vigencia del convenio podrá prolongarse:

a) Un año.
b) Dos años.
c) Cinco años.
d) Hasta la total cancelación de los préstamos.

12. El convenio de colaboración deberá contener, como mínimo, los siguientes extremos:

a) Definición del objeto de la colaboración y de la entidad colaboradora.
b) Identificación de la normativa reguladora especial de las subvenciones que van a ser gestionadas por la entidad colaboradora.
c) Plazo de duración del convenio de colaboración.
d) Todas las respuestas anteriores son correctas.

13. Sobre la financiación de las actividades subvencionadas, indica cuál de las opciones no es correcta:

a) La normativa reguladora de la subvención determinará el régimen de compatibilidad o incompatibilidad para la percepción de otras subvenciones, ayudas, ingresos o recursos para la misma finalidad, procedentes de cualesquiera Administraciones o entes públicos o privados.

b) El importe de las subvenciones en ningún caso podrá ser de tal cuantía que, aisladamente o en concurrencia con otras subvenciones, ayudas, ingresos o recursos, supere el coste de la actividad subvencionada.

c) Si la persona beneficiaria es la Administración Pública, y en el caso de que se disponga en las bases reguladoras de la subvención, los rendimientos financieros que se generen por los fondos librados a las personas beneficiarias incrementarán el importe de la subvención concedida y se aplicarán igualmente a la actividad subvencionada.

d) Toda alteración de las condiciones tenidas en cuenta para la concesión de la subvención, y en todo caso la obtención concurrente de otras aportaciones fuera de los casos permitidos en las normas reguladoras, podrá dar lugar a la modificación de la resolución de concesión.

14. Los órganos concedentes publicarán en el BOTHA las subvenciones concedidas en cada periodo con expresión de la convocatoria, el programa y el crédito presupuestario al que se imputen, beneficiario, importe y finalidad o finalidades de la subvención, con una periodicidad:

a) Mensual.
b) Bimensual.
c) Trimestral.
d) Semestral.

15. No será necesaria la publicación en el BOTHA la concesión de las subvenciones en los siguientes supuestos:

a) Cuando las subvenciones públicas tengan asignación nominativa en los Presupuestos Generales del Territorio Histórico de Álava.
b) Cuando su otorgamiento y cuantía, a favor de persona beneficiaria concreta, resulten impuestos en virtud de Norma Foral o norma de rango legal.
c) Cuando los importes de las subvenciones concedidas, individualmente consideradas, sean de cuantía inferior a tres mil euros, o en su caso, a la señalada en la correspondiente Norma Foral de Ejecución Presupuestaria de cada ejercicio.
d) Todas las respuestas anteriores son correctas.

Solución al test n.º 38

1. b) 11/2016.

2. d) Todas las respuestas anteriores son correctas.

3. a) Una aportación realizada por la Administración para desarrollar un Plan de Desarrollo Rural.

4. d) Por el Consejo de Diputados.

5. b) Rentabilidad.

6. d) Todas las respuestas anteriores son correctas.

7. c) 4 años.

8. d) Todas las respuestas anteriores son correctas.

9. a) Haber sido sancionado mediante resolución firme con la pérdida de la posibilidad de obtener subvenciones según la normativa que corresponda.

10. b) Cuatro años.

11. d) Hasta la total cancelación de los préstamos.

12. d) Todas las respuestas anteriores son correctas

13. c) Si la persona beneficiaria es la Administración Pública, y en el caso de que se disponga en las bases reguladoras de la subvención, los rendimientos financieros que se generen por los fondos librados a las personas beneficiarias incrementarán el importe de la subvención concedida y se aplicarán igualmente a la actividad subvencionada.

14. c) Trimestral.

15. d) Todas las respuestas anteriores son correctas.

TEST N.º 39

Norma Foral 11/2016, de 19 de octubre, de Subvenciones del Territorio Histórico de Álava. Procedimiento de concesión (artículos 20 a 25). Reintegro de subvenciones (artículos 34 a 42)

1. El procedimiento ordinario de concesión de la subvención es:

a) Concesión directa.
b) Concesión en régimen de concurrencia competitiva.
c) Concesión en régimen de libre concurrencia.
d) Ninguna de las respuestas anteriores es correcta.

2. El método excepcional es el:

a) Concesión directa.
b) Concesión en régimen de concurrencia competitiva.
c) Concesión en régimen de libre concurrencia.
d) Ninguna de las respuestas anteriores es correcta.

3. Las subvenciones cuya cuantía venga impuesta por una Norma Foral se podrán conceder por:

a) Concesión directa.
b) Concesión en régimen de concurrencia competitiva.
c) Concesión en régimen de libre concurrencia.
d) Ninguna de las respuestas anteriores es correcta.

4. Respecto al procedimiento de concesión en régimen de concurrencia, no es cierto:

a) El procedimiento para la concesión de subvenciones no siempre se inicia de oficio.
b) La iniciación se realizará siempre mediante convocatoria aprobada por el órgano competente.

c) Se debe indicar la disposición que establezca, en su caso, las bases reguladoras y del boletín oficial en que está publicada, salvo que en atención a su especificidad éstas se incluyan en la propia convocatoria.

d) La convocatoria podrá fijar, además de la cuantía total máxima dentro de los límites disponibles, una cuantía adicional, determinada o porcentaje, cuya aplicación a la concesión de subvenciones no requerirá de una nueva convocatoria.

5. Las solicitudes de las personas interesadas acompañarán los documentos e informaciones determinados en la norma o convocatoria, salvo que los documentos exigidos ya estuvieran en poder de cualquier órgano de la Diputación Foral, en cuyo caso el solicitante podrá acogerse a lo establecido en la normativa básica reguladora del procedimiento administrativo común, siempre que se haga constar la fecha y el órgano o dependencia en que fueron presentados, en su caso, emitidos, y cuando no hayan transcurrido:

a) Tres años desde la finalización del procedimiento al que correspondan.
b) Cuatro años desde la finalización del procedimiento al que correspondan.
c) Cinco años desde la finalización del procedimiento al que correspondan.
d) Seis años desde la finalización del procedimiento al que correspondan.

6. Con anterioridad a la propuesta de resolución de concesión de la subvención se deberá requerir la presentación de la documentación que acredite la realidad de los datos contenidos en la citada declaración, en un plazo no superior a:

a) Diez días.
b) Quince días.
c) Veinte días.
d) 1 mes.

7. Si la solicitud no reúne los requisitos establecidos en la norma de convocatoria, el órgano competente requerirá al interesado para que la subsane en el plazo máximo e improrrogable de:

a) Cinco días.
b) Diez días.
c) Quince días.
d) Veinte días.

8. Como regla general, el plazo máximo para resolver y notificar la resolución del procedimiento de concesión de la subvención no podrá exceder de:

a) Tres meses.
b) Seis meses.
c) Nueve meses.
d) Doce meses.

9. El derecho de la Administración a reconocer o liquidar el reintegro prescribe a los:

a) 3 años.
b) 4 años.
c) 5 años.
d) 6 años.

10. El plazo máximo para resolver y notificar la resolución del procedimiento de reintegro es de:

a) Tres meses desde la fecha de la resolución de iniciación.
b) Seis meses desde la fecha de la resolución de iniciación.
c) Doce meses desde la fecha de la resolución de iniciación.
d) Dieciocho meses desde la fecha de la resolución de iniciación.

Solución al test n.º 39

1. b) Concesión en régimen de concurrencia competitiva.

2. c) Concesión en régimen de libre concurrencia.

3. a) Concesión directa.

4. a) El procedimiento para la concesión de subvenciones no siempre se inicia de oficio.

5. c) Cinco años desde la finalización del procedimiento al que correspondan.

6. b) Quince días.

7. b) Diez días.

8. b) Seis meses.

9. b) 4 años.

10. c) Doce meses desde la fecha de la resolución de iniciación.

TEST N.º 40

Normalización lingüística. Ley 11/2022, de 1 de diciembre, de Empleo Público Vasco (artículos 187 a 190).
Ley 10/1982, de 24 de noviembre, básica de normalización del uso del Euskera (artículos 1 a 14).
Norma Foral 10/1998, de 31 de marzo, sobre normalización del uso del euskera en la Administración Foral de Álava y en el Territorio Histórico de Álava

1. Conforme a la Ley de Empleo Público Vasco, el único organismo habilitado para la acreditación de perfiles lingüísticos es:

a) HABE.
b) El Instituto para la Alfabetización y Reeuskaldunización de Adultos.
c) El Instituto Vasco de Administración Pública.
d) Euskaltzaindia.

2. De acuerdo con la Ley de Empleo Público Vasco, la puntuación otorgada al conocimiento del euskera para el acceso al sector público vasco representará un porcentaje que no podrá ser en ningún caso superior al:

a) Veinticinco por ciento de la puntuación máxima alcanzable en el conjunto del proceso selectivo.
b) Veinte por ciento de la puntuación máxima alcanzable en el conjunto del proceso selectivo.
c) Diez por ciento de la puntuación máxima alcanzable en el conjunto del proceso selectivo.
d) Cinco por ciento de la puntuación máxima alcanzable en el conjunto del proceso selectivo.

3. En los procesos de provisión de puestos del sector público vasco, la valoración que se otorgue a la acreditación del nivel específico de euskera correspondiente al puesto de trabajo no podrá ser en ningún caso:

a) Inferior al cinco por ciento de la puntuación máxima alcanzable.
b) Inferior al diez por ciento de la puntuación máxima alcanzable.

c) Superior al quince por ciento de la puntuación máxima alcanzable.
d) Superior al veinticinco por ciento de la puntuación máxima alcanzable.

4. La Ley básica de normalización del uso del Euskera es la:

a) Ley 5/1993, de 16 de julio.
b) Ley 27/1983, de 25 de noviembre.
c) Ley 3/1979, de 18 de diciembre.
d) Ley 11/2022, de 1 de diciembre.

5. El artículo 2 de la Ley 10/1982, de 24 de noviembre, afirma que la lengua propia del País Vasco es:

a) El euskera.
b) El euskera que, además, es la única oficial.
c) El euskera, pero hay varias lenguas oficiales más.
d) Ninguna respuesta de las anteriores es cierta.

6. Es constitucional la afirmación de que:

a) Los poderes públicos podrán hacer uso exclusivo del euskera para el ámbito de la Administración Local vasca.
b) El Gobierno Vasco regulará las condiciones para la obtención y expedición del título de traductor jurado entre las dos lenguas oficiales.
c) Todos los ciudadanos del País Vasco tienen derecho a conocer y usar las lenguas oficiales, tanto oralmente como por escrito.
d) En los procedimientos seguidos en la Comunidad Autónoma vasca en los que intervengan más de una persona, en caso de no haber acuerdo en cuanto a la lengua, se utilizará la que disponga la persona que haya promovido el procedimiento.

7. Según la Ley básica de normalización del uso del Euskera, las señales e indicaciones de tráfico instalados en la vía pública estarán redactados:

a) En una lengua oficial.
b) En castellano, al menos.
c) En euskera, castellano e inglés.
d) En forma bilingüe respetando en todo caso las normas internacionales y las exigencias de inteligibilidad y seguridad de los usuarios.

8. Es falso decir que:

a) El euskera y el castellano son las lenguas oficiales en las Administraciones Públicas radicadas en la Comunidad Autónoma de Euskadi.
b) Se reconoce a todos los ciudadanos el derecho a usar tanto el euskera como el castellano en sus relaciones con la Administración Pública en el ámbito territorial de la Comunidad Autónoma vasca.

c) Se reconoce a todos los ciudadanos el derecho, en sus relaciones con la Administración Pública en el ámbito territorial de la Comunidad Autónoma vasca, a ser atendidos en la lengua oficial que elijan.

d) Los impresos o modelos oficiales que hayan de utilizarse por los poderes públicos en la Comunidad Autónoma del País Vasco deberán estar redactados en euskera, castellano e inglés.

9. Es de fecha 24 de noviembre de 1982:

a) El Estatuto de Autonomía para el País Vasco.
b) La Ley básica de normalización del uso del Euskera.
c) El Decreto por el que se regula el proceso de normalización del uso del euskera en las Administraciones Públicas de la Comunidad Autónoma de Euskadi.
d) El Decreto de normalización del uso del euskera en el Sector Público Vasco.

10. En todos los servicios de transporte público con origen en el País Vasco, se harán en euskera y en castellano:

a) Los impresos.
b) Los avisos.
c) Las comunicaciones al público.
d) Las tres respuestas anteriores son ciertas.

11. De acuerdo con la Ley 10/1982, de 24 de noviembre, todo ciudadano, en sus relaciones con la Administración de Justicia:

a) Ha de utilizar el castellano.
b) Ha de utilizar el euskera.
c) Podrá utilizar la lengua oficial de su elección, sin que se le pueda exigir traducción alguna.
d) Podrá utilizar la lengua oficial de su elección, exigiéndosele su traducción a la otra lengua oficial.

12. De acuerdo con la Ley 10/1982, de 24 de noviembre, el euskera es:

a) La lengua propia del País Vasco junto con el castellano.
b) La única lengua oficial en la Comunidad Autónoma del País Vasco.
c) La única lengua propia y oficial del País Vasco.
d) Las tres respuestas anteriores son falsas.

13. El Título I de la Ley básica de normalización del uso del Euskera se denomina:

a) "De las actuaciones de los poderes públicos".
b) "De los derechos de los ciudadanos y deberes de los poderes públicos en materia lingüística".
c) "Del uso del euskera como lengua escrita oficial".
d) "Del uso del euskera en la enseñanza".

14. Es falso decir que:

a) Toda señal de tráfico dependiente de la Diputación Foral de Álava o situada en su ámbito competencial aparecerá redactada en el idioma que resulte más legible.

b) La Diputación Foral de Álava impulsará y desarrollará procesos de euskalduniza-ción y alfabetización de adultos.

c) La Diputación Foral realizará campañas de fomento del uso de la lengua vasca en todos los ámbitos de la vida social y cultural del territorio histórico de Álava.

d) La Administración Foral de Álava promoverá actividades permanentes dirigidas a utilizar en condiciones de igualdad el euskera y el castellano.

15. Es falso decir que uno de los tres objetivos principales que asume la Admi-nistración Foral de Álava en lo que respecta a la normalización del uso de la lengua vasca en el territorio histórico de Álava es:

a) Garantizar el uso actual del euskera.

b) Impulsar de forma continua el uso del euskera por parte de quienes lo saben.

c) Impulsar de forma continua el uso del euskera por parte de quienes lo están aprendiendo.

d) Mantener el número de ciudadanos conocedores del euskera.

16. Es falso decir que:

a) En las Juntas Generales de Álava existirá una Comisión ordinaria para el seguimien-to del contenido de la Norma Foral 10/1998.

b) La rotulación de las dependencias de la Administración Foral de Álava se realizará en las dos lenguas oficiales.

c) Conforme al artículo 18 de la Norma Foral 10/1998, en los casos en que, con arreglo a la normativa en vigor, el mensaje haya de ser comunicado en las dos lenguas oficiales, se dará preferencia en el orden al castellano.

d) Todas las convocatorias para las reuniones de órganos de la Administración Foral de Álava serán redactadas en las dos lenguas oficiales.

17. Los textos originales de las actas del Consejo de Gobierno Foral, así como de cualquier otro organismo dependiente de la Diputación Foral de Álava, serán redactados en:

a) Euskera.

b) Castellano.

c) Euskera y castellano.

d) La lengua oficial en que se haya celebrado la reunión correspondiente.

18. Es falso decir que:

a) La Administración Foral de Álava dedicará un esfuerzo y ayuda especial a las publi-caciones en castellano.

b) La Administración Foral de Álava promocionará la edición bilingüe en sus publica-ciones de carácter cultural y divulgativo.

c) Toda disposición normativa que emane de la Diputación Foral de Álava deberá estar redactada en forma bilingüe, a efectos de publicidad oficial.

d) Los modelos oficiales que hayan de utilizarse en la Administración Foral de Álava deberán estar impresos en forma bilingüe.

19. Los documentos a los que se dé entrada o salida en la Administración Foral de Álava serán inscritos en el Registro del Territorio Histórico en:

a) Euskera.
b) Castellano.
c) Euskera y castellano.
d) La lengua o lenguas en las que se hallen escritos, de acuerdo con lo dispuesto en el artículo 7 de la Ley Básica 10/1982, de 24 de noviembre.

20. En relación al funcionamiento de la Administración Foral de Álava, se utilizará únicamente el euskera:

a) En las cartas, documentos y notificaciones que se envíen a aquellos ciudadanos que quieran utilizar de forma exclusiva el euskera en su relación con la Administración Foral.

b) En los escritos enviados a Organismos que tengan como lengua habitual de trabajo el euskera.

c) Cuando así lo requieran el carácter de la actividad a comunicar y las particularidades deldestinatario.

d) Las tres opciones anteriores son ciertas.

21. Es falso decir que:

a) La Diputación Foral de Álava respetará el nomenclátor oficial de calles, caminos, barrios, montes, ríos y toponimia en general establecidos por los Ayuntamientos del territorio.

b) La Diputación Foral de Álava, dentro de su marco competencial, establecerá el nomenclátor oficial de montes, ríos y bienes en general que les corresponda, respetando siempre su origen lingüístico y la grafía académica propia de cada idioma.

c) El euskera será lengua para dar servicio a los ciudadanos, con arreglo a la Norma Foral 10/1998.

d) El euskera será la lengua exclusiva de trabajo en la Administración Foral de Álava.

22. Los derechos lingüísticos de los ciudadanos están regulados, dentro de la Norma Foral 10/1998, en:

a) El artículo 5.
b) El artículo 4.
c) El artículo 2.
d) El artículo 1.

423

Solución al test n.º 40

1. c) El Instituto Vasco de Administración Pública.

2. b) Veinte por ciento de la puntuación máxima alcanzable en el conjunto del proceso selectivo.

3. a) Inferior al cinco por ciento de la puntuación máxima alcanzable.

4. d) Ley 10/1982, de 24 de noviembre.

5. a) El euskera.

6. c) Todos los ciudadanos del País Vasco tienen derecho a conocer y usar las lenguas oficiales, tanto oralmente como por escrito.

7. d) En forma bilingüe respetando en todo caso las normas internacionales y las exigencias de inteligibilidad y seguridad de los usuarios.

8. d) Los impresos o modelos oficiales que hayan de utilizarse por los poderes públicos en la Comunidad Autónoma del País Vasco deberán estar redactados en euskera, castellano e inglés.

9. b) La Ley básica de normalización del uso del Euskera.

10. d) Las tres respuestas anteriores son ciertas.

11. c) Podrá utilizar la lengua oficial de su elección, sin que se le pueda exigir traducción alguna.

12. d) Las tres respuestas anteriores son falsas.

13. b) "De los derechos de los ciudadanos y deberes de los poderes públicos en materia lingüística".

14. a) Toda señal de tráfico dependiente de la Diputación Foral de Álava o situada en su ámbito competencial aparecerá redactada en el idioma que resulte más legible.

15. d) Mantener el número de ciudadanos conocedores del euskera.

16. c) Conforme al artículo 18 de la Norma Foral 10/1998, en los casos en que, con arreglo a la normativa en vigor, el mensaje haya de ser comunicado en las dos lenguas oficiales, se dará preferencia en el orden al castellano.

17. d) La lengua oficial en que se haya celebrado la reunión correspondiente.

18. a) La Administración Foral de Álava dedicará un esfuerzo y ayuda especial a las publicaciones en castellano.

19. d) La lengua o lenguas en las que se hallen escritos, de acuerdo con lo dispuesto en el artículo 7 de la Ley Básica 10/1982, de 24 de noviembre.

20. d) Las tres opciones anteriores son ciertas.

21. d) El euskera será la lengua exclusiva de trabajo en la Administración Foral de Álava.

22. b) El artículo 4.

Cómo acceder al Curso

Administrativo/a
Test del Temario

El uso de los códigos **es exclusivo de los compradores de los productos de Editorial MAD**. Cada producto posee un código único y de un solo uso. Es personal e intransferible y da acceso a servicios y contenidos adicionales. Editorial MAD se reserva el derecho de hacer cuantas comprobaciones sean necesarias para identificar al legítimo poseedor del código y dejar de dar servicio a quien haga uso fraudulento del mismo, además de emprender cuantas acciones legales estime oportunas según la legislación vigente.

Deberás acceder a:

mad.es/registro-campus

Si una vez aceptadas las condiciones de uso del Campus decides hacer uso del mismo, necesitarás del siguiente código de acceso junto con los códigos del resto de títulos que se exigen (si fuera el caso):

K5LCT8BJ6F